# 乡建恨晚

新时代中国乡村振兴指南丛书

黄桂娥 洪金聪 著

中国建筑工业出版社

图书在版编目（CIP）数据

乡建恨晚 / 黄桂娥，洪金聪著 . —北京：中国建筑工业出版社，2019.1

（新时代中国乡村振兴指南丛书）

ISBN 978-7-112-23043-3

Ⅰ.①乡… Ⅱ.①黄…②洪… Ⅲ.①农村-社会主义建设-研究-中国 Ⅳ.① F320.3

中国版本图书馆CIP数据核字（2018）第277488号

责任编辑：宋　凯　张瀛天
书籍设计：锋尚设计
责任校对：赵　颖
封面题字：房木生

新时代中国乡村振兴指南丛书
**乡建恨晚**
黄桂娥　洪金聪　著
\*
中国建筑工业出版社出版、发行（北京海淀三里河路9号）
各地新华书店、建筑书店经销
北京锋尚制版有限公司制版
天津翔远印刷有限公司印刷
\*
开本：787×960毫米　1/16　印张：22¼　字数：282千字
2019年9月第一版　2019年9月第一次印刷
定价：50.00元
ISBN 978-7-112-23043-3
（33123）

**版权所有　翻印必究**
如有印装质量问题，可寄本社退换
（邮政编码100037）

# 总序一 —— 乡建之要义在于"家国天下"

自从2017年乡村振兴成为国家重大战略以来，我被邀请到村子里去参加的全国性会议多了起来。于是，这段文字就写在了因"五大气候带覆盖下的浅表地理资源条件不同"而千差万别的山水乡村的行走之间……

开头这个小自然段的第二句话，言简意赅地表述了为什么我们这个国家在新时代要通过乡村振兴才能实现向生态文明的伟大转变——被钢筋水泥堆砌的城市，具有反生态的内在性质。只有与大自然内生多样性密切结合为一体的千差万别的乡村，才是生态文明的载体。据此可知，所谓中华文明的伟大复兴，乃是万年生态农业为主要内涵的文明在新时代的复兴！由此，中国人才在21世纪生发出从"乡愁"到"乡建"的多彩故事……

在中国治学的传统中主张格物致知，如今人强调的实践出真知。几十年来带着脚踏实地的乡建团队改写了过于偏斜的西方中心主义倾向，对某些照搬过来的一元论派生对立价值取向造成的跟风炒作也有了基本的识别能力。借此书作序，也寄望于本土的乡村研究者，至少

乡建恨晚

要做到"理论联系实际",才能自觉区别于那些浸淫于殖民化知识体系中的发展中国家所谓学术界的数典忘祖。

有鉴于此,这些年我便尽可能地支持那些长期坚持在乡村实际工作中形成理性思考的学者。其中就有对创设了乡建院的李昌平推进的农村实践活动的支持。

乡建院这些年在全国协作建设了212个新农村示范村,还以这些村为案例编写了《新时代中国乡村振兴指南丛书》。李昌平要我为这么丰富的乡村案例集作序,理当领命。

## 一、审时度势方可处变不惊

首先是想提醒读者,基于我自己20多年在政策界工作的经验,各种基于不同利益集团的不同政策意见本来就无所谓对错,相应带来的对不同利益结构的调整本来也应属正常。至于是非功过,只能留给后人。因此,恳请代表着各种利益结构的大咖们不要把下面的说法对号入座。

接受作序之请,恰逢岁末寒流强劲。一片彻骨肃杀之中提笔,难免想起一句话:"冬天都来了,春天还会远吗?",但那话毕竟是个问号!我们注定要应对巨大挑战!然而,问题不在人家挑战,却在无问东西者与"不知杭汴"者的应对阙如!正所谓"盲人骑瞎马夜半临深池!"近年来之所以连"小员司小业主"们都有临渊之虞,是因为中国一方面正在遭遇国际局势恶化的严峻挑战,另一方面各种被海内外主流利益集团符合规律地生发出来的"灰犀牛"们,正被鞭策着奋蹄破尘……

好在天佑吾华!人们在"渔阳鼙鼓动地来"之际多少地有了些反思和觉醒。与其浑浑噩噩地跟着主流呼喊"40年未有之大变局"——

今人喊破嗓子也不如李鸿章"三千年未有之大变局"那一嗓子喊破了八旗贵胄之天下！

前些年，很多人把"产业结构高度化"和"加快城市化"作为主导思想的时候，我曾经提出过关于"两个50%"的警戒线，试图为决策者增加些思考的材料。一是"如果金融资本为主的所谓服务业占GDP比重超过50%，势必因金融异化于实体而内生性地爆发危机"；这个警戒线已经被突破，中国金融高速度扩张带动服务业占比很快超过了50%。二是"如果真实城市化率超过50%，中国就将不会再有城市资本危机代价向乡村转嫁而实现软着陆的基础"；这也正在被突破，中国现在的统计城市化率已近60%、户籍城市化接近50%……

这两句警语形成于我自1987年从事国际合作项目以来几十年大量开展的国际比较研究，并不表示对现行政策的任何对错。

中国融入全球化带来的演变，基本上符合西方主导资本全球化的规律。其在新世纪的主要变化过程是2001年美国爆发"9·11事件"为代表的政治危机，由此瞬间验证亨廷顿《文化冲突论》而陡然转向对恐怖主义的极高代价的连年战争；同年，美国还在经济上发生IT泡沫崩溃为标志的"新经济危机"。政治经济危机同时爆发，遂使2002年以来外资逃离美国大举进军中国，当然就造成进出口及外汇流入激增，同时当然导致国内人民币升值；这又反过来使外资追求汇率投机更多流入中国，诱使2003年以来几乎不可逆的"货币对冲"超发之下的"中国资金脱实向虚"——那一年的M2与GDP的比值逼近"2"倍。此后发生的，则是符合金融资本运作规律的国内"金融异化"。其直接表现是2007年与美国"次贷危机"同步爆发的中国股灾蒸发掉7万亿人民币的市值。但这显然没有改变输入型危机的规律——中国不分属性的资本巨婴们完全按照西方经济学教科书出牌——在华尔街金融海啸造成外

乡建恨晚

需更大幅度下降演变为国内实体经济过剩派生的脱实向虚压力下,更多析出资金进入虚拟部门,随之而来的是2015年股市危机销掉21万亿人民币,接续汇市危机销掉1万多亿美元外储……

在长期加快城市化的国家战略下,促使资本及其风险都过度麇集于大城市的作用之下,新世纪第二个10年资金继续"脱实向虚"。这时,无论左派强调国有资本还是右派强调私人资本,金融资本异化都会规律性地造成资本市场和房地产市场的过度投机。不论理论界如何做微观机制及宏观管理制度的解释,海内外投机资本追求流动性获利的内在动因造成全社会承担的巨大的制度成本,正在内生性地演化成绞杀性危机持续演化的复杂局面。

中国在2003年以后成为世界碳排放第一的国家,照搬西方模式高速现代化发展伴生着愈演愈烈的污染和资源环境灾难……即使美国人没有发起以贸易战为名、"新冷战"为实的对华"战略阻断",中国自己也到了必须调整发展战略的时候了!

党的十八大确立了整个国家的"生态文明"转型方向;5年之后的十九大则确立符合生态文明大方向的"乡村振兴"战略!相应地,自十九大以来,盲目加快城市化及其代表的"粗放数量型增长"的说法,确实很少再见之于官方文件和各地一把手的正式讲话。

无独有偶,2002年中央农村工作会议掷地有声地宣布"三农问题"是全党工作的重中之重!此后则顺理成章地有了2005年9月党中央正式宣布确立"新农村建设"的国家战略。

自那以来,各级财政不断增加三农开支;而后,到2017年乡村振兴提出之际,国家财政最大项开支已经是三农;到2018年累计投入已经高达十几万亿!

中国这种海内外前所未有的大规模三农投入,确实违反被主流认为具有绝对真理意义的市场经济规律，更没有经济学教科书要求的那种短期市场回报！

新时代乡村振兴战略的最实际的作用，是与激进全球化生发出来的"灰犀牛"们赛跑……

一方面，巨大投资加强了农村基础设施和社会建设，使得多数地区农民户口的含金量已经高于城市。于是，那些沿着加快城市化老路大规模开发房地产的地方政府为了消化三四线以下城镇的房地产泡沫而减少负债过重的压力，刻意地把优质教育医疗资源强制性集中到县以上城镇，以此迫使重视子女教育的农民家庭迁户口进城。事实上，过去被西方作为批评中国制度歧视的"户口问题"实现了逆转！

另一方面，相对于全球危机对中国的打击，这个长期化的三农投资具有明显的两面性。其一，如果看政府通过大型国企下乡投资形成了巨大的沉淀成本和地方政府在国有银行的债务，则海内外的经济学家有关中国债务相对于GDP已经构成债务危机恶化为最大"灰犀牛"的担忧，当然算是"有的放矢"。其二，如果看这个国家对乡村基本建设投资形成的巨额物业资产，则至少基本实现了乡村水电路气+宽带的"五通"，客观地构成了吸纳中小企业创业创新的巨大的机会收益空间。

于是，近年来首先发生的是被地方政府高度认同的城市过剩资本的大举下乡。诚然，这在宏观上也算是缓解了资本过度麇集于城市的"生产过剩危机"！因为，只要过剩资本还能找到投资空间，则新世纪资本高速扩张造成的严重过剩矛盾就会缓解。若据此看，面对全球危机严峻挑战，中国的乡村振兴战略也许会成为又一次危机软着陆的基础。

但乡村振兴虽然有吸纳过剩资本的作用，但其初衷却并非是为了缓解城市资本危机而打造的应对基础。毕竟官方政治生态已经发生积

 乡建恨晚

极变化,各级一把手职责所在还是得配合国家的生态文明转型,有关部门还是得去基层发动群众实现"20字方针"……那些很难跟得上中央转型战略指导思想而懒政怠政的官员或者研究部门中的两面人,肯定不在意本书的案例所代表的群众意愿;而那些积极地试图跟上中央战略意图的干部,则会对本书推出如此之多的村级案例感到受益良多;对于那些愿意开展研究的学者,本书也或多或少地有借鉴意义。

二、唯有心之人方可成有为之事

很多人表面上跟着总书记说乡村振兴,但却难以掩饰20世纪90年代以来那种"眼中有数,心中无人"的痼疾。可称之为"一心资本,二薯人文,三农不适,四乡难稳,五谷仰外,六畜无存,七方负债,八面为人"。

而委托我作序的乡建院的创建者李昌平,是个有心之人。属于长期投身于乡村建设事业、从实践求真知的中国思想者之一。或许可以说,我算是看着他成长起来的老同志;因此,扶持中青年骨干乃是义不容辞的责任。

李昌平原来是湖北监利县棋盘乡的党委书记。作为基层党组织的一把手,曾经把真实情况归纳成文出版了《我向总理说实话》《我向百姓说实话》等引起社会轰动的三农著作;他2000年离开了政府体制,2001年在中央确立三农问题重中之重的时候从全面市场化+外向型的南方来到北京,找到我主持工作的"中国经济体制改革杂志社"求职,恰逢杂志社创办《中国改革—农村版》,遂安排他担任副主编,也参与接待农村读者的来信来访。两年之后,我建议他增加些国际经验,推荐他去了"香港乐施会"。虽然离开"农村版",但他一直坚持做与三农发展相关的工作。

2011年，李昌平等人创建乡建院，整合了多种专业背景的人才投身于乡村建设事业，这是把乡村建设的社会公益事业变成一种社会企业。实行公司化运作的社会企业是一种尝试，逐步得到强调市场化意识形态的官方部门的认可。我认为，乡建前辈中清末的张謇和民国的卢作孚都是中国早期社会企业家的杰出代表。我近年来也希望各地乡建工作者把市场作为手段，把资本作为工具，向社会企业转型。乡建院从一开始就承诺不以营利为第一目标，我认为可以定位乡建院为社会企业。

李昌平说，乡建院要为乡村建设提供高质量的产品和服务，以"四两拨千斤"之法破解乡村建设"千金拨不动四两"之困境，在市场上求发展。我觉得，这个探索的目标围绕的还是"提高农民组织化程度"，这目标跟其他乡建单位一致；但模式则与众不同。

在做法上，很多单位是先去发展乡村文化凝聚人心，再发起综合性的合作社提高组织约束机制，然后才可以搞合作社内部的资金互助。而他是直接以村社内部资金合作——内置金融为切入，在实现"三起来"（村民组织起来、资源资产资金集约经营起来、产权实现和交易起来）的基础上，再提供包括规划设计、施工监理、体制机制再造、农民培训及营运支持等在内的"组织乡村、建设乡村、经营乡村"的系统性解决方案，并协作或陪伴农民及其共同体主导实施的"社区营造"模式。

我看，只要是在坚持村社土地财产权益归全体成员的集体所有制和充分结合双层经营体制的前提下，通过协作农民自主形成"新型集体经济"，就可以走出以村庄层面的"三位一体"合作为基础的综合发展与自治之路。

乡建院的理念和方法也大体上与百年乡建历史传承的进步文化有

乡建恨晚

所呼应。

例如，乡建院要求员工要有延安人的信仰和作风，以"助人互助、互助助人"为基本的协作理念，始终把村民及其共同体的主体性建设放在乡村建设的第一位。再如，他们以"三生共赢"（生产、生活、生态）为乡村建设最高原则，以探索"以较小增量投入在村社组织中置入合作金融体制机制"，这就突破了制约乡村治理的组织低效、金融无效、产权无效的三重瓶颈。总之，乡建院是以激活村庄巨大存量及内生动力的乡村振兴之法为根本服务宗旨。

2009年以来，乡建院在全国22个省市区的协作地方党委政府及村民做了200多个新农村示范村。信阳市的郝堂村、江夏区的小朱湾村、鄂州市的张远村、岢岚县的宋家沟村、微山湖的杨村等就是其中的代表作。这些示范村比较客观地诠释了"产业兴旺、生态宜居、乡风文明、治理有效、生活富裕"这20字方针的丰富内涵，符合中国乡村振兴战略实施的前进方向，也因此成为地方党委政府深化农村改革及振兴乡村的在地化参谋和助手。

然而，乡建院的探索意义不止于此。

从2018年开始，中国改革开放的国际环境已经发生了根本性变化，"中美贸易战"倒逼中国经济必须由外向为主的依附性型经济，转向内需拉动的自主型经济。在中国产业化的经济发展模式向生态化转型时期，乡建院以村社内置金融为切入点的"三起来"——村民再组织起来、资源资产资金集约经营起来、让产权充分实现和交易起来，突破了长期制约农村发展的三重瓶颈——组织低效、金融无效、产权无效。以组织创新和金融创新支撑产权制度创新，既打通了农民由追求农产品数量增长效益转向追求农产品价值和价格增长效益的瓶颈，又打通了农民由追求生产性收入增长转向追求财产性收益增长的瓶颈，更重要的是为激活农村数百万亿的资源、资产找到了"中国特色"之法——在坚持土地集体所有制的前提下，从根本上突破了市场配置农村土地等资源资产的体制机制障碍，为农村数百万亿潜在价值的土地、森林、山地、草原、河湖等资源探索资产货币化、市场化，从农村基层试验中找到了生态资源价值化的实现方式。

从一定意义上讲，乡建院的乡村建设实践，开辟了中国农民收入再上新台阶的新空间，开辟了中国农民"死资产、死资源"变"活钱、活资本"的新途径，为扩大内需激活了动力源泉，为内需拉动中国经济增长找到了实现路径；只要认真地发动和依靠广大群众拓展城乡融合、要素流动的空间，就可能为中国经济再维持稳定增长40年开辟广阔的空间。

从一定意义上讲，对乡建院的村级案例讲述的各地实践作经验归纳和理论提升，也从另一个侧面佐证了"十九大"提出的"乡村振兴"战略的高瞻远瞩。

近代中国的现代化进程中，对内追求工业化、城市化，对外追求全球化确实是主流。但其实质都是资本扩张；随之必然是资本占用资源，通过推进资源资本化占有收益，遂有失去资源的乡村群体从土地革命派生的小有产者演化为"被无产者"。由此，社会上本来属于"人民内部矛盾"的各种利益纠葛，也随这种属性变化而演变为对抗性冲突……

但无论日月星辰如何更替，乡村建设都不乏坚守者。在很多被西方殖民化知识洗过脑的人看来，唯有城市化、全球化才是中国现代化的正道，在他们看来，唯有消灭农村才能有现代化，甚至据此批评乡村建设于中国现代化而言并无积极意义。然而，自2005年新农村建设、2017年乡村振兴作为两届领导集体的国家战略相继提出以来，尤

乡建恨晚

其在2008年面对全球化挑战、2018年面对"贸易战"为名的"新冷战"等重大教训接踵而至之际，乡村建设于中国向生态文明为内涵的现代化转型而言，意义特别重大。

有鉴于此，我们长期深入乡村基层做乡建工作的同仁们，尤其要刻意秉持"克己复礼"方可"家国天下"之传统，从大局出发把"乡村振兴"作为练好内功应对危机的国家战略！何况，此前全国各地的与三农有关的创业创新方兴未艾，多种多样的经验层出不穷，正好赶上国家出台了"乡村振兴"大战略这个难得的历史机遇，吾辈更应该及时把各地乡建经验的归纳总结提升到符合国家的重大战略调整要求的高度上。

总之，乡建院这两百多个村的案例所表达的不仅仅是如何做好乡村工作，而是为了国家应对危机而练好内功，具有"夯实基础"的重要战略意义。对此，我作为长期从事调查研究的老人也确实有话说。遂为之序。

乡建老人 温铁军

2018年12月15日起草于四川郫都区战旗村
12月20日修改于陕西礼泉县袁家村
12月22日再改于山西上党区振兴村
2019年4月3日完稿于福建闽侯县归农书院

## 总序二 —— 建设未来村 共创新生活

一

我于2000年离开体制内后，较长时间跟随温铁军先生做乡村建设"志愿者"。于2011年，和孙君等人创建了"中国乡村规划设计院"（后更名为"乡建院"），开创了中国乡村建设专业化、职业化的道路——为乡村建设提供系统性解决方案、并协作落地实施。

由于乡建院人手有限，满足不了市场需求。于2016年年初，在信阳郝堂村设立"郝堂乡村复兴讲坛"，固定每月27—28日以案例讲习的方式为乡村建设培训实操性人才。

党的十九大做出了振兴乡村的重大战略部署，习近平总书记要求五级书记要亲自抓乡村振兴工作。

乡建院生逢其时！

到2019年5月为止，乡建院为全国22个省市区的76个县的281个村庄提供了乡村建设与综合发展服务，习总书记到过的岢岚县宋家沟村，还有信阳郝堂村、江夏小朱湾、鄂州张远村、微山湖杨村等一批著名

乡建恨晚

的示范村就是其中的代表。"乡村振兴有个乡建院"顺势口口相传，不推自广。

乡建院协作政府、基层组织、企业等打造了两百多个乡村建设与综合发展的案例，有成功的也有不成功的。做的案例越多，越觉得做好一个村庄或一个小镇或一个综合体不容易，敬畏之心也越来越强。在全国各地已经形成乡村振兴高歌猛进之势时，乡建院顾问老师陈小君教授（广东外语外贸大学土地法制研究中心创始人）再三督促乡建院出版《新时代中国乡村振兴指南丛书》，为轰轰烈烈的乡村振兴运动做抛砖引玉之用。《新时代中国乡村振兴指南丛书》的作者主要是乡建院的员工和一直陪伴乡建院成长的顾问老师，内容基本上都是基于乡建院所协作过的案例的总结。不同的作者，视角不一样，侧重点也不一样，以便于不同的读者各取所需，各有所得。

## 二

党的"十六大"提出新农村建设，"十八大"提出新型城镇化，"十九大"做出乡村振兴战略决策，这是"一脉相承"的！近十年的时间，我与乡建院人一直在乡村建设的第一线摸爬滚打，从志愿者到职业乡建人。有两个现象越来越受到关注：一个是"千金拨不动四两"，另一个是"四两拨千斤"。我们把"乡村规划设计院"更名为"乡建院"，是因为实践教育我们，服务于乡村振兴仅仅有规划设计服务是远远不够的。后来又慢慢明白，即使提供系统性解决方案和陪伴式落地服务，依然做不到"四两拨千斤"、依然可能"千金拨不动四两"——投入巨大的增量，迅速变成了新的存量。大量的实践，让我们越来越清晰地认识到，乡村振兴还有一系列重大问题有待解决，只有在一系列重大问题上获得共识之后，才能解乡村振兴"千金拨不动四两"之困。

第一，为什么要振兴乡村？为谁振兴乡村？在这两个问题上达成共识，是正确实施乡村振兴战略的前提。但显然没有达成共识。

第二，乡村振兴的主要力量是谁？实施乡村振兴战略的主要抓手是谁？明确乡村振兴的主要力量和实施乡村振兴战略的主要抓手，应该是当下实施乡村振兴战略的头等大事。

第三，如何选择乡村振兴的最佳实现路径？是以"产业振兴、人才振兴、文化振兴、生态振兴、组织振兴"实现乡村振兴吗？可能还需要再追问一下，如何实现五个振兴呢？五个振兴之间的关系是什么？回答不清，怎么可能找到乡村振兴的最佳实现路径，乡村振兴走弯路就是必然的。

第四，什么是科学的乡村振兴方式方法？在既有的乡村振兴实践中，本来没有推广价值的领导工程，被专家们总结出很多"经验"，树立为"样板"，如络绎不绝的干部参观学习成为其振兴的唯一证明，这样的"样板"永远学不了，学了也白学。乡村振兴是复杂的系统工程，一定要讲方法——思维方法、决策方法、执行方法、总结和推广方法。乡村振兴必须要有科学的方式方法。方式方法不对，好事会做成坏事。这也是当务之急！

第五，如何保证乡村振兴的可持续性？在乡村振兴的既有实践中，乡村振兴几乎等同于"基础设施建设+乡村旅游+房地产"。如何实现乡村振兴可持续呢？

上述五个重大问题，都还没有真正破题，乡村振兴或许还没有"到达遵义"。

## 三

我国有数百万个自然村,五十多万个行政村。可以肯定,随着时间的推移,很多村庄会自然消亡。我曾推断,这类的村庄大约占60%左右;真正有未来的村庄,可能只有30%左右;10%的城市郊区村庄,会淹没在城市之中。

乡村振兴,重点是建设和振兴30%有未来的村庄——未来村。然而,大量没有未来的村庄或许正在大规模的建设中;大量有未来的村庄,或许也不是按照未来村的要求在建设。

乡村振兴,必须叫响我们乡建院的一句口号:建设未来村,共创新生活。

10%左右的城郊村庄,会成为城市的一部分,重点要研究的是如何让村民抱团进城;60%左右的村庄,会空心化,会逐步消亡,重点要研究的是如何再造农业生产经营主体,如何建立原有村民或社员或成员权"有偿退出机制";只有30%左右的村庄,人口不减反增,是未来村,是农村和城市居民都喜欢的地方,是新生活的地方,这30%左右的村庄才是乡村振兴的重点。

建设未来村,共创新生活。必须以此作为乡村振兴的着力点和牛鼻子。

什么是未来村?

未来村一定是智慧的、四生共赢的、四权统一的、三位一体的、平等互助的、共享共富的、民主自治的、食物本地化的、食物自主化的、开放的、基本公共服务及基础设施完备的、业态多元共荣的、有文化传承的……可持续发展的、五百年后都存在的理想家园,这个理想家园一定是一个共同体家园。

未来村是谁的?

未来村，既是原住民的、又是新村民的；既是农村居民的、也是城市居民的；既是常住民的、也是暂住者的。

未来村的垃圾是怎么处理的？应该是100%的资源化。

未来村的环境治理模式是怎样的？应该是共同体区域内小闭环治理模式。

……

未来村的产权制度是什么样子的？应该是多个村集体共有产权下的"多权分置、混合共享"产权模式。

未来村的治理结构是什么样的？应该是"四权统一"，即"产权、财权、事权和治权"统一的共同体，一定的产权和财权支撑一定的事权和治权。应该在共同体内实行一元主导下的多元共治制度。

……

未来村有多种形式。或许有未来村·原乡、未来村·归园、未来村·邻里街坊、未来村·自然之城……或许有以养老为主的未来村、或许有以教育为主的未来村、或许有以休闲为主的未来村、或许有以一二三产业融合发展为主的未来村、或许有以科研为主的未来村、或许有以企业总部为主的未来村……

未来村生产生活方式是什么样子的？
未来村的房屋是什么样子的？
未来村的厕所是什么样子的？
未来村家家户户还有厨房吗？

……

未来村该如何建设？
应该为未来村建设供给什么样的制度？

乡建恨晚

如何将多个村庄的建设用地整合到一个村庄或几个村庄共同建设未来村?

如何让城市居民或国内外自然人、企业等自由进入未来村生活和发展?

如何自由退出未来村?

……

假如地球某一天突然变暖了,中国最理想的未来村在哪里?是什么样子的?

……

乡村振兴战略规划到了2050年,绝对不是权宜之计。应该立足未来思考乡村振兴。当下建设的每一个乡村,都应该是有未来的;当下建设的每一个有未来的乡村,都应该真正是按照未来美好生活的需要而建设的!

"建设未来村、共创新生活"是乡建院的神圣使命,乡建院人的探索永不停止。首批出版的《新时代中国乡村振兴指南丛书》共5本,第二批《新时代中国乡村振兴指南丛书》正在准备之中,《新时代中国乡村振兴指南丛书》会一直出下去。

建设未来村,共创新生活。

乡建院一直在路上,希望一路有你!

2019年6月25日

于北京平谷同心公社乡村振兴文创营地

序

　　金聪于1997年考入清华大学建筑系，我是他们年级的辅导员。从新生入学到毕业出校，一跟就是五年，对这批同学还算是比较了解。这五年期间，我一边当辅导员，一边读着博士。博士论文的工作之一，是在陈志华先生领导的清华乡土组里做乡土建筑的测绘和调研。2000年至2002年，我负责河北蔚县古堡的课题，连续几年都带领一批清华的同学到蔚县测绘，金聪也参加了的。也许就是这早期的下乡体验，为他后来从事乡村建设埋下了种子。

　　金聪还是个登山爱好者。在大学的三、四年级，他接连两个暑期都参加了清华登山队的活动，攀登了青海和西藏的雪山。他在学生时代给人的印象总是这样：不争不抢，却十分坚韧。

　　2015年12月，金聪到清华约了我见面。他掏出一本名叫《乡建恨晚》的画册，里面记录了他的团队在贵州中关村做的实践。图画得细致而耐心，而且很有趣味。我那时候也了解到，他2002年在清华毕业之后，去了法国和美国留学，之后在北京联合创立了九七华夏工作室（九七，就是他入学清华的年份），并且将乡建作为工作室的主业。这

么几年，一步一个脚印地走下来，也越来越喜欢上乡村建设这个行业。

2016年4月，我和朋友们策划了第一次"村里开大会"的活动，会址是在河南新县的西河村。大会的名称叫"乡村复兴论坛"，会议的宗旨是尝试把乡村建设和会议事件相结合，来整合与乡村有关系的各路资源。这次会议在业内产生了相当大的影响力。2016年8月，应贵州省桐梓县政府的邀请，我和乡村复兴论坛组委会秘书长李永良来到了黔北的中关村，讨论在这里也开一次大会的可行性。

这是一个与北京高科技的中关村同名的，却几乎没有共同之处的小山村。中国乡建院和九七华夏团队已经在这里耕耘了将近一年，他们让这座小山村实现了某种程度的蜕变，并期望将这套模式在西部贫困省份推广复制。

经过几个月的谋划，中国乡村复兴论坛·桐梓站于2016年11月在中关村一座经过改造设计的烤烟大棚里举行。来自全国各地的370位代表齐聚中关村，共同探索中国乡村的生存和发展问题。这次大会，也让贵州的中关村向全国展示了她的独特魅力，也有了超出省域的知名度。中关村的乡村建设模式，得到了与会代表们的高度认可。

随后他们开始在黔东南台江县阳芳村参与乡村建设。2017年6月，乡村复兴论坛台江峰会上我认识了本书的另外一位作者黄桂娥博士。她们在阳芳村陪伴的一年多时间里，以"阳芳的笑脸"理念，给这座黔东南苗寨带来了耳目一新的可喜变化。

2017年底，中央提出了乡村振兴战略。越来越多的团队加入到乡村振兴的行列，有的从设计角度，有的从开发角度，有的从经营角度，有的从公益角度……应该说乡建没有定式，每支队伍也都有各自擅长的方面。而不管什么团队，不管什么模式，都需要在探索中不断调整，跟上时势的变化。九七华夏也在这个过程多方探索，推陈出新。他们为全面参与乡村振兴组建了综合性的团队，包含陪伴式乡村营造、策划与产业运营、人才培训及交流、城乡连接的资源对接平台等，尤为难得地还包括黄桂娥博士主持的乡村文化研究中心。

在最近在山西碛口古镇举办的第四届古村镇大会上，我作为大会执行主席，刚好主持了金聪参与的一个圆桌论坛。我问了一个问题：当前乡村振兴最需要解决的痛点是什么？

他是这样回答的："我们觉得是运营，我们提倡乡村运营。为什么我们要做乡村运营？因为美丽乡村建设到现在，迫切需要运营介入。这项工作政府不能直接做，市场化主体来做才更专业。乡村运营区别于民宿、亲子、旅游等具体业态的运营，需要有系统性思维。我们在为政府提供的乡村运营服务里，找到了两个切入点，一个是人，一个是产业。九七华夏为地方政府的乡村振兴，提供政策导入、策划定位、资源对接、运营管理等服务。"

我注意到，对于最为熟悉的规划设计领域，他并没有提及。我认为，这是因为他看到了真问题，而不是一直囿于自己的专业。在乡村建设的道路上，九七华夏团队就这样不断地前行，温和而坚定。

罗德胤
2019年5月30日

# 目录

## 第一章
## 我们的乡建之路

第一节　小朱湾，让农村更像农村 /003
　　　一、可经营乡村的落地实践 /005
　　　二、乡愁是怎么留住的 /011
第二节　中关村，让乡村充满人文温度 /020
　　　一、乡村建设是农民自己的事 /023
　　　二、从小习惯中做出大事业 /031
第三节　阳芳村，笑脸理念下的乡村营造 /041
　　　一、笑脸理念的内涵 /045
　　　二、笑脸乡村营造的实践 /056

## 第二章
## 人与建筑同步建设

第一节　人的建设最重要 /067
　　　一、村民是村庄建设的主体 /068
　　　二、让村民成为村庄文化的继承人 /082
　　　三、让村民为村庄共同体努力 /097
第二节　有温度的建筑设计 /106
　　　一、让建筑充满人文气息 /107

二、让建筑延续地方文脉 /112

　　三、建筑设计充分考虑村民的诉求 /121

第三章——
# 为了乡村经济与秩序而努力

第一节　创建集体经济的模式 /142
　　一、内置金融模式 /143
　　二、四化模式 /147
　　三、新四化模式 /150

第二节　让乡村产业兴旺起来 /152
　　一、可经营的乡村 /153
　　二、三产融合的小尝试 /163
　　三、长桌宴的意义 /170

第三节　发力于城乡的联结 /174
　　一、城乡要保持沟通接触 /175
　　二、搭建城乡资源对接的平台 /188
　　三、让乡愁变为内生活力 /198

第四节　为了村庄治理有效而努力 /200
　　一、乡贤带领 /201
　　二、能人带动 /206
　　三、在地培育 /214

## 第四章——
# 陪伴是最长情的告白

第一节　综合系统的陪伴式乡建 /225
　　　　一、要赋权，先做村民的亲人 /225
　　　　二、用调研与群众会凝聚共识 /241
　　　　三、参与式乡建氛围的营造 /245

第二节　守住乡村文化的根 /252
　　　　一、以低姿态扎进乡村 /254
　　　　二、乡村文化的营造 /261
　　　　三、艺术唤醒乡村文化 /269

第三节　离开之后的持续支持 /276
　　　　一、情感性帮扶 /277
　　　　二、技术性支持 /286


## 第五章——
# 走在披荆斩棘的路上

第一节　乡建之难 /293
　　　　一、乡建团队面临的问题 /293
　　　　二、施工方遇到的难题 /307

第二节　乡建恨晚 /313
　　　　一、地方文脉接续亟待建立 /314
　　　　二、城乡资源体系对接亟待建立 /321
　　　　三、急需技术与资本双重力量下乡 /322

后记 /328

# 第一章 我们的乡建之路

乡建恨晚

"我们的乡建之路",这里的"我们"是指九七华夏设计机构,由洪金聪创立的乡村营造团队。洪金聪是一个什么样的人呢?可以说他有两个特点:首先他是一个建筑师,从清华大学建筑学院毕业后,去欧美留学了几年,拿了双硕士学位回国后,就带领一帮热血青年扎进了乡村。团队的人常年和农民吃住在一起,过年过节在一起,工作往往没有盈利却总是在坚守,而且他还越来越执着了。以至于他的忘年好友、团队里的经济学家杨俊声说:"洪金聪在开公司,但他不是商人。"他的老师,天才建筑师张为,一语道破天机:"洪金聪是农民与土地的儿子。"

黄桂娥结识洪金聪及他率领的团队,是在2017年的9月,那时在日照的山海关,举办了一场"乡村复兴论坛"的会议。黄桂娥与洪金聪初次见面之后,就感觉他言语不多,性格沉稳,一副厚道的邻家哥哥的模样。洪金聪说在贵州的阳芳村,有些工作黄桂娥可以参与做。就这样,黄桂娥被吸引进入了乡建的队伍。从2017年10月的阳芳村为起点,黄桂娥进入了乡建。而九七华夏团队,他们已经有了小朱湾、中关村等美丽乡村的建设经历。

图1-1 走在中关村的马路上

图1-2　团队享受难得的休闲时光

## 第一节　小朱湾，让农村更像农村

2014年，跟随乡建院，洪金聪带领九七华夏工作室进驻了小朱湾。洪金聪一直对小朱湾有很特别的感情，那像是一个重要的起点。那时，似乎正是中国的"新农村建设"走向"美丽乡村"建设的拐点。洪金聪作为建筑师，很为这一走向而欢欣鼓舞。对此，他说道："当乡建从'新农村建设'走向'美丽乡村建设'，很多建筑师才坦然起来。新农村建设时期的'农民上楼'，其实是房地产开发在乡村的延伸。农民'上楼'之后，获得了看起来像城里人的居住条件，却常常伴随土地被征收、老屋被拆除、乡愁被抹去等让人扼腕叹息的代价，更不用说因各种公平不公平而导致的社会纷争。建筑师有时候会意识到这么做是不对的，但他的努力，最多只能让事情从'很糟糕'变得'不是那么糟糕'而已。而当前的美丽乡村建设看起来则要美好得多。"

所以，小朱湾的建设，就是根据学习着孙君老师提到的"把农村建设得更像农村"的理念来进行的。洪金聪称其为："其实是在建立一种村里人面对城里人时候的文化自信。"他认为要让村民过上好生活，不应一味追求高楼增量，"而是以存量改造为主的建设方式，让所有的参与者都在憧憬一种'望得见山，看得见水，记得住乡愁'的美好愿景"，才是正确的选择。

小朱湾是一个很小的村子，才20多户人家。团队最开始走进小朱湾的时候，看见到处都是一副破烂不堪的样子，没有像样的马路，地下随处可见泥巴和猪屎、牛屎，污水横流。房子大多是土砖房，即农民所说的"土砖窝棚"，还有就是20世纪80年代后做的红砖房，村落格局零散。因为它所处的地理位置不在武汉城区通向梁子湖的梁湖大道边，它一直被安静地遗忘着。小朱湾700多亩土地租赁给了当代集团做薰衣草园，没有了土地，多数年轻人到外面打工去了，中老年人则在附近建筑工地打点短工，因此，小朱湾是一个典型的"失地村"和"空心村"。

小朱湾之所以被重视起来，是因为它周围有一片被流转的集体土地，企业在这片土地上种满了薰衣草。从城里来看薰衣草的游客，会在小朱湾停车、拍照、找饭吃。这个引起了政府的关注。政府开始主持这座只有29户的小村庄的美丽乡村改造，于是乡建团队来到了这里。由于村里的土地已经流转给了企业做薰衣草产业，团队就提出了"经营乡村"的理念，在小朱湾开展的各方工作和建设活动，都应当围绕"经营"的目标。这种经营是以村民为主体，村民受益最大，政府

图1-3 小朱湾的外景

和乡建院等均为协作者。

## 一、可经营乡村的落地实践

小朱湾是以"荆楚·花·人家"为理念进行打造的。村庄的规划设计紧密结合产业发展方向和人的生计发展。以"经营乡村"为理念，以提高农民的主体性、自组织能力为目标，协助农民建设"三生共赢"（生产发展、生活富裕、生态改善）的共富新农村。在本项目规划中，着眼点是乡村风貌提升、产业升级、农民就业。村庄发展的三个定位分别是特色餐饮、休闲农业、乡居度假。在建筑景观中尊重乡村生活方式、打造乡村荆楚文化元素。

作为乡建院派驻进村的团队，王磊带领的乡建百年工作室，以及洪金聪带领的九七华夏工作室，他们在小朱湾所做的大量工作，概括来说列举如下：

（1）协助村内集中闲置的房屋和土地，统一打造经营。协助政府制定村庄改造的补贴政策，改造房屋每平方米补贴180元，院落改造每平方米补贴30元。建设资金原则是村民的房子和庭院农户出大头，政府出小头，政府负责村湾基础性设施建设。

（2）对小朱湾及周边的村湾区域作整体性的规划设计，定位小朱湾以"荆楚·花·人家"为主题的乡村旅游理念，配套周边七彩花海和薰衣草庄园。目的是使其特色鲜明，有别于其他村湾，达到一湾一品。

（3）进行落地性的建筑（公共建筑、村民房屋）、景观（村公共景观、村民庭院景观）及各项系统设计。村民房屋和庭院改造是一户一设计，前期先选积极性比较高的村民家庭进行设计和实施。通过示范精品户的落地实施和经营，最大限度地激发其他村民改造的积极性。通过村标和景观墙，做建造技术的示范和建造材料的试验，试验成功

图1-4 小朱湾原先的村道

图1-5 小朱湾原来的村落景观

了的技术再向村民作推广。

（4）建造之前集中时间培训本地工匠，举办技术大比武，将好的施工队留下来。建造过程中继续进行施工技术指导，直至达到预期的艺术效果和质量要求。努力将本地工匠和村民的建造热

图1-6 小朱湾旁边的薰衣草庄园

情、艺术创造力激发出来，真正培养成为本地最好的工匠，未来继续延续和发展优秀的建造技术。洪金聪说："小朱湾有幸以最好的面貌呈现出来，还得益于当时包括董书亮在内的工程队伍，他们将小朱湾当成待雕琢的美玉，精益求精，在设计稿的基础上充分发挥创意和主观能动性，最终让日渐衰败的村湾成为门庭若市的乡村旅游佳处。"

（5）协助制定村规民约和经营管理办法，请专家对村民进行经营性系统培训，统一经营标准的制定和推广。协助合作社和村民进行有地域特色的农业服务业的深度挖掘，发展和推广原种作物等。

（6）乡建院的设计师和工作人员常年驻村工作，跟村民和当地政府零距离接触，当赤脚建筑师。在整个建造和前期经营过程中提供打

包服务,做到有问题马上解决,高效应对村庄各种问题,及时调整设计和方法,真正实现陪伴式乡建。

洪金聪回忆道:"2014年8月,小朱湾村美丽乡村建设正式动工。第一户接受旧房改造的是住在小朱湾的村会计王万里,因为是第一户,由于种种原因改造工作进行得十分艰难。在完成了两三户旧房改造后,群众看到了旧房改造后的效果,原来的顾虑打消了,要求进行旧房改造的积极性一下高涨起来了,同时施工队也摸索出来了经验,还有本地施工队也参与进来了,因此到了后期旧房改造工作推进很快。这样从2014年8月到2015年8月,经过一年的工作,20多户村民的旧房改造基本完成,其中有5户村民当年就开起了农家乐、民宿等。"

2015年,由于村庄改造刚完成,知名度还不高,这一年游客不多,村民开的农家乐生意也不是很好,但2016年末到2017年一整年,情况完全不一样,小朱湾村常常游客爆满,十多家农家乐都接待不过来。据村干部的粗略统计,小朱湾近两年每年游客达5万多人次,农家乐营业额在1200万元左右。从小朱湾的房子价格看,以前投了二三十万元改造的房子,现在值六七十万了,有的甚至一两百万元,老百姓对此感到十分满意。

图1-7 小朱湾的村民在门前摆摊

图1-8 小朱湾改造后的建筑

图1-9　小朱湾里到处是景观

乡村环境的改善不能替代现代化的制度、组织建设。乡建院协助村庄成立了内置金融合作社，为农民发展乡村旅游产业提供有力的资金和组织支持。并依托合作社平台，对接政府、企业资源，建立平等共赢的合作关系。在小朱湾，经过两年多时间的悉心打造，面貌一新的村庄以整洁的道路、优美的自然环境、传统风格的民居建筑展示着现代新农村的风貌。同时，乡村旅游的发展，带动了村民的经济收入，越来越多的年轻人回到家乡就业。

小朱湾从"失地村""空心村"到最美村湾的蜕变仅仅用了一年时间，笔者经过认真梳理，发现小朱湾的成功有诸多因素。其中乡建环节是最重要的成功因素，体现在以下几个方面：

**顺天时，乘政策东风**。小朱湾的建设正值各地政府纷纷探索美丽乡村建设道路的时期，它适时提供了一个好的案例，助力湖北省提出

第一章 / 我们的乡建之路

图1-10 改造后的小朱湾井井有条

"三乡工程"（市民下乡、能人回乡、企业兴乡）。在全国兴起的乡村旅游热的背景下，小朱湾吸引了武汉都市圈的游客到来，并进而作为一个美丽乡村的案例走向全国。

**正确的乡村规划设计理念。** 秉持乡建院"把农村建设得更像农村""三生共赢""经营乡村"等理念，以系统乡建的理论指导美丽乡村建设。注重前期调研，着眼于村庄居住条件改善、风貌提升、产业升级和农民就业，根据武汉市建筑历史和小朱湾人文及自然环境，确定了以"荆楚·花·人家"为主题村庄建设风格，并对整个村庄进行了统一规划设计，同时与每户村民沟通协商，为每户村民量身设计房屋改造方案。

**与村民共建家园的工作方法。** 与农民生活在一起，真正了解农民需要什么，陪伴式乡建，在整个改造和前期经营过程中，做到有问题

乡建恨晚

图1-11　小朱湾里富有荆楚风味的建筑

就地解决，高效应对村庄各种问题，及时调整设计和方法，并注意对村民素质进行培训提高，实现真正意义上的在地工作。有切合实际的村庄改造模式。小朱湾村旧房改造的原则是以"最小的人为干预，最大的原乡体验"，依托于本地区的传统，尽可能保留村庄原有肌理，不大拆大建，尽量采用地域性的建造材料，充分挖掘村内的旧材料，新旧结合，旧貌换新颜。

　　建立激发内生动力的合作社。通过资金互助和闲置资产的金融化入社，盘活农村三资，并通过合作社平台，让村民能够更有效对接政府和社会支农资源。进行了多渠道多媒介的宣传推动。其中，乡建环节的宣传非常重要，把小朱湾村作为成功的案例，通过微信、讲坛、

会议等形式进行宣传。

当然，各级政府重视小朱湾的建设，以及小朱湾具有区位优势，也是其能够成功的一个重要原因。地处湖北容水量最大的淡水湖——梁子湖，位于武汉南部大梁子湖国际旅游休闲度假区的核心，毗邻当代薰衣草风情园和七彩花海景区，这为小朱湾的发展带来了良好的外部环境。

## 二、乡愁是怎么留住的

"设计，就是要让乡村更像乡村。小朱湾最有魅力的地方不是它的"可经营性"，而是它留住了乡愁。对于长久在城市里居住的人们来说，别有一番趣味。小朱湾，一座座房屋掩映在绿树丛中，绿树、黛瓦相映生辉。几十座荆楚风格的房屋，鳞次栉比，错落有致；环湾小路，曲径通幽；太阳能路灯，造型各异；荷花睡莲，吐蕊生香；房屋院落，风格上既统一，形式上又各异；山墙有清水的、有泥巴的、又有水泥的；院墙有青砖实心的，有木制透视的，又有旧红瓦建成的；连通便道及墙体施工很多用上了旧砖、旧石、旧瓦片、老木头、旧坛、旧瓦罐等。农家乐经营户充分进行了废物利用，房前屋后院子门，用老旧木头刻上字形各异的招牌文字和家风家训。"诗书济世、耕读传家；邻里和睦、互帮互助"的牌匾也成了小朱、童周等村湾靓丽的风景线，听雨观荷长廊、翰林古井、荷塘小桥、茂林修竹、繁盛的苗木花卉基地，一处处动人的景观，或在清晨，或在暮色中，或在清风里，或在阳光下，静候游人的到来！

在远离城市喧嚣的乡村，清晨呼吸新鲜空气，夜晚伴蛙鸣入眠，抬头望得见星空，低头便是田园野趣。武汉市民以及来自全国各地的游客们、外国友人，走进小朱湾，能享受乡村风光田园景致，享受心

乡建恨晚

图1-12　小朱湾前面的荷花池保留着天然的味道

灵的沉静。小朱湾为什么能留住乡愁，这和当时主要建设者的心灵磁场是分不开的。关于小朱湾的建设启动前前后后的经过，洪金聪还记得很清楚，因为那是一个起点：

"小朱湾项目启动之前，一直是乡建院的王磊在做很多前期工作。他从北京院来到乡建院后，与孙君老师一起参与了很多项目，包括郝堂村。王磊是一位非常乐于分享且追求极致精品的建筑师。我们一开始交流，猛然之间觉得小朱湾是一个基础条件非常好的村子，适合打造精品。政府想打造一个示范，所以找到我们，于是我们就来到了小朱湾。那时候还说不清楚要把小朱湾改造成什么样，只知道要做一个系统性的工程，包括内置金融合作社、污水整治、环境景观、房屋改造等一系列事情。

第一章 / 我们的乡建之路

图1-13 改造前的小朱湾风貌

图1-14 改造前的小朱湾风貌

乡建恨晚

我与李昌平老师5月27日见面，6月2日进村，这些时间节点历历在目。在中国刚兴起美丽乡村建设的时候有机会踏实地踏进乡村，我觉得是很好的。我来自农村，对乡村有感情，一直感受到乡村的发展是被长期忽略的领域，很少有人真正站在农村的角度去考虑政策措施，所以农村很弱势。那时候看过一些书，包括《中国农民调查》、李老师的《我向总理说实话》等，现在自己有机会从设计的角度去参与乡村，这个机会非常好。所以对于我而言，小朱湾是一个起点，乡建院是九七华夏做乡村的领路人。团队从小朱湾开始迈进乡村，从此一发不可收拾。我个人参与乡村的轨迹也很有意思：我从福建一座几百人的小村庄走出来，一路上学来到北京，然后从北京到法国，再从法国到美国后，就开始一路回归，从美国到北京，从北京到厦门，逐步地就会走回自己的村庄。从小的地方走出去，又回到小的地方。这个过程说明什么？说明我对自己的村庄是念念不忘的。我好像一直带着一种很特别的感情在参与中国的乡村建设。"

这些从农村出来，走得特别的高，然后依然对乡村有感情的一批人，他们来建造的乡村，才更能够留住乡愁。正因为有了主创人员的定调，设计师们的理念也渐趋一致。设计师陈培新说：在小朱湾调研、分析、设计、营造的过程中，有一些问题一直伴随着我们，贯穿始终。这些思考或许依然没有找到答案，但却慢慢地架构出我们心中向往的乡村美学；设计师熊四海提出：乡村的房子应该与自然融为一体，不需要刻意营造，而是呈现当地的传统文化风格；设计师李倩倩倡导：村庄是自发生长的，村子里的行为和景致往往也是自然形成的。设计师只是帮助村民对现有的生活环境进行改善。设计的过程中注重柔软的过渡，让景观自然而然地融入环境中；设计师苏佩卿的理念是：善者安居,智者乐居,老有所养,病有所医,壮有所用,幼有所长。

在小朱湾,留住乡愁的手法主要有:依托农耕文明,将传统记忆感与现代品质相结合,传统建造技艺与现代工法相结合,原住民和城市外来人相结合,外在建设和内在修复相结合。将孝道找回来,将传统文化找回来,将乡村原有的自治找回来,将人对自然的敬畏感找回来,这是我们的追求。我们留住乡愁的方式,是以自然为本,注重内外兼修,只有内在美的乡村才是我们想看到的。小朱湾对乡愁进行表现的重要元素有两点:一点是花;一点是文化。

自然村小朱湾,临近梁子湖,紧邻旅游地薰衣草庄园和七彩花海园,为了让它融入周边的花海景观,设计师们是根据"花漾人家"的目标进行打造的。原来的小朱湾,植物散乱,可见大树及大量野花草资源(香樟、柳叶马鞭草、狗尾巴草)。乡村植被景观改造在遵循自然的前提下将作如下设计:(1)梳理种植,成片群,分自然式、行列式;(2)保留大树成为主景树;(3)村口设主景树;(4)非农耕地大量种植本土野花草;(5)清理竹林,防止过度郁闭不通风;(6)各家门前可设蔬菜式花园和立体花卉庭院。小朱湾面积不大,只有一条3米左右的主路,和几条窄窄的乡间小路,道路两边种满了绿树,每一栋房子的空隙间也种上了各种花朵,让人产生驻足的留恋感。

经过"花"的装点,望得见水,留得住乡愁的美丽小朱湾诞生了。进入小朱湾,人们便被郁郁葱葱的绿树、古色古香的仿古小楼吸引了视线;迎面而来的还有阵阵花香,鸡犬相闻。紫色的薰衣草一次次盛开,荷花一次次欢舞,清风一次次拂过。小朱湾仿佛生在一片花团锦簇和碧波荡漾之中。最让人难忘的是村中各种花朵,看上一眼便能让人感觉到满满的幸福。

如果说水碧林秀村湾美是美丽乡村的外形,文化则是美丽乡村的

图1-15 改造前的小朱湾风貌

内涵与灵魂，小朱湾之所以美名远扬，坚持恢复和发扬传统文化也是其成功的一大要素。在小朱湾的入口处，有着这么一个长廊，里面悬挂的牌匾上写满了全村32户的家训。"家兴慈是本，族旺孝为先""以诚待人，以信交友""上善若水，厚德载物"……除此之外，每户村民的门前也都悬挂有家风牌匾。小朱湾在改建之初，就决定要把乡村传统的家风家训文化、民俗文化、山水文化，通过美丽乡村建设充分展示出来，让居民和游客享受浓郁的地方文化氛围。

传统文化资源的流失与农民精神文化需求的极度短缺，以及全社会对乡村文化价值认识的偏差，导致了乡村文化的空心化、虚无感和缺少与现代文化的对接能力。农村思想文化精神和道德伦理的缺失让全社会感到不安和忧虑。"有时候文化的诠释不一定是在我们身上,可能是在居民或者参与者身上。它就是一个生活的剧场,当我们把周围做好,让市民可以走进来,在这种休闲生活当中文化才能出现。"建筑师谢英俊如是说。

小朱湾这里建筑风格独特,而且各种配套设施也很齐全,停车场、农家乐、民宿、富有乡土风格的厕所、供游客休息乘凉的亭台,以及为摄影爱好者打造的摄影博物馆,无一不有。村子里有多家农家乐餐厅。餐厅全部采用传统荆楚民居建筑样式,房屋飞檐翘角,黑瓦尖顶,院内仿古砖铺道,在此地的设计风格、设计倾向更是以外部维护当地整体村落风貌为主,更注重于内部功能以及内部结构的更替。当地元素的现代感营造更着重于乡土私宅营建,旧宅新用,运用自身效应带动家乡(相关产业)各方面发展(图1-16)。

对于当地建筑元素、景观风貌进行符号化、元素化的处理,营造出具有现代感的建筑景观风格,因其主要还是以传承老元素为主旨,建筑师们的设计以一种不同于同一时期乡土建筑的风格(现绝大部分农村私宅以城镇化建设时期的农民自建风格混乱、缺乏实际文化内涵的"乡村别墅"为主)的"姿态"一跃而出。富有更多文化内涵、实用性建造科学的改造新建筑在自身的带动下成为媒体、主流文化社会所关注的焦

图1-16 改造前的小朱湾风貌

 乡建恨晚

点，引发当地的曝光，更多的社会主流、慕名而来之人越来越多，从而同时促进着当地交通的发展、相关旅游配套设施的兴建甚至于相关文化产业、特色产业的发展。

地域文化特色及生活方式的延续，是一种以小见大，对特殊文化、地域性生活方式的尊重、保护与延续。它强调对于非常见的生活方式、节日风俗的传承，尤其以特色民族以及因不同地理位置而产生生活方式特殊性的地区居民带来的地域性文化实践探索。无疑，在地域特征较为明显的地区所进行的乡建实践都具有明显的当地材料元素运用，建筑师多强调的是新建建筑与周边环境的融合，并无刻意去简单运用当地的表面装饰元素。在小朱湾，我们以最朴实的方式表现建筑形态本身与宅地之间的关系，突出地域性特色生活方式的延续继承，利用地域的特殊性、文化符号的地域代表性在设计中加入地域习惯与部分材质特色。

经过一番改造，小朱湾一跃成为市民眼中的世外桃源——一个望得见山、看得见水、记得住乡愁的地方。2018年以来，这里游客爆满，前来这里投资创业或休闲旅游的市民络绎不绝，本村过去外出打工的能人也纷纷回来创业。小朱湾圆了农村人的脱贫致富梦，也圆了城里人的山水田园梦。小朱湾今日之景象，从一个侧面说明，武汉市"三乡工程"符合时代发展的潮流。

小朱湾村的独特魅力吸引了很多武汉市民来此租房创业或休闲养老，到目前为止，来小朱湾村长期租房的武汉市民有14位。比如，华中师范大学国学院副教授许刚租村民范秀云自家院子办了"新民文化书院"；退休教授胡勇租了一栋两层楼的房子，除自己养老居住，还开办了"一家亲"民宿；童周岭村大学生村官周昭宪和市民石晓、邓凯三人开设了一家"三分田"乡村青旅；武汉大学有7位退休教授在

小朱湾合租了一栋三层楼房子,用来休闲养老。2016年,小朱湾村被评为全省最具影响力的十大美丽乡村,2017年"中国摄影村"在此落户……

"第一次来时,我挺震撼,觉得就是这里了"。华中师范大学国学院副教授许刚一直想找一个城市周边的乡村,开办国学基地,既可作为自己讲学活动的场所,也可作为自己闭关写作的书房。"小朱湾跟其他村落不同的是,传统文化氛围非常浓郁"。许刚决定租下一套350平方米的民居,开办自己的新民文化书院。以传统文化讲座和国学培训为主要特色的书院与小朱湾相得益彰。书院举办过以"趣味鲁班锁"为主题的周末亲子游学活动,有15个家庭40余人报名参加,受到家长和孩子们的一致肯定。许刚还邀请专家在门前的小树林里为30多位市民做了一场中医讲座,效果非常棒,"那种感觉在城市里是完全无法体验到的!"

2017年小朱湾成了首个"中国摄影村",无数的摄影家和爱好者来到这里,用镜头捕捉着美丽乡村的点点滴滴。除了当地村民做旅游民宿餐饮,已有12位武汉市民在村里租住房子,流连于花海绿竹,做民宿、书院、闲居。在远离城市喧嚣的乡村,清晨呼吸新鲜空气,夜晚伴蛙鸣入眠,抬头望得见星空,低头便是田园野趣。市民在周末节假日,告别都市繁华喧闹,可以在这里置身天地自然间读读书、喝喝茶、聊聊天、乐享亲情,体验天人合一的境界。

现在去看小朱湾,它也并不是完美无缺的,如村内的很多软硬件还有不少需要完善的地方;小朱湾没形成合力,小朱湾没有把村民组织起来,小朱湾到现在为止没有一个领头人,说明一种复杂性和多样性。旅游产品结构单调、配套设施不够完善、合作社拓展业务范围等问题,这些问题都需在今后工作中加以解决。

乡建恨晚

## 第二节　中关村，让乡村充满人文温度

　　2015年，洪金聪又带着团队来到了贵州遵义桐梓县的中关村。那是2015年3月初，受当地人民政府邀请，李昌平老师带队来到桐梓，考察了官仓镇红旗村、大河镇石牛村、高桥镇斋郎村等许多个村庄。茅石镇一开始不在县政府安排的考察名单中，镇党委书记傅宝军积极争取，希望乡建院能够在茅石镇选择一个示范村，按照内置金融的理念进行打造。3月7日，他们的考察行程延长了一天，专程来到深山里的中关村。

　　洪金聪是这样回忆他初见村子时候的感受："初入大湾，首入眼帘的不是农田、村舍，而是一片蓝色金属大棚。如同进入工厂一般，它们体量比普通民居大很多。蓝色的屋顶格外耀眼，这里是大湾的集中烤烟房区，是村民烘烤、绑制烤烟的生产用房。整个大湾组以村道、河流为中心，划分出三个地块，中心是以烤烟厂房为核心的公共区域。"

　　"这座黔北的小山村一开始并没有夺人眼球。当我们沿着修建中的颠簸的二级公路来到中关村时，弥漫在空气中的是为种植烤烟而堆起的肥料的气味。村落中间是体量不小的覆盖着蓝色铁皮屋顶的烤烟大棚和烤烟房，与周围小巧的民居有些违和。……多数村民并不知道北京有一个更有名气的中关村，他们对电脑城、高科技园区的中关村没有概念，他们只认识和关心一个种植烤烟的中关村"。

　　"村民非常淳朴。他们受够了种植烤烟的辛苦，希望有机会实现产业转型。来到中关村的第一天，他们和我们都不知道，这座小山村的宁静马上要被打破了。……大家开玩笑说，重庆人只要把夏天空调费用省下来，就可以在桐梓舒舒服服地住上几个月时间。因此，我们希望中关村从烤烟种植向度假休闲转型,但应与周边的低端业态有所区分。5月7日的那个下午,天气晴朗。群山环绕下的大湾组,最后一刻宁静要被打破了"。

洪金聪连用两个"宁静要被打破了",来形容整村打造对乡村的重要变革作用。因为当地政府接受了李昌平老师"把农村建设得更像农村"和"让农村实现造血功能"两个观念,然后整村改造很快就开始了。中关村南北狭长约5公里,地处山脉之间的峡谷,中有南北贯通的村道和河流。中关村北接正龙村,南接遵义市汇川区。山脉之间谓之"谷",谷凹入的地方谓之"湾"。中关村下属有7个组,大湾组就是其

图1-17 面对即将到来的发展机遇,村民还很茫然

乡建恨晚

中一块凹入之地，由于相对平坦，房屋较集中，所以洪金聪选取了大湾作为乡村营造的起点和重点。

我们的整体诊断是：大湾组有农户51户。整个村落建筑风格杂乱，乡村特色不突出；由于房屋的状况不同，近年新建的房屋居住条件较好，一些年久失修的房屋和木结构房屋的居住条件较差，功能分区不合理，无卫生间，采光、通风较差等。

基础设施上：除了有一条贯穿村子的过境路和连接芹菜沟的尽端路为硬化道路外，其余均为泥土路。道路质量较差，由于地基不均匀沉降，路面已出现了裂缝。村子缺乏污水处理设施，电信网络比较差，公共服务设施缺乏，临近的小学步行要30分钟。垃圾处理上，基本以焚烧为主，缺乏公共垃圾处理中心。

虽然中关村的条件在所有考察的乡村中，条件是最差的。但最后我们还是坚定地选择了打造中关村。为什么选择这里呢？洪金聪解释了其中的原因：

"在选择示范村庄时，除了区位、规模等客观条件，我们往往更重视考察人的因素，可以分为三点：第一要有意愿；第二要有能力；第三要有执行力。首先，中关村所在茅石镇的党委书记主动争取到考察机会，进村之后，村民也纷纷表达了发展和转型的渴望，从意愿这一点来说，中关村满足条件。其次，桐梓县政府重视这个项目，资金方面会充分整合，所以能力方面也满足条件。最后，执行力方面，大湾组的规模较好把控，而中关村的村支书、村主任都在大湾组，调动村民较为容易。另外，既然希望示范村可以复制推广到黔北乃至贵州，我们就有意选择最普通最典型的村庄。综合以上因素，我们在提交给县政府的选点建议书里，把中关村排在第一位。"

第一章 / 我们的乡建之路

图1-18　九七华夏乡村营造团队走在中关村

## 一、乡村建设是农民自己的事

中关村的乡建历程，大致可分为两个时期。第一个时期，2015年7月至2015年11月，这个阶段是以当地村民施工为主的局部介入改造阶段。第二个时期，2015年11月至2016年7月，是以政府主导的大规模施工阶段。

关于中关村的规划，洪金聪介绍道："非常注重落地和可操作性，让规划成为和老百姓沟通的工具，要让老百姓看到村子以后会变成什么样，并看得到远景。在产业上的定位，我们提出要打造一个中高端的乡村度假旅游目的地，针对村里不同的建筑类型，我们也分类提出

乡建恨晚

建议。例如村里很多人家都有独立的烤烟房，这是当地的一大特色，所以我们提出尽量把这些烤烟房保留下来。"在群众会上，我们除了展示总图，还做了动画展示，很直观地告诉老百姓如何把破旧的房子改造好，哪里会改造成停车场，河道景观会变成什么样，等等。老百姓看不懂专业的分析图，他们关心的是具体的形象，所以当时的群众会上大家看到照片、动画以后就很激动，觉得这是村子发展的好机会。

关于当地人为什么能够接受保留老房子的观念，洪金聪说是"制定小机制，获得大力量"。经常通过设计机制鼓励村民走向大家希望的方向。在中关村项目初期，就跟政府协调制定补贴政策，如果在原来旧房子的基础上做改造，每平方米补贴120元，如果房子是新盖的，每平方米补贴是80元。这样村子老百姓为了多赚补贴会走向我们希望的

图1-19 中关村的第一次群众大会

图1-20 团队在中关村里宣传建设理念

方向,至少在风貌上不会破坏得太严重。到后期,通过改造示范屋,让老百姓选择主动保留下来木头房。

最终,中关村变漂亮了,每家每户的房子,院前院后,都是一道美丽的风景。村子里道路整洁,桥梁别出心裁,还有儿童乐园、垃圾回收站、公共场所、村民活动中心,不管是新建,还是改造,都是现代设计思想与乡土景观碰撞的产物,可游可观。特别是"清风徐来"户主徐儒辉,这家有一个独立的木头房子改得挺有格调。罗德胤看见了评价道:"整个房子的民宿感十足。"

而那座废弃的烤烟大棚,改造完成后,竟成为了代表整个村子形

乡建恨晚

图1-21　民房、烤烟房变身舒适的咖啡馆、民宿

象的地方。因为洪金聪一来到中关村，那个烤烟大棚，就给他一种化学工厂的恐怖感觉。"这个大棚很简陋，体量又大，蓝色的铁皮屋顶在村子里非常扎眼"。让建筑师感觉不舒服的建筑，建筑师一定有办法让它变身。

当洪金聪他们决定把这个烤烟大棚改造成村庄里的一个公共空间时，村里人半信半疑。为了跟村子里其他房子协调，设计师王贺把公共活动中心的体量做得小了一点，同时保留原有结构，出于造价上的考虑采用阳光板重做屋顶，为了让它更通透做了玻璃幕墙。作为一个大空间，它可以看露天电影，甚至可以给村民跳广场舞，后来县里想在这里每年固定举办乡村大讲堂，邀请嘉宾进行乡村相关的讨论和培训，通过开大会让更多人了解、关注中关村，所以这个空间现在也有了会议功能。

在中关村内,洪金聪形成了一个重要的乡建思想,那就是"人的乡建最重要"。一定要让村民成为建设的主体。"乡村改造是农民自己的事情,所以我们一般来说不会进行限制,包括改房子我们也不作强制性要求,而是在开完群众会之后,每家都会发表格由村民自己报名参加改造。这个机制非常重要,它让改造成为农民主动参与的事情。村民主动报名之后,他们还要向政府交1万块钱的保证金,同时签一份承诺书,保证完全按照规划方案来做。当村民需要拿出1万块钱的时候,他们作决定就会很慎重,所以对方案不会轻易地改来改去。另外,我们进村的时候跟每家每户都会进行交流,了解也会更详细"。

洪金聪认为,大包大揽是现在做乡村建设的一个通病。所以我们一直跟村民说:"我们只是来帮忙的。"我们一直注重树立一个乡村建设协作者的角色。"如果大包大揽所有的工作,对农民指手画脚,我觉得后

图1-22 每户改造之前,村民都要交一定数额的保证金

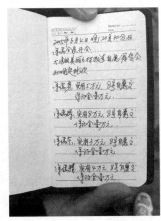

图1-23 当时统计村民交保证金情况

图1-24　乡建团队与村民

图1-25　团队在中关村里入户调研

第一章 / 我们的乡建之路

图1-26 中关村村民门前都有这样的一个惜字篓

图1-27 根据中关村惜字文化修建的敬字亭

图1-28 中关村的孩子们在延续惜字文化

果就很严重。所以一定要让农民主动产生认识，再来改造，这样才能解决这个问题"。

比如建立合作社，我们发现要调动村里的"乡贤"，让他们来参与一些决策。在中关村，我们找到了原来的老支书。虽然他已经退休了，但是他在村里比较有威望，所以在建设的过程中他会负责监督施工情况。这些都是免费的，但是老支书非常愿意做这些工作。合作社分红的时候，他们让乡贤来颁发奖金，乡贤们看重的不是自己的那份

乡建恨晚

利息，而是这种"荣誉感"，他们非常自豪自己能对村子作出贡献。

洪金聪一直认为，一个村子的建设，村民的主体性是重中之重，让村民从"要我做"变成"我要做"。因为乡村建设是村民自己的事情，如果村民不做，乡建的协助者也不会强制村民去做。同时，在建设的过程中一定要充分发挥示范户的作用。有些村民，经过团队"人的建设"之后，他们变成了最积极的人，他们初步具有了村子建设主体的意识，他们有村子主人的身份感，他们最先成为了合格村民。在他们的带动下，不断影响着其他村民的心理，这时村子的上空就产生了"化学反应"。

从中关村的打造开始，洪金聪一直秉承"持续"的概念，每到一个村子里，都要努力建立一套不走的乡建思想。同时希望通过培训当

图1-29　废弃民房改造后变成了乡村文化空间——墨仓空间

地人，让这些村民能够在团队走后，坚持理念继续打造乡村。他说要在每个建设的乡村不断地传递新的思想，团队和村民互相长见识，最终建立共识。

## 二、从小习惯中做出大事业

中关村是位于贵州北部深山的一座村庄，该村位于深山，交通不便、耕地匮乏，烤烟种植是当地的传统支柱产业。这里的夏季，有少许重庆人来避暑。近年来，中关村由于烤烟种植规模日益缩减，大量村民外出打工，导致村庄空心化严重，环境凋零、组织涣散。每家每户的房子都很破，孩子蓬头垢面、衣衫破烂。但是在这么一个穷地方，我们一走进这个村，很快就发现这里的村民有个小习惯，就是把用过的废纸装在一个竹编的笼子里，进行集中焚烧，这里的人绝对不丢写过字的纸在地上乱踩。

图1-30 在墨仓空间学习毛笔字的小女孩

我们查看了当地习俗和文化资料，找出"惜字"是他们文化的核心灵魂。中关村至今保持着"敬惜字纸"的传统，平时家家户户院内皆有竹编"字篓"收集字纸，集满后在村庙旁的河边烧掉，并将纸灰撒入河中。"敬惜字纸"是中国古代文化传统中的一种良好美德，代表着古人敬重文化的思想。相传，中国文字是由上古黄帝的史官仓颉创造发明的，历代的帝王将相和平民百姓对文化都相当敬重，久而久之，古人认为应当对字纸，即写有文字的纸张表示尊敬和爱惜。敬惜字纸，也就是敬惜带字的纸，在中国具有悠久的传统。《燕京旧俗志》记载："污贱字纸，即系污蔑孔圣，罪恶极重，倘敢不惜字纸，几乎与不敬神佛，不孝父母同科罪。"于是，就出现了劝人敬惜字纸的善书，

乡建恨晚

图1-31　在村民老师的带领下，孩子们在墨仓空间写毛笔字

也就是所谓"惜字功律"。

在中关村，听说老人专捡字纸，集中处理，整理焚烧，以此积善行德。焚烧字纸的地方，会选择山上干净的岩石，或者专门的焚字炉。字在这里的人看来是有生命与灵魂的。敬惜字纸可得的善报归结起来有：眼目光明、安乐无祸、德名光显、永无是非、多生贵子、子孙发达、本身增寿、子孙昌盛、增寿一纪、永远富贵、百病不生、转祸成福、其人昌达、得安乐、获福必多、得享清福、转世富贵、科甲连绵、瞽者转明、愚者转智、求子得子、求寿得寿、功名富贵皆能有成、疾病不生、邪魔不扰等等。

为了延续这种习俗，乡建院宝葫芦工作室的傅英斌等人在村庙一侧空地重新设计建造了一处"敬字炉"，采用简洁的钢板造型，两侧镂空雕刻了传统敬字塔上常见的对联——"文章炳于霄汉,笔墨化为云烟"。当村民在炉中焚化字纸时火光透过镂空字照出,强化了焚纸的仪式感。敬字炉建成后得到了村民的极大认可,村中的老支书特意书写了一副对联赠予我们,表达村民对修建敬字炉的感激。同时,我们的乡村营造就围绕"惜字",来做很多的工作。因为这种传统,能在这个偏远的贵州山村保留,其中有非常值得品味的奥秘。

在中关村,乡建院改建了一个文化空间,叫做"墨仓空间"。"以墨为耕,惜字研心,宅似仓形,涅槃新生,故得名墨仓"。墨仓里有研心书法馆,有清风徐来茶室。来到墨仓,只见:"古朴的木质房屋呈现着原木温暖的颜色,跨进堂屋,映入眼帘的是摆放整齐的一排排木质书桌,书桌上仔细摆放着毛笔、书法纸。墙上,悬挂着雅致的书法作

图1-32 孩子们成为了墨仓空间的常客

品。左边的工作室，兼着厨房、活动场所的功能。楼上，是相对宽敞的图书室和一间小小的画室。黄昏，夕阳照进来，在木质地板上席地而坐，翻开一本书，或对着画板涂鸦，耳边传来牛的哞叫，寂静的乡村，就在这座木屋里，有了诗一般的味道。"①墨仓空间以延续中关村的惜字传统为主线，进行一系列的乡村文化活动和城乡对接活动。

2017年5月，乡建院社工艾玛和同事吴江一起来到了茅石镇中关村，成为驻村社工。在这个距离家乡遥远得隔了万水千山的乡村，艾玛开始了她执着的"文化之旅"。我们经常去拜访她，看着他们把墨仓变成乡村的诗意空间，我们也想着去尽点绵薄之力。艾玛说："我们来以后，找了很多当地的老年人了解中关村的历史，发现中关村是一个传统文化底蕴很深厚的地方，尤其是对文字、墨迹等有一种近乎膜拜的尊崇。我们就根据这些习俗文化，提出了'墨耕村野，惜字中关'的营造想法。将中关村大湾组一栋经设计师翻新的老房子作为空间支持，打造墨仓乡村实践综合空间，以墨为耕，惜字研心，宅似仓型，涅槃新生，取名墨仓。"艾玛告诉笔者，刚开始墨仓空间空无一物，很是脏乱差。村里的孩子成了最得力的小帮手，协助他们搬桌椅、打扫卫生，还不忘调皮捣蛋。就像勤劳的蚂蚁一样，艾玛和吴江往返陌生的县城和中关村购置物品，墨仓渐渐成型。

从好奇到尝试，从尝试到常来，附近乡村的孩子，成为墨仓的常客。"每逢周末假期，孩子们便来墨仓学习、借书。我叫他们每人都要签订墨仓公约才能'入仓'。这个公约里，有讲卫生、不喧哗等细节。孩子们很乖，不管多么调皮捣蛋，进了墨仓，马上变得彬彬有礼。好多时候，孩子们会留一些惊喜给我。我常常在画架上、书柜中藏着自

---

① 蒋隆荣，王迪. 一个台湾女孩的乡村情结[N]. 遵义日报数字报首页，2018-06-25.

图1-33 洪策在墨仓留下墨宝

制的信封里发现孩子们在里头写着'艾玛老师,我们爱你'"。看到自己的付出得到孩子们的信任,艾玛噙着感动的泪水告诉笔者。"以前大家在闲暇时间就会三五成群聚在一起打麻将,现在只要有了空闲时间,大家都会来墨仓练习书法"。艾玛欣慰地说。

墨仓对当地所有村民开放,大堂墙上"墨仓习字,摒弃陋习"八个大字生动地诠释了艾玛和吴江来到这里后村民们发生的变化。中关村老一辈的人保留着写书法的传统。新一代的年轻人在艾玛和吴江的引导下,也对书法兴趣浓厚,常来写毛笔字,借阅临摹字帖书籍,艾玛就手把手教村民练习毛笔字,村民们则兴致勃勃地握着笔,一笔一画认真书写着。墨仓的墙上挂满了村民与访客的墨宝。

除了书法课,墨仓每周都会定期开设妇女手工课。来这里学习手工的村民,一边折着纸花,一边倾听艾玛讲外面的世界。在这里,大家不分性别年龄,聚在一起谈笑风生,十分和谐快乐。墨仓也成了村

乡建恨晚

图1-34 艾玛与小朋友

民的"大会堂",村民们来墨仓议事、开会。老人家们最关心的是村庄未来发展。现在,桐梓全县上下大力发展乡村旅游,如何把中关村打造得更加美丽,是村民们面临的一大难题。艾玛经过深思熟虑,提出"垃圾不落地,中关更美丽"的想法,号召村民们爱护环境卫生。

  为了满足当地村民的文化需求,艾玛还在墨仓开设了图书室。室内陈列着各式各样的图书,时常有村民到图书馆来借书,丰富知识,拓宽视野。文化是乡村腾飞的基石。艾玛印象最深的是中关村的冬天。寂寥的乡村里,万物仿佛停止了生长,连时间也静止了一般。就在这个冬季,为了让村民们改变观念,为来年发展乡村旅游打下基础,艾玛和吴江采用轮流在村民家住的方法来带动和影响他们。从生活习惯、打理屋子、待人接物等细微的地方开始,两人轻言细语、手

第一章 / 我们的乡建之路

图1-35 艾玛带领村民整治环境

图1-36 艾玛带领村民整治环境

乡建恨晚

图1-37　艾玛带领村民整治环境

把手地教村民，用自己良好的习惯影响、改变着村民。

　　2017年夏天，中关村举办了乡村体验夏令营和周末亲子营。独有的文化熏染和农事体验，让中关村走进了人们的视野。艾玛在村里默默地工作近一年时间了，她在当地和村民们同吃同住，把对文化的热爱，对乡村的挚爱，通过点滴行动，感染着这片土地上的父老乡亲。她教村里的孩子绘画、练书法、做手工，给垃圾做分类，她把文化、爱、尊重和对大自然的敬畏传递给乡村的孩子。她影响着中关村，也推动着中关村的发展。这个瘦小而爱笑的台湾女孩，成为乡风文明的倡导者、实践者、推动者，她的脚印，一步一步，稳稳地踩在乡村的土地上。艾玛说很多来中关村旅游的人，看见村里那些设计过的漂亮建筑，还没有被真正打动，只有来到墨仓之后，他们的眼睛才亮了，他们才看到了这个村的温度和亮点。我想这个亮点就是文化的魅力吧。

在中关村，艾玛他们进行了大量基于本村文化历史脉络的传承与创新工作，还抓住了传统节日、各种节气的契机，举办活动。艾玛他们实际上在用文化带动中关村的乡村旅游。"我们用身边的资源，引进客人来到中关村旅游、度假，由中关富民经济发展专业合作社根据各民宿的特点和接待能力，进行合理的客源分配……"艾玛告诉笔者，中关村发展乡村民宿旅游，村民们还要不断解放思想，更新观念，开拓创新，努力将中关村乡村民宿旅游打造成旅游产业发展的新亮点、新名片，让来中关村的游客可以尽情地享受回归自然的乐趣，快乐地体验魅力新农村、幸福新农民的生活。

图1-38　中关村的村民在墨仓学习做手工

图1-39　中关村的村民在墨仓学习做手工

图1-40　中关村的村民在墨仓学习做手工

图1-41　中关村的孩子在墨仓学习吹葫芦丝

乡建恨晚

虽然中关村的乡村文化营造之路还很漫长,但发生在墨仓的一切是值得关注的。艾玛在村庄里的奉献,已经获得了各界社会人士及大部分村民的赞许,但仍有少部分村民不能理解。但是,社区营造工作,确实是最踏实、最符合乡村规律、最全面系统地推动乡村振兴的手段。

或许做的越是艰难的村子,洪金聪对它的感情就越深一些吧!反正他对中关村的感情很深。他到底是怎么对待村民的,他不会细碎地去描述,我们只知道中关村的村民把他当亲人一样看待。中关村建设结束很久之后,有一次,洪金聪从北京返回桐梓,要去那里办事。中关村的董姐听说之后,立即扛着自家的土特产,来到高铁站,说是迎接她的"弟弟"。

团队有一个驻村小姑娘叫苏佩珊,她谈起中关村,微笑中总有那么一股又牵挂又游离的感情。一段美好灿烂的青春岁月画幅中,总有那么一片黑云压顶隐藏在某处。我们也无法理解她为什么对那里的一个孤儿小女孩徐梅那么好。后来我隐约知道,原来她目睹一个小伙伴

图1-42 苏佩珊在中关村

图1-43 团队成员看望徐梅

永远留在了乡建的路上,那是无法提及的痛。一旦提起,眼泪哗哗往下流。

## 第三节　阳芳村,笑脸理念下的乡村营造

2017年的夏天,洪金聪带领九七华夏来到了贵州省台江县阳芳村。黄桂娥在这年的秋天,加入到了团队的工作中。如果说乡建是一门学科的话,那么,经历了多个在某种意义上比较成功的村庄建设的先驱,他们就是很好的领路人。对于阳芳村,洪金聪的期望是,要在小朱湾、中关村的成绩基础上再上一个台阶。

在阳芳村,我们的工作实绩确实比小朱湾、中关村更上了一个台阶,这个台阶或许不是经济上的,也不是建筑上的,而是看不见的"人的建设"方面,还有就是我们做的事具有了一个系统和深度。

阳芳苗寨,曾经是巴拉河畔的一个美丽的苗族传统村寨。以前寨子里都是木制的房子,顺着山坡的走势,一栋栋木房鳞次栉比、层峦叠嶂地洒落下来,在一片翠绿的树木中安逸地躺着。路过它的人,都被它"青烟紫气腾山岗"的样子给迷住了。

然而,现代化的便利交通给这里带来了发展的机遇。在传统向现代发展的过程中,随着村里人口的增多,宅基地的奇缺,现代建筑形式的简单无序引入,阳芳村面临着传统保存不够纯粹,现代发展后劲不足的尴尬处境。我们刚来到阳芳村,看见阳芳村的整体风貌杂乱无章,乱搭乱建现象严重,房屋密密麻麻,而且一些水泥房还建得奇高,另外再加上或破烂矮小或恶臭不堪的猪圈、牛圈密布其中……

走进村里,脚下不再是曾经充满岁月沧桑的石板阶梯和鹅卵石路

乡建恨晚

图1-44 改造前的阳芳村风貌

图1-45 阳芳村的寨门

第一章 / 我们的乡建之路

图1-46　苏佩珊的到来令孩子们觉得很新奇

图1-47　孩子们争先恐后的过来打招呼

图1-48　改造前的阳芳村

面，而是宛如城市贫民窟中的水泥小路。木房零零星星，也见不到绿色植物，满眼都是丑陋高耸的水泥房和绞成麻团的电线。阳芳村不美了，曾经游苗寨的美好体验，没有了。听说，曾经有政府引荐的建筑公司和乡建公司，看见阳芳村的情况，放弃了。而我们——九七华夏乡村营造团队留下了。

在我们的努力下，阳芳村的整体面貌变美了！新换上的白色屋

图1-49　团队在阳芳村调研

檐，在阳光下发出耀眼的光。本来是黑漆漆的木墙，也被刷成了铜黄色，宛如新做的时候一样。那些原本丑陋的、高耸的、只是简单满足居住功能的水泥房，也已经变美了。施工队按照九七华夏设计机构的图纸，给它们全部刷白，并加盖了中式屋顶和飘檐之后，它们立即精神抖擞起来了。再配上精心选择的、具有民族审美精神的墙绘，它们最终具备了现代、古典与民族三元素融合的美。村里还有一些欧式的房子，设计师也想了一个办法，给其加盖了中式屋檐和墙绘，让它成为了中西结合的美之典范。村里的经济也开始活跃了，人们的思想观念打开了，各自都在积极寻找着美好生活的路径。

一、笑脸理念的内涵

我们来到阳芳村的时代大背景是：乡村旅游已超越农家乐形式，向观光、休闲、度假复合型转变；个性化休闲时代到来。乡村旅游出现了以下特点：乡村旅游的全域化、特色化、精品化。许多地方往往共同规划、协调发展，以全村、全镇、全县范围来做乡村旅游。在推动乡村旅游的过程中，为避免同质化竞争、取得差异化优势，各个村镇实行差异化发展策略，深挖潜力，精心设计，打造精品。在美丽乡村发展的时代背景下，阳芳村如何走出一条继承苗族传统、拥抱现代发展、提升村庄经济与改善村民生活水平的道路？我们觉得着眼全局、放眼未来又精准把握的村庄总体规划设计的理念很重要。

阳芳村是一个依山傍水的苗族村寨，村子的外围气象给人一种宁静、清新、温情的感受。总设计师陈春平，根据团队对阳芳村历史、文化、民族特性、现状的调研及全体的期望，提出了"笑脸"的理念。"笑脸"理念的总体旨归，就是让村庄处处呈现一种获得感、幸福感、自豪感的意象。它显示我们要在"人、文、地、产、景"这些最现实的利益、最具体的需求中狠下功夫，从而达到乡建的意义。让村民参与建设，创建和谐民主的村落景象，保证村民的权益，是理念的旨归。

面对日益严重的乡村旅游同质化竞争，特色将是最好的竞争力。只有坚持特色至上，塑造村庄特有的性格，才能吸引游客、发展经济。这是"笑脸"理念的关键内容。"笑脸"的规划设计理念与"台江姊妹节"能够有效衔接，提升台江文化旅游品牌形象。"笑脸"的规划设计理念将会让阳芳村更好融入全州旅游产业发展的大环境，以增强游客体验度为结合点，深化文化主题，融入环雷公山乡村旅游带发展。

在阳芳"美丽乡村"的构建中，"笑脸"是一个能量巨大的规划概

念。它是由作用于可见的物质层面，然后转向不可见的精神、心灵层面，最后又回复到物质层面进行影响的总体环境规划设计方式。"笑脸"是人的内在情感的外在体现，它是一个心理现象，如何将这种心象以符号的方式呈现出来，化做环境氛围，是我们设计需要解决的主要问题。在阳芳村进行"美丽乡村"构建的前期、中期及结果阶段，将会是一个心象符号的建构过程，我们将会让"笑脸"设计符号元素在阳芳村四处弥漫，形成特有的幸福感文化。我们会先让村子"笑面如桃花"，然后村民处处"笑脸"迎人，然后来访者看到和谐、安宁、美好的景象，也是充满"笑脸"。村里一直洋溢着"笑脸"，后续的乡建中，村民有持续的"笑脸"。随着阳芳村的民生问题得到逐步的解决，村里更加会呈现越来越喜气洋洋的景象，"笑脸"会一直持续。这是我们的总体思路。

"笑脸"的规划设计要真正落地，建筑与园林是两个重要的环节。阳芳村是一个全苗的村寨，村寨里的现代水泥房早已打破了和苗族老建筑平分秋色的局面，占据着显要地位，而且它还有继续扩大疆域的趋势。村民都喜欢水泥房，但没有美感的水泥房对于曾经精致、宁静、爱美的民族来说，不亚于是一个破坏者，它正在摧毁一切，从外而内，从形式到精神。别看只是建筑改观了，建筑可能正是其一切文化的载体。木房是我们需要去保护的，但一些住在苗族老建筑里的村民，他们在抱怨着木质建筑的缺陷，他们充满焦躁和嫌弃，他们说如果收入改善，会很快换成水泥房。而木房子换成水泥房，对村民来说，只是一个经济能力提升的表示；对于一个民族来说，则是一个民族文化快速流失的警示。而阳芳村作为美丽村庄建设的示范村，苗文化是它的一个重要本色，是文化旅游的主要支撑点（图1-50）。

让村庄疏密有致，老旧建筑和谐相融，所有的新建筑感觉是从老

第一章 / 我们的乡建之路

图1-50　烟雾缭绕下的阳芳村全貌

图1-51　团队商议阳芳村规划

图1-52　盛装打扮的苗族女孩准备给客人端上香甜的米酒

的村子里自然地长出来，这就是陈老师的核心目标。他说："我要重新做一个设计，我要让大家体会到建筑美的力量、设计的力量。当我们把建筑及基础园林建好后，建筑就是长出来的。越简单的干预，村庄就越散发出它的魅力，原有的寨子就会发出它最美丽的声音。更重要的是这些老人们能够轻松地、开心地坐在那里，我们的工作没有打扰到他们的生活。只是大家会发现，他们多了一样东西，多了一份对这个村子的自信和骄傲。这些我是能做到的。"最后，陈老师终于想通了，他画出了整个村庄外围的立面效果图。

"笑脸"的规划设计理念，它不是简单的玩概念，也不是头脑一热的产物，也不是高级忽悠人的噱头，它是对当前乡村规划设计的反思的产物；它是拒绝让"城市病"蔓延到乡村的实践努力；它是解决当

第一章 / 我们的乡建之路

图1-53　观看妇女节文艺活动的阳芳村民

前各种社会矛盾的艺术手段；它是在地域文化因素介入下，使传统的地域文化自主传承、延续到当代生活环境中来，以此实现文化传承的可持续性的思索。它旨在使传统村落超越"美丽"的表象，重返于乡村生产与乡村生活之中，从而使乡村经济、社会及环境得以平衡、和谐、健康地发展的再造。无论当前及今后的扶贫攻坚，还是美丽乡村建设，不能仅局限于传统的墙体粉刷、立面改造等所谓的"穿衣戴帽"式村庄整治，而应是以系统论和阶段论视角来全面立体审视，核心在于培育村庄发展动力系统。

"笑脸"理念，它强调"自然而然"，通过寻求"自然之道"而找到经济发展的路径，限制人的过度开发行为，控制建设规模。"笑脸"理念，既是规划的哲学和理念，也是规划的方法，同时又是一门

乡建恨晚

艺术。它关怀人的生活方式和生活态度，关怀人对自然的态度，对原住民的生活态度。寻找笑脸的过程，就是规划者寻找"自然之道"的过程。

图1-54　阳芳村老人在观看村中举行的活动

它包括以下几个核心内容：（1）尊重自然，尊重环境，尊重地域文化，通过规划唤醒文化意识。（2）"笑脸"理念的最高目标是实现人与自然的和谐相融，其中既包含人地关系的和谐，更包含着人人关系的和谐。所以"笑脸"理念，在提倡以自然为本的同时，更提倡以居民为本，以原住民的生活为本，体现了人与人的相互尊重，人与人的和谐相处。乡村重视人与人的亲情关系，有一股热血的互助精神。（3）注重乡村景观的个性。以平淡的艺术手法对乡村景观进行维护和整治，规划者应以顺应自然的心态对乡村景观进行凝视和思考，以自然选材、自然选型和自然设计，化有形规划于无形，保持好乡村景观个性。（4）设计的模糊性。建筑师与当地人保持双向沟通，建筑师不从个人的理解出发设计乡村，从而脱离乡村的本源。设计团队都和当地的工匠保持着良好的沟通并彼此尊重。设计团队会刻意留出一定的空间给工匠，鼓励他们去自由发挥；而当地工匠也会在很多时候给建筑师一些很好的建议。例如阳芳村路面鹅卵石的铺装，村民工人就发挥了很好的创造力。

"笑脸"理念实际上也是一种"设计轻介入"策略。近些年乡村建设的各种问题开始得到社会各界的关注。大家目前关心的是建筑设计如何回归文化本源，让居民望得见山、看得见水、记得住乡愁。于

图1-55　油菜花飘香中的阳芳村

是,"轻介入"的做法开始被人们欢迎。"轻设计"是对乡村建设自然和人文环境缺失的一种理性反思。"笑脸"设计理念的核心就是"轻设计",是延续乡愁的设计。"乡愁"是在每个人的情感、经历和记忆中较具代表性的。其中既有乡土的物质空间,也有非物质文化的记忆,这些物质和非物质都能寄托人们的情感。设计要保存人们的思念,唤起乡情。因而乡村建设既需要有对乡土风貌的审慎对待,又需要保持和传承乡村的本土文化。

我们在设计过程中,思考的是原本的乡村风貌不能丢失。乡村的空间环境及文化传承不能受到冲击。设计过度,虽然短期内村民的卫生和居住环境改善了,但从文化视角和长远的发展看,这样的设计是缺乏可持续性的。设计要保护当地的生活方式、保有地域和民族特

色，传承历史记忆。

"笑脸"设计理念实施中，我们对原有村落不做大规模拆迁，这样的轻介入不仅避免了推倒重来式的建设，而且使原住村民的生活形态得以延续。同时，面对大量水泥房与苗族传统建筑交错杂存的局面，目前普遍的做法是给水泥房外立面加防腐木包装，使它复古，而我们没有这样做。陈春平老师始终认为，一些房子已经汉化、欧化了，不能强迫它们回到原始的苗家老式建筑里，也不是花大价钱进行做假式的复古。他注意到民国时期，中国的一批富有成就的留学生，他们设计了中西结合的建筑，也非常漂亮。所以西化的水泥房只要简单刷白，然后通过苗族图案等元素切入进去，让中西方元素同时保留一点，形成中西结合的建筑，也是可以的。让这种建筑成为这个历史时期特有的交点、结点。它呈现的就是一种建筑特有的历史，我们不可能把历史抹掉。

"笑脸"规划设计理念就是用着力最轻的方式完成原有民宅的功能置换与更新改造，和谐地将宅基地周围的菜地融入原有村落环境。在充分尊重既有乡村留存下最原汁物质空间和文化的基础上，采用"轻介入"的设计策略，将作品与原有地方环境、地域特色产生关联，风貌建设与文化回归并重，相融共建，留住乡愁。轻设计以毫不唐突的姿态，不打扰邻里的社会关系，与周围的民居取得极其协调的关系。

这种"轻介入"的设计理念同样贯穿在建筑的装饰和材料运用上。所有水泥房屋均采用苗族建筑的木屋顶，轻质结构，恢复原有意境。建筑师依循当地的古代文化脉络，巧妙地在水泥建筑上涂绘图案，将整个建筑形态整合起来的做法，将空间特质与文化形态并存。在以往的乡村规划与建设过程中，由于乡村规划理论与实践体系的缺乏，决

第一章 / 我们的乡建之路

图1-56　笑脸如花的阳芳妇女

图1-57　阳芳小女孩跟着爷爷学习编草龙

图1-58　阳芳村改造后的房屋

策者和规划师们往往不自觉地套用城市规划理论，追求统一风貌、统一建设，而忽略了乡土环境与文化的多样性，这种趋同造成了乡村风貌的千篇一律和特色丧失。而我们通过"笑脸"理念设计，重新唤起人们的独特文化思索和村民对本地的热情及自豪感。

乡建恨晚

图1-59 正在办喜事的阳芳村民

图1-60 新娘子娘家人过来阳芳村吃喜酒

"笑脸"理念,它可以说是根据心灵哲学的思路,在对某个地域的人们进行心灵的设计。心灵包括主观和客观、内在和外在、事实和价值及知识和情感等方面。由于存在于物质世界的物质实体在本质上没有思维,所以对客观事物的认识就只能在心灵中进行。基于认识只能在心灵中进行这一观点,理念、概念的规划就具有了可操作性,它的原理是让心灵由一种精神转变成一个过程,即一种形式与内容统一的形成过程。心灵作为一种隐藏的意义系统既限定了人们对当下所发生的事情的理解,同时其自身也在人们与环境交互作用的过程中不断地演变。它是有强大磁场效应的。这里有一个著名的例子,就是日本夕张的例子。夕张是日本的一个地方,因为盲目投入硬件设施,导致财政赤字,这样一个又穷、人又少的城市,有什么办法可以让它起死回生、再次吸引大家的关注?营销人员想出了一个办法,把夕张包装成为"全日本最幸福的地方,幸福

图1-61 敬桥节村民逮着路人就要敬酒

第一章 / 我们的乡建之路

夫妻都该来这体验一下"。就这样,幸福的"夕张夫妻"卡通形象诞生了。夕张由此赚到了人气,也改善了政府的财政赤字。

我们的"笑脸"理念,也正在像日本的夕张那样,发挥着它不知不觉的巨大影响力,可以称其为磁场效应。这就是强大精神体完成了对相关心灵的意向性设计之后,会延伸向物质与自然现象中。事物是相联系的。每种精神状态或信念、期望集合后,可以相关联,然后将力量集体散发出去。在笑脸这个精神的笼子下,我们首先是不自觉地形成了一个团队精神:阳芳乡建用笑脸来坚持。

"笑脸"理念不仅笼罩住了我们,它也会把这里的人们都影响到。热爱过节和热爱喝酒的阳芳村民,他们的生活是五彩的,应该也是崇尚笑脸的。但是这"笑脸"精神,还没有变成生产力。还没有生成一股自力更生的建设意愿。其实"笑脸"正在生成过程中。阳芳村的村民对巴拉芳华现代产业园征用了大片的土地还处于不理解的状态。既

图1-62 爷爷推着孙女散步在油菜花田上

丢荒土地，又依赖土地，等到他们真正发现了土地的另外一种价值的时候，他们就会更加充满笑容了。他们与生俱来的传统"笑脸"，还需要转换为现代的"笑脸"。

## 二、笑脸乡村营造的实践

总结我们在阳芳村进行美丽乡村建设的历程，可以提炼出一套美丽乡村建设行之有效的操作模式和思想理念。如果从文化挖掘传播、规划设计、陪伴式乡建、产业转型四个方面进行提炼，可以找出我们的系统性乡村建设模式，即"文化复兴传播为关键""产业振兴为基础""城乡连接为推手""多方协力促发展""笑脸理念下的乡村营造手段""陪伴是最长情的告白"等六条。

我们一直非常重视阳芳村文化的挖掘。乡村文化是村民生产、生活的内在联系纽带。对于乡村内部传统文化的挖掘，是认识村民精神世界及重建凝聚力的重要手段。乡村文化挖掘的过程中，对未来乡村文化产业振兴的发展具有积极的推动作用。但带着城市化和知识分子的优越感来"改造"乡村，是不对的。首先要承认乡村的价值和重要

图1-63 小桃和村长夫人一起在村中捡"破烂"

图1-64 李娜和村长夫人一起在村中捡"破烂"

性，因为中华民族灵魂和信仰的整个体系是从乡村而来。我们不能再用西方的现代化理念来改造中国的乡村。就这样，我们以很低、很低的姿态扎进了阳芳村。

以现代化的理论想当然地解释苗族历史悠久的农耕文明，认为他们所代表的文明是落后的生产方式、生活观念，这样畸形的观念忽略了当前乡村的客观现实，忽略了村民的根本诉求，也忽略了民族自身的历史文化。无论怎样的发展，都不能抹杀乡村精神，不能抹杀传统文化。乡村文化复兴的任务，就是让传统文化延续下去，重建新的乡村精神和乡村理想。让每个独特的乡村文化体系在现代文明体系当中找到自己的位置。我们在设计阳芳村建筑时，一直思考的问题是将民族文化元素符号化、抽象化，充分提取建筑中某个有意义的元素来进行新的创作，得到一种新的建筑样式，我们认为这种方式是比较有效的。

图1-65　村中捡来的"破烂"

在阳芳村的陪伴式乡建过程中，我们发起了"一村一书"工作目标，目的就是通过为村子写书，让村子的文化对政治、经济、治理等方面发挥作用。这本书既是我们乡建的理论总结，村子蜕变过程的记录，同时也是乡村的文化建设、复兴、推广工作的依据。我们为阳芳村写了《阳芳的笑脸》一书，就是要发挥它的社会功能，就是要让全社会、特别是村民能分享更多的自己所属的精神文化和物质文化成果，让每位村民都有足够的获得感，并作为一个社会共同体凝聚起来。只有乡民和乡村成为这本书的主体，乡村文化才能发挥更广泛的作用，进而滋养全社会。这是我们进行"一村一书"工作的根基。

 乡建恨晚

　　关于如何振兴阳芳村的产业，我们也一直在努力。乡村产业的衰败是乡村凋敝及乡村空心化的主要原因之一。产业的发展是乡村振兴的主要推动力，有了产业的支撑才有村民稳定的收入，才能创造足够的就业岗位给归乡的年轻人并将其留住。产业的挖掘与振兴可从两方面展开：一是积极探索与挖掘本村有别于其他乡村的特色资源；二是通过村社共同体的重建，整合特色资源，盘活集体资产，形成规模化产业，实现与外部社会组织的对接。比如2018年的初夏，村里的枇杷滞销了，李娜及其他乡建小伙伴帮助村里做了枇杷干、枇杷酒等伴手礼的工作。

　　事情经过是这样的：团队的李娜因为咳嗽一直没有好，阳芳村的几个姐姐给她摘了枇杷做成枇杷汁。内心受触动的娜娜发了一条朋友圈并配上枇杷的图片以此方式来感谢几位姐姐的关心。而这条消息被中组部刘源书记看见，他建议可以将枇杷做成枇杷干、枇杷酒等系列产品。雷黔敏乡长也很支持这个工作，特意给李娜介绍了一个村里走出去的女孩，一个较专业的甜点师来帮忙指导。李娜悉心请教了甜点师关于做枇杷系列产品的具体步骤和注意事项。制作的过程再加包装设计的过程，充满了艰辛的劳动和智慧的萌发。最后枇杷干、枇杷膏、枇杷酒等产品，配上李娜精心设计的logo，一套成系列的阳芳精品伴手礼就诞生了。这次枇杷产品的研发在村民微信群里面引起了很大的反应，村民纷纷都抢着要试吃。我们觉得关键不在产品的味道如何，而是我们踏出了一条路，这条路村民能够跟的上来。

　　每个乡村都有自己的独有特色，只有找到自身独特的东西，才能打动人心。阳芳村有五彩米，这是一个特色产业，我们将其作为"一村一品"工程，去进行文创。用文化和创意手段去改造这一农产品，将"土里土气"的东西变得富有神气，从而更加完美地呈现在人们面

前，帮助乡村开拓商机。阳芳村最独特的东西，就是五彩米，我们围绕五彩米，做了大量的文创设计。

乡村地区一方面要实现产业兴旺，同时也要保持一定的人口规模。这就需要通过乡村地区文化旅游业的发展，实现经济、人口的导流，让更多城市游客走进来，让更多传统农民和现代农民留下来。旅游业与"乡村宜居"兼容，也是将乡村生态资源转化成经济来源的重要产业。乡村需要多方力量参与共建共享。在中国人的心中都有一块情感的出发地和归属地。这就是"乡愁"和"乡情"。阳芳村的民宿，虽然目前数量不多，只有一个"水沼情深"的民宿，在正常营业。但我们一直在引导村民，如何将自己的空房子用来经营民宿，我们时常向他们传达外面民宿的最新经营理念。在2017年的年末，我们请了两个大学教师，来到阳芳村。他们虽然只是在乡村短暂居住了两天，但是他们的到来，更像是某种象征，在一定程度上激活了乡村的新活力，把乡村文化带入新的发展阶段。

我们一直重视发动公众参与阳芳村建设。村民才是美丽乡村建设的主体，我们只是来帮忙的，迟早是要离开的。我们一直在村里做的一个工作，就是明确村民的主体地位，充分调动其参与建设的积极性，发挥其主动意识。当我们建设团队撤出时，当地的发展必须依靠村民自组织进行有序运转。因此，在乡村建设过程中，有意识地挖掘与培养村民自组织能力，是非常重要的环节。我们在阳芳村的驻村期间，非常注意挖掘并培养热心于某项事业的村民，通过当地人的自发组织推动某项事业的发展，例如垃圾分类、传统工艺培训等。

我们建立了一个村民微信群，李娜在里面鼓励大家要对发展有信心，她还安抚那些有不良情绪的村民，并召唤年轻人回乡。我们在规划设计的过程中，也始终贯彻公众参与的理念，让使用者有表达想法

乡建恨晚

的途径，并与设计师形成良好的互动。规划设计工作者作为村庄之外的人参与到乡村建设中，常常会忽略自身是乡村空间载体的短期使用者，而以专业设计者的"强势"态度主宰着乡村空间。事实证明，单纯的空间规划设计无法解决乡村综合发展问题，必须深刻认识到由于精力、能力及视野有限，规划设计师应当更多地以协作者的身份参与到乡村建设中，更多地倾听与陪伴，在自身所熟知的专业领域提供力所能及的协助，把更多的设计构想交还给村民，陪伴着乡村"成长"。

学会充分赋权予村民，是一种尊重，最终也将会赢来掌声。现如今阳芳村里的小广场，就是我们设计师与村民互动的结果。乡村营造的设计师们根据现场情况，决定采取"村民参与式设计"的设计理念对小广场项目进行设计打造，组织村民、村干部、施工单位与设计师共同讨论小广场未来的样子，解决和满足村民现在面临的问题与实际需求。经过一系列建设意见的调研后，设计师现场根据村民反馈意见画出手绘图，贴在公共场合，供村民选出最佳方案。

阳芳村曾经的垃圾没有人清理，大家都在等待着乡村保洁员的诞生。但是，如果转变村民的理念，提倡"村里人人都是保洁员"的概念，村民环保意识提升了，环境整治不再依靠专业的保洁员，而是通过人人参与、人人监督来凝聚更大的合力。这是文明意识的提高，清洁指数自然更高。美丽乡村建设是一项美丽的事业，需要久久为功。在这过程中，我们让这种"村民主动干"的氛围营造得更加浓厚，村民的主体作用发挥得更加好。"自己的家园自己建、自己的家园自己管"大有可为。充分调动起村民的积极性、创造性，美丽乡村才能更有活力。如何去调动？这需要密切联系群众，做村民的亲人，通过各种带动效应，最终影响村民。

第一章 / 我们的乡建之路

图1-66　李娜和阳芳村女孩一起迎接外来客人

我们作为从事规划设计的专业机构，服务范围及服务能力有限。但是在建设过程中，我们会充分借助各种社会组织的力量，从多个方面促进乡村系统建设与协调发展。因此，在乡村建设初期，我们就会同步启动乡村软件建设。我们会带着运营的思路，想着怎么把阳芳村的产业盘活。后来，在阳芳村发掘了一批这样的村民：他们有热情，有想法，想利用自己的能力和拼劲，获得好生活。我们对于这样的村民，进行了重点培育，让他们形成一种有序的组织。在团队成员，特别是李娜的努力下，2018年的夏天，阳芳村里的"长桌宴"妇女小团队诞生了，这是一个专门组织接待外来客人就餐的小团队，是一个经济组织，但接下来会组织歌舞活动给客人看，所以这又会演变成一个经济与文艺结合的组织。

乡建恨晚

一个村的建设，往往很难一下子全面推进。从某些微小的点开始启动乡村建设，明确定位，找准方向，是逐步实现整个乡村建设的重要途径。我们在规划设计方案实施之前，村民对于房屋改造的投入产出比存在一定的疑虑，因此，推行"示范户建设先行"的模式显得尤为重要。项目实施前，通过建议政府对"示范户"的房屋改造进行补贴，鼓励村民带头先行启动建设改造。"示范户"的建成及运营发展给其他村民带来了希望，传递出发展信心，对于村民投入后续的乡村建设工作具有重要的示范意义。

关于赋权与陪伴。乡村建设是一个有始无终的过程，需要农民组织主导、职业乡建人士长期落地式的陪伴。乡村地区的规划设计问题并不复杂，复杂的是社会风俗、人情世故等方面。鉴于乡村地区社会关系的复杂性，面对乡村建设巨系统，规划设计师必须时刻牢记作为乡村建设协作者的角色，对乡村有全方位的认识与思考，工作内容从专注于空间设计转向沟通协调等方面。驻村设计师既是空间规划师，又是社区营造的社工。他们将专注于环境治理和社区营造相关工作，同时推动在地骨干、志愿者、协作者团队的培养，建立固定的乡村营造机构。驻村社工工作对推动阳芳村的发展将有非常大的帮助。驻村陪伴乡建人员像村庄的保姆，所做的事情，真是五花八门、丰富多彩。他们的工作没有固定的操作模式可循，更加考验其综合能力。

这方面，我们团队的李娜做的比较好。她作为驻村设计师，在阳芳村驻扎的时间最久，做的工作最细致也最具体。她身兼数职，既是设计师、又是村子助理、小学教师、宣传员、群主、赈灾员。2017年丰收的时候，李娜为五彩米绘制的广告，受到了乡里书记的肯定。她还计划将村庄特色建筑、物件、自然景观、食物等，绘制成漂亮的图案，印制在明信片、儿童读本、立体卡、马克杯、手提袋等上面，让它们成为替阳芳村代言的品牌标识。

等村民服务中心建好了,她还计划将更多的社区营造活动植入到服务中心的文化中心去。从李娜这里可以见到,驻村设计师由专精的专业人员开始转向社会工作者、村民的立场,综合地看待乡村发展问题,应面对村民诉求,建构传统专业教育以外的知识系统,通过真实的行动参与,以实践成果来检视自身工作的价值,协助村民进行乡村综合治理。

小朱湾还在被城里人继续青睐着;中关村的美丽乡建故事,在艾玛和吴江的墨仓中继续谱写着新篇章;阳芳村,也在一点一点地变好中。洪金聪说:"我们在乡村的举手投足,已经在给中国的农村农民带来变化。九七华夏的年轻人,从五湖四海走到一起,在这些实践中汲取营养。我们也通过乡建实践,在当代中国释放'正能量'。"

图1-67　在阳芳村考察的李娜

第二章

# 人与建筑同步建设

乡建恨晚

在愈来愈如火如荼的中国乡村建设运动兴起的潮流中，建筑设计成为其中一支重要力量。我们就是这样的力量。虽然我们的乡建并不是简单的在乡村中做建筑，但是在整个系统中，建筑行为却占据着非常重要的位置，正如张利民所说："乡村的建筑是乡村文化的载体，是与村民们的生活、生产息息相关的生命体。①""建筑往往是乡建工作的开始。为何？因为建筑及其延展工作，包括景观、立面改造等是显性的，它能够快速、有效地改善村庄环境，提升村民生活质量"。②何崴认为："建筑（也可以拓展为村庄环境空间）在此次乡村复兴中的位置既是前端，又是末端。所谓'前端'是因为无论是政府主导的'美丽乡村'建设，还是民间的乡建，建筑的改变往往都是前置的，是乡村变化中最为明显，也是最早完成的行为。同时，建筑作为行为的载体和容器，它也决定了乡村复兴的一系列后续行为是否能展开和完成，因此也必然是前端的，最早介入的。"③

我们经过几年的整村打造的工作，渐渐把乡村建设分为硬件部分和软件部分。硬件主要着力点是建筑及基础设施方面的改造、提升；软件主要是指"人的建设"、村庄的运营、激活等。很多时候，我们甚至把"人的建设"放在首位。由于政府的主导性，各级政府都对乡村建设给予了政策或者资金的支持，但也正因为有资金的支持，更容易产生矛盾。而我们是动村民房子的人，也是动了村民根本的人，我们遭遇了太多太多有关房屋方面的矛盾纠纷。特别是对民居的改造和修缮上，很容易造成村民心理的不平衡，这会导致整个村庄复兴计划的搁浅。乡建是一个涉及政治、经济、社会、文化等多个层面的建设行

---

① 张利民. 中国近代城市文化的乡村情结[N]. 中国社会科学报，2011-09-01（8）.
② 何崴. 建筑及其设计在乡建中的作用和态度[J]. 风景园林，2018（5）.
③ 何崴，陈龙. 关于乡建中建筑和建筑设计的几点思考[J]. 小城镇建设，2017（3）.

为，而其中人的因素最重要。我们认识到人的建设甚至比建筑硬件建设更重要，我们还掌握了一整套"人的建设"方面的经验。

乡村建筑设计与建造不同于城市中的情况，首先，在乡村建筑师面对的业主往往既是建筑和（或）土地的所有者，也是建造者和使用者，建筑师需要考虑的问题远比城市中复杂；其次，乡村项目协调的利益更多，建筑师需要同时满足县、乡镇、村集体和农民个体多个不同层面的诉求；最后，乡村建造的条件往往比城市中困难，建筑材料的相对缺乏，乡村建筑设计需要接地气的设计方式。但在长期的实践过程中，我们也掌握了一套"有温度"的建筑设计的方式和方法，懂得了如何能够快速、有效地改善村庄环境，提升村民生活质量。同时，在这个过程中，我们认识到人的建设甚至比建筑硬件建设更重要，我们还掌握了一整套"人的建设"方面的经验。

## 第一节　人的建设最重要

这里的"人的建设"是指农民主体性的培育。农民主体性指农民充当美丽乡村建设的主角，主动发挥自身的勤劳、智慧。其主要体现在独立性、能动性、自主性、创造性方面，是美丽乡村建设的监督主体、利益主体、决策主体和参与实施主体。目前的乡村振兴，工作繁重，内容复杂，其中发挥农民的作用是重要一环，因为农民是农村的主人，是乡村振兴的主体，农民能否以主人、主体的姿态参与乡村建设，关系到乡村振兴建设的兴衰成败。但是目前，农民主体性的现状是：以劳动力投入为主要参与形式；积极参与经济建设、基础设施建设和村容村貌建设中，农民自我决策程度低；农民参与农村建设较被

乡建恨晚

动；农民主动参与建设的热情低；农民的知情权、管理权、监督权弱；农民实际受惠程度有限；农民的利益没有得到有效的保障等。另外还有农民的教育科技文化素质低；思想道德素质低；农民组织化程度低；对新农村建设的认识不全面、有偏差；农民收入增长缓慢；农村基础设施建设严重不足；农村社会事业发展落后；农村富余劳动力转移导致农村人力资源匮乏；农民利益诉求表达长效机制函待建立；农民创造活力需要进一步激发等。

而我们，作为规划与建筑设计为主要工作目标的团队，进入乡村世界的时候，我们始终只是一个外来者，又遭遇到了农民主体性微弱的现状，可以说建设工作遇到了双重困难。一开始我们面临的问题，是如何从零起点开始把村民的能动性调动起来。村民在山坳里世代居住，他们有每天的起居习惯和常年关心的事。希望融入村庄，协助在地发展，但要把想法执行下来，并不是那么容易。我们如何介入，并推动工作？这一切，都需要从了解村民，了解村庄开始，要思考怎么和村民交流沟通，怎么让村民接受建设项目的开展。我们需要讲究方法，需要在我们的专业技能之外，额外做一项工作，就是"人的建设"工作。特别是一开始，政策和资金来源并不明确，村民对我们没有建立信任，因此，我们开展乡村建设的第一步，是"人的建设"。通过"人的建设"，让成年的村民成为建设的主体，让孩子成为村庄的主人，让全体村民成为现代化发展背景下的合格村民共同体。

一、村民是村庄建设的主体

做乡村建设，一定要重视发动公众参与建设之中，要充分发挥村民的主体作用。在决策问题上大包大揽，主观臆断，没有深入了解民情、充分反映民意，会导致一些村民唱对台戏，不买账。当前，美丽

第二章 / 人与建筑同步建设

乡村建设过程中普遍存在着两种现象：一是政府与开发商联合主导乡村建设，借建设之名行任意摆弄农民获得利益之实；二是政府过多主导乡村建设，包办所有内容。包括做培训、给资金、搞建设等，造成村民认为乡村建设是政府的事情，抱着事不关己的心态消极参与乡村建设。政府虽然意识到，把村民内生动力调动起来，可以事半功倍，但乡镇干部常年在村工作，有很多惯性的行政思维，但渐渐的行政思维不管用了。我们进入村庄后，往往成为美丽乡村落地实践中重要的第三方。我们不是建设的主体，村民才是。但认识到自己是建设主体的村民，是极少数的，大多数村民只是想充当坐着看热闹的人，或者是充满抵制、不配合的人。我们始终强调应该充分发挥村民的主体作用，最大限度地激发村民投入农村建设的积极性、主动性和创造性，这样农村建设的各项工作才会得到广大村民的理解、拥护与支持。

图2-1　团队在中关村举行村民座谈会

乡建恨晚

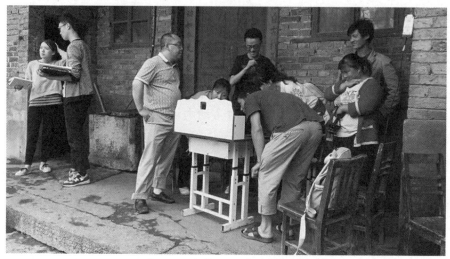
图2-2 王贺带领团队成员在中关村

比如在中关村乡建的过程中，发生过这样的一个小插曲：芹菜沟安静祥和的气氛被一群村民的吵闹声打破了。一辆装满大石头的货车被一颗大石头拦在路上。徐宗华（勇哥的父亲）有些激动，正和人争辩。远远望见思勇扛着一个大锤，大刀阔斧的走来。他二话不说，挥起大锤朝着大石头，"哨哨"几下。大石稳如泰山，屹立不动。缘由是5月，芹菜沟修路。村里决定，在这条路上的农户每户出1600元，不在这条路上的（由于需要通过此路上山）出400元。当时徐思勇家就属于要出400元的农户。但他家认为又不是我家门前的路，凭什么我要拿这个钱。以致后来，出现此事。当天上午徐思勇雇卡车经过此路时，他们并没拦阻。但下山时，徐宗刚家正在挖地基，玩闹心起。于是让挖掘机挖了块大石头拦堵此路，不让徐思勇的车通过。后来，卡车堵在那有一两天。事情最终就这样不了了之了。村里都是一家人，争争吵吵总是不断。要帮忙时也绝不推脱。就像那首歌唱的"生活，像一团

第二章 / 人与建筑同步建设

图2-3　团队里的设计师陈春平在与村民交流

图2-4　大家在讨论阳芳村的设计规划图纸

麻，总有那解不开的小疙瘩"。类似这样的小插曲太多了，只要是不影响整体的小纠纷，我们基本不去过多介入，但大的事项，不能任其发展，我们需要干预，需要疏通。形势逼迫之下，"人的乡建最重要"，这一乡建思想就是在中关村产生的。

乡建过程中，要懂得通过游戏规则的制定来引导乡村建设的方向。举例来说，村民喜欢现代水泥房，不喜欢传统木头房屋；在发展乡村民宿的憧憬下，他们不仅想盖新房子，而且越高越好。我们在一开始就和政府协调制定相应的建设机制。首先，新建房屋不再允许超过3层。其次，补贴政策，如果在旧房子基础上做改造，每平方米补贴120元；如果房屋是新建的，每平方米补贴80元。目标指向很明确，以鼓励改造为主，以保持整体风貌。前期，我们几次三番地跟村民强调，村庄建设是自己的事情，也让村民不会觊觎政府的大量资金投入。有了这个意识之后，政府给予的小小补助，会让村民非常感恩戴德。"清风徐来"的户主叫徐儒辉，烤烟房一侧原先是各种化粪池、牛棚、猪圈，他们一直不愿意拆，但是跟补贴政策结合的时候，他们就主动把这里拆掉了。

乡建恨晚

我们还免不了要碰到很多"聪明"的村民,例如,徐宗刚家原先有一座漂亮的木头房屋。在事先了解到全村的木头房屋我们都要保留的时候,他便趁着我们返回北京,以房屋将要倒塌为由,自己偷偷将旧房子拆除了,转而新建了三层的房子。后来发现木房的补贴更高之后,不知他是否有后悔。通过引导村民的思想,村里大部分木房都保留了下来。

如何让村民成为建设的主体,我们的第一个法宝是组织全体村民进行村庄大扫除行动。项目前期,我们借助村两委,在中关村举行的全村大扫除,就是为了检验和培养村民的自主性。政府跟村民说,既然选择了中关村作为示范点,大家要把积极的精神面貌展现出来,于是有了"整脏治乱,我们在行动"的活动。全村的男女老少被发动起来,将堂前屋后和田间地头的垃圾全部清理干净。付出汗水参与整治了村容村貌的村民,会更加珍惜亲手建设起来的美丽乡村。那些大包大揽穿衣戴帽而建设起来的"美丽乡村",会因为村民事不关己高高挂起而很快被打回原形。

如何让村民成为建设的主体,我们的第二个重要法宝是群众会。中关村的工作能够顺利开展,得益于进村之后的第一次群众会。那是2015年5月7日,我们筹划召开了第一次群众会。虽然我们已经和多数村民小范围交流过,但更大范围的开放交流会带来不一样的效果,它很像村里的一场节日。我们还记得那天开群众会的事情。那天,我们在午饭期间跟政府和村干部敲定了当晚群众会的内容和形式之后,村干部便分头组织村民去整理会场,而乡镇干部则从茅石镇里带来音响和投影设备。天将要黑下来时,时任副镇长的何婷婷用扩音喇叭召集大家到场。村里的老人家自发组织起来,收拾会场前面的空场地,清理垃圾和杂草。有些枯草和纸张就地烧掉,大湾组升起了渺渺的烟火。何镇长手握大喇叭对着两侧的村落喊话："中关村的男女老少们，今天晚上N点……"梁主任等人则从镇里搬来了投影仪和音箱，耐心调试。这些举动吸引了早早放学的熊孩子们，他们围聚在苹果电脑前，追来跑去，欢呼雀跃。天色渐黑，村民也陆续汇聚过来。这是村里的一次盛会，也宣告了大湾组的美丽乡村落地实践正式启动。

群众会是各方凝聚共识的机会。当各家各户带着疑虑和期待围聚过来的时候，我们要做好充分准备。乡村建设最重要的是人的建设，而群众会是很重要和有效的场合。乡建理念的种子在群众会上悄然埋下，每次群众会总有村民反响很热烈激动，不舍得离开。会上，我们将郝堂和小朱湾的照片打印出来，认真地装在A4册上，跟没有去过的村民一同分享……在此之后，我们每次带着新成果进村的时候，总是要尽量促成一次群众会，这也成为团队进行乡建工作的标准配置之一。群众会成为我们集中了解群众需求的途径。

我们只是村庄的短暂居住者，村民才是村庄的主人。乡建院的薛振冰在第一次群众会上抬高了音调向老百姓强调："我们只是来帮忙的，我们总是要离开的。"这是一个很清醒的提醒。项目过程要避免村民对你过度依赖；也只有这样，村民才会在项目结束之后加倍珍惜乡建成果，李老师所说的"建立不走的乡建院"才能够实现。一个村子的建设，村民的主体性是重中之重，让村民产生"要我做"变成"我要做"。因为乡村建设是村民自己的事情，如果村民不做，乡建的协助者也不会强制村民去做。

我们认为，乡村改造是农民自己的事情，所以我们一般来说不会进行限制，包括改房子我们也不作强制性要求，而是在开完群众会之后，每家都会发表格由村民自己报名参加改造，这个机制非常重要，它让改造成为农民主动参与的事情。村民主动报名之后，他们还要向

政府交1万元钱的保证金，同时签一份承诺书，保证完全按照规划方案来做。当村民需要拿出1万元钱的时候，他们作决定就会很慎重，所以对方案不会轻易地改来改去。另外，我们进村的时候会跟每家每户进行交流，了解也会更详细。大包大揽是现在做乡村建设的一个通病。如果大包大揽所有的工作，对农民指手画脚，后果就很严重。所以一定要让农民主动产生认识，再来改造，这样才能解决这个问题。

如何让村民成为建设的主体，我们的第三个法宝是乡贤带动。比如中关村建立合作社，我们调动村里的"乡贤"，来参与一些决策。在中关村，我们找到了原来的老支书，虽然他已经退休了，但是他在村里比较有威望，所以在建设的过程中他会负责监督施工情况，这些都是免费的，但是老支书非常愿意做这些工作。合作社分红的时候，他们让乡贤来颁发奖金，乡贤们看重的不是自己的那份利息，而是这种"荣誉感"，他们非常自豪自己能对村子作出贡献。

如何让村民成为建设的主体，我们的第四个法宝是示范点带动。在建设的过程中，一定要充分发挥示范户的作用。在小朱湾转过一圈之后，我们把王万里家作为全村改造的破局之点。为什么呢？乡村建设过程，尤其是改造，人的因素很重要。王万里家两口子正值青壮年，第一次见面的时候，他们便很热情地表达了改造的想法。上个季节他们经营过农家乐，看到了发展的潜力，热切地希望通过改造提档升级，来年有更好的收入。王万里是童周岭村的会计，算是村干部了，相对于其他人家，对新事物接收较为容易；周姐在待人接物过程也显示出她是位能够精明持家的人。我们在选择美丽乡村改造对象的时候，一看意愿，二看经济实力，三看执行力。王万里家都符合要求。

他们很急切地希望看到我们的改造方案。在我们表达了外观设计上会充分利用农村里的废旧材料后，他们迅速地不知道从哪里捞来了

第二章 / 人与建筑同步建设

图2-5　团队成员在中关村村民家中座谈

图2-6　中关村的第一次群众大会

图2-7 中关村村支书非常热心村庄建设

一堆瓶瓶罐罐和破损的汉白玉石柱等,满满地堆了一院子。这些当时在村民眼里很怪异的举止,最后都给项目增色了不少。

  8月4日(2014年),乡建院在梁湖农庄向政府及村民代表做了方案汇报。改造的六个农户家庭反响都很强烈,在会上说对方案很满意。农户对改造方案一致满意,这没有什么好高兴的。相比较于现代农民自建的房子,改造方案在外观上让农民满意很容易实现,更何况造价等因素还没有被考虑在内呢。其他村民在场的时候,他们的表现往往很低调,既希望马上启动改造,又不希望在其他人面前显得很有钱的样子,经常呈现一种纠结的状态。汇报间隙,王万里家将我们拉到走

图2-8 王万里家正欣欣向荣往前发展

廊,低声问:"这样改造很好。可是,大概要花多少钱呢?"这显示了他们更加在意的方面。

前期沟通加上各种捕风捉影,村民普遍认为,只要他们改造房子,政府就会给他们补助。补助金额有多种版本:有的知道按照面积单价来补助;有的认为不管房子多大,统一每户5万元;有的甚至会期待,既然是政府的形象工程,那么所有费用都应由政府来支出。之所以有这样的信息不对称,是因为初期阶段,政府也没有确定的方案,而是在各种补助方案之间犹豫摇摆。这些信息越早确定越好,省得谣言在村里流传,以讹传讹,耽误事情。

乡建恨晚

有些村民，经过团队"人的建设"之后，他们变成了最积极的人，初步具有了村子建设主体的意识，有村子主人的身份感，最先成为了合格村民。在他们的带动下，不断影响着其他村民的心理，这时村子的上空就产生了"化学反应"。人的建设，每个村民的接受度是不一样的，我们会选择找容易突破的点带动。

中关村典型带动的力量非常强大。典型户的项目启动后，一开始报名参与改造的农户很多，但如果我们把每家每户都列入改造名单，村民不会有太强烈的感觉。所以设计团队王贺、陈培新等人根据村民的意愿和经济能力，挑选了大湾组一侧的徐儒辉、徐儒东、徐儒勇组团和芹菜沟一侧的徐儒国、徐儒建组团作为启动试点，其他村民先不启动。有些人家暂时不启动，这反而调动了更多村民的积极性。

徐儒国、徐儒建兄弟家前面有块三角地，面积不到10平方米。这里是山上水体流向河道的出水口，常年堆积了很多垃圾，村民对这个小角落视而不见。当时很多小施工队在村子里作业，我们跟政府协商，让一支队伍进行这块三角地的改造。选择一个小节点（村标、围墙、护坡等）先行启动，工期不长，可以在鱼龙混杂的施工队伍中建立工艺标准。再到后来，进入芹菜沟道路的护坡需要进行改造，我们也采用了同样的方法。我们通过打造几个典型，带动多数村民向其看齐，中关村的总体工艺标准也跟着水涨船高。芹菜沟一侧道路护坡的工艺水平，在我们参与之后有很大提升。

如何让村民成为建设的主体，我们的第五个法宝是教育培训。从2018—2020年，农村将发生天翻地覆的变化。这三年，将是中国农村快速发展的三年。依照目前的苗头来看，未来农村将发生以下变化：农村会越来越少，职业农民越来越多。我国的农民目前分为三类：第一类是传统型农民，不用考证，我们父辈就是；第二类是新农民，指

第二章 / 人与建筑同步建设

图2-9 中关村里一堵很有情调的墙壁

图2-10 中关村厨艺培训中正在炒菜的妇女

乡建恨晚

留在家里进行农业生产的这部分年轻人；第三类是职业农民，指通过职业农民考试，掌握了一部分农业生产技术和营销模式，并能在一定程度上革新农业技术的人。未来到底谁来种地呢？那就是职业农民。所以我们非常重视培养新型职业农民，打造新型职业农民队伍，提高农业经营收益，让农业成为有奔头的产业，让农业成为体面的职业。

  作为硬件建设的重要补充，甚至可以说是乡建中更为重要的目标，是让村民整体素质得到提高。所以面向村民，针对乡村产业的培训势在必行。尤其像中关村这样，希望从传统的第一产业烤烟种植转型到第三产业的度假旅游服务，村民光是善良淳朴是不够的，还要具

图2-11　中关村厨艺培训热闹场面

图2-12 经过培训，村民俨然成为专业厨师

备服务行业的基本素质。在政府的支持下，厨艺培训应运而生。茅石镇请来专业的厨师，对村民进行35天的专业培训，通过考试的村民将取得厨师证。用茅石镇党委书记傅宝军的话说："乡村旅游，培训先行。吃购游娱，强基固本。"

在后来烤烟大棚改造而成的乡村大讲堂里，相应的县级镇级培训持续性举办。穿上制服的村民俨然专业厨师。培训使"老农民"学会了新技术、拓展了新视野，更让"新农民"一开始就能接触现代农业管理理念和经营思维。把知识培训课堂搬到了田间地头，在农闲的秋后、劳作完的晚间，将农民集中起来，这样既不耽误事，农民积极性也高，需要什么就培训什么，"点菜上课"。"在家的基本都会参加，爷爷听不懂的，孙女帮忙记"。

在农民职业培训的工作中，我们一直是重要的协助者。但是，村民的审美意识、服务意识、手工艺术、文化素养的培育，我们是主导

乡建恨晚

者。中关村的妇女培训场地，主要在墨仓空间。我们的驻村社工就是主要的老师，当然我们也会请外面的人进来做导师。

总之，农民工进城，谁来种地，谁来经营好乡村，国家已经给了答案和意见。"十三五"规划中，现代农业是农业发展的头等大事，利用好土地，借助新思维、新技术种出更好的粮食与蔬菜，是未来趋势。同时，随着一、二、三产业的融合，职业农民不仅仅是会种地，更会是一个多面手，以土地为媒，打通一、二、三产业之间的融合与默契。这样的话，农村才更需要职业农民，职业农民也离不开农村。

二、让村民成为村庄文化的继承人

村民本是村庄的主人，但由于种种历史与社会发展的原因，住在乡村房子里的人渐渐失去了村庄主人的价值感和自豪感。他们不以村庄主人的身份自居，他们的村庄就日益凋敝了。村民的素质直接而深刻地影响着乡村带给人的感受，村民的思想进步才有可能使乡村得到发展，才能保证乡村的独特美感不受破坏。因此，需要做的是：不断丰富村民的精神世界，从根本上提升村民的素质，让老百姓养成良好的生活与行为习惯。还要全面重视安排乡村的生活生产方式，不仅在外在上体现美感，还要让乡村从内在上真正的焕然一新。

但是，要直接教育成年人，让他认识到自己的素养需要提升，只是吃力不讨好的一件事情。我们会通过教育孩子，来实现间接教育大人的目的。在游村的过程中，我们首先达成与孩子们的互动。苏佩珊游村的时候，往往会在包里放很多糖果。开始我们不明白她的用意，后来我明白了。村里基本上都是老人和小孩。苏佩珊只要看见有小孩在身边玩耍，她就从包里掏出糖果来，分发给他们。孩子大多都默默无言，这群内向稍显木讷的孩子虽然不善表达，却和城里孩子一样耳

第二章 / 人与建筑同步建设

图2-13 一对年老的夫妇看着改造后的中关村

聪目明、淳朴善良,他们发现村里出现的大姐姐们是可以给他们快乐的,他们立即像探奇的猫一般,由躲避转变为围着她们转了。

很快,孩子们知道了我们的办公室所在地,他们会主动前来。会向我们要糖果或绘画工具,会请求我们给他们拍照。孩子们有时会很吵闹,但他们更多的是感情的表达。因此,每到一个村庄,变化最快的基本都是孩子们,孩子对我们很快由警惕变成了依赖。孩子不会看人的外表是否漂亮,而是直接看你的心灵、你的态度。比如,你是否友善、是否对他们关心等。如果他们发现你是友善的,他们就会接近你,会愿意跟你交谈。

放暑假后,村里的小孩会突然间增多。那年,团队成员及实习生等人来到中关村的时候,正值这帮"野孩子"在村里乱跑的夏天。驻村

乡建恨晚

图2-14　中关村儿童乐园里的小朋友

图2-15　中关村儿童乐园里的小朋友

图2-16　阳芳村小朋友们追着苏佩珊聊天

设计师王贺、王秉峰、苏佩珊等人决定在通过设计改变生活的同时，也通过与当地人建立更立体、感性的连接，从而影响当地人的精神世界。乡村建筑师既是设计师，更是社区工作者。面对孩子，他们拥有了新的身份：老师。每个周二和周五的下午，他们和村里孩子们会一同来到活动室。老师们不断设计有意思的课程,包括折纸、绘画、话剧,也会一起用空心砖和山上砍下的竹子搭建迷宫,在操场上共同绘制五颜六色的跳房子,在教室墙壁上绘制精彩的壁画等。而且我们似乎为村庄形成了一个标配,就是在每个驻村的一块空地上,共同绘制五颜六色的跳房子。对此,我们的主持建筑师洪金聪说的很形象:"乡村振兴从跳房子开始。"

对于孩子,我们会用小事情去影响他们。中关村的刘志友家是一座普通的民居,道路从房前经过,院落很狭窄。改造后的房屋,只是将裸露的砖墙刷了涂料,看起来再普通不过。这个狭小院落的临路一

图2-17 阳芳村小朋友玩乐之后欢快留影

图2-18 阳芳村孩子们介绍自己的作品

图2-19 中关村孩子们和老师一起画"跳房子"

图2-20 怕把跳房子弄脏了,孩子们洗了脚再来跳

侧,混凝土砌块按照阶梯状砌起,形成民居和道路的隔离。这个不起眼的院落背后有文章。驻村工作的李婷婷让这个小院落的改造成为中关村民的共同作品。砌筑混凝土砌块的力气活由施工队完成了,而在砌块孔洞里培土栽花和浇水则是小孩子也可以完成的了。她组织了一帮小孩,引导他们有序地完成了这个工作。于是,连水也端不稳的小孩也参与到这项"绿化工程"中了,他们因而对改造成果加倍珍惜。这个有温度的"最美庭院"与全国上下多地政府主导的"穿衣戴帽"

图2-21 中关村孩子们亲力亲为种上花种子

图2-22 孩子们种好种子之后急忙浇上水

图2-23 孩子们种的种子长出了黄色小花朵

工程形成鲜明的对比，那些耗费巨资的立面改造因为村民的"事不关己"而显得毫无生气。

苏佩珊说她来中关村的时候，那时村里的孩子们刚好是暑假，他们就开展课堂教学，教小朋友学画画，一星期两节课，课间有一些小活动。她回忆道："那时的小朋友一听说要上课，纷纷赶来上课，为此村里特意从学校借来桌椅，第一堂课，来了30多个小朋友，场面特别壮观；在此之后，小朋友一听到上课，特别开心，都会过来参加，每节课的内容也会是不一样；我们和小朋友们一起画了一个叫'天地'的方格子，给小朋友做游戏玩，小朋友特别珍惜，每次要玩方格子，就会去河边洗脚了，然后光着脚丫子跳，一个小小的举动，让人感动；后来我们又做了一个空心砖小建筑，小朋友也参与到搬空心砖的劳动

图2-24 孩子们和老师们一起留影

乡建恨晚

图2-25　中关村两个小朋友合作搬砖头

里，我们齐心地砌筑完成，小朋友很珍惜我们为他们做的小游戏道具，或许是他们参与其中了吧。"

胡云飞一直认为这群内向稍显木讷的孩子虽然不善表达，却和城里孩子一样耳聪目明、淳朴善良。"他们会羞涩地在玩游戏时紧紧拉着你的手不愿放开，在分别后默默地流眼泪；他们会热情地送给我们自己上山摘到的杨梅和李子，邀请我们去家里吃饭；他们会悄悄地趴在玻璃上看我们用电脑画图，低声用方言告诉弟弟妹妹安静不要打扰老师；他们会在门外徘徊许久，不敢送上亲手制作的告别礼物和卡片"。

我们说人影响环境，环境也影响人。我们要制造一种环境，让人

第二章 / 人与建筑同步建设

图2-26　孩子们展示自己的作品

发挥他的积极能动性。我们通过社会实践，来带领孩子汲取乡村营养和全面发展。大家都会说穷山恶水出刁民，这种刁民是怎么产生的，难道人心本恶吗？那可不是这样的。穷山恶水出刁民，难道是因为贫穷才出的刁民吗？也不是。以前大家肚子都吃不饱的时候，也没有成刁民啊。所以在这个过程中，有很多的影响可以施加进去。在小朱湾的会所，一些老师一直在为村庄施加影响，如果影响多一些，整体就会更好。

　　阳芳村里的小孩很多，驻村设计师苏佩珊、李娜就是他们的老师。每个周末或孩子放晚学的时间，村里孩子们会来到团队办公室。

乡建恨晚

图2-27　中关村戴着面具的孩子们

她们不断设计有意思的课程，包括折纸、绘画、捏泥巴、表演，也会一起上山采植物做标本等。

阳芳村有很多孩子，大多数都是留守儿童。爸爸妈妈出去打工了，留下他们在村里，由爷爷奶奶照顾。由于对农村留守儿童的监管、教育处于一种"真空"状态，从而导致许多留守儿童缺乏生活乐趣。这些儿童许多是由他们的奶奶、外婆等隔代亲属来抚养的，而这样的老人文盲率较高，无法对孩子进行学习辅导和思想上的交流、人格的培养，因此他们会有一种精神世界无法满足的需要。我们会创造一种亲切的环境氛围，让小朋友找到一些温暖和艺术创造的乐趣。

第二章 / 人与建筑同步建设

图2-28　中关村孩子们一起玩游戏

图2-29　穿着苗族盛装的娜娜和小朋友

乡建恨晚

比如有时候,我们会在办公室准备一些糖果,当小朋友过来的时候,会发一点给他们。虽然只是一颗小小的糖果,但是能让他们从我们这里找到一种善意的关怀。我们带领孩子们画房子,他们参与了这一过程,他们会非常爱惜这个房子,别看这只是一个房子,这影响的可能是整个童年。乡村振兴其实要用心做,要从小事做起。

孩子们除了玩,还有艺术创作的需要,他们需要借助一些工具,表达他们眼中和心中的具象世界。于是,他们特别喜欢来到驻村设计师这里。这里有为他们准备的泥塑、画笔和画纸。他们亲切地喊团队成员李娜为娜娜老师。在陪孩子玩的过程中,我们会引导孩子去做一些有益的事情,如给村庄捡垃圾、爱护卫生等。还教会他们要积极参

图2-30　着盛装的小朋友跟着鼓声踩着舞步

与自己乡村的建设。等到我们和这些孩子熟悉了之后,我们会引导这些孩子成为村里文化的继承人。

　　孩子是村庄的未来,孩子是村庄文化的希望。我们要把村庄文化的火种悄然种在孩子的心中,让他们承担起传承的重担。有时,越是贫穷的地方,反而越有那种很注重文化的精神。在中关村里面,竟然有把写过字的废纸收集起来,放在专门的容器里面,到了一定的时间,就把他们集中烧掉。这是延续了几百年的传统。这种乡风文明,要把村子里的这种东西挖掘出来,让它去在社会上发生更大更好的影响。所以我们很注意让孩子继承这一传统。我们在墨仓空间的墙壁上,就挂了一个惜字篓,凡是孩子写废了的纸张,我们就让他们把它

图2-31　认真绘画的孩子

乡建恨晚

图2-32 开心绘画的孩子们

放进惜字篓里面。惜字篓满了之后,我们又带着小朋友,把惜字篓带到敬字亭里面去烧掉。所以正能量和负能量在乡村里特别容易受影响,人心本身没有善恶之分,只是说你在什么环境里面。在阳芳村,我们会鼓励孩子认识自己苗族的民族身份,会鼓励他们说苗语,唱苗歌;会给他们讲他们民族的历史传说和民间故事;会鼓励他们穿民族服饰;会让他们产生民族自豪感。

　　文化的传承不是一朝一夕的事,但在一系列行为的推动下,可以起到一定作用。在中关村,我们举办了一次线装书制作活动。在驻村团队的组织下,中关村的小孩被分成"梦想小队"和"勇敢小队",他们到村里邀请老人家当老师,到活动室教他们制作线装本子。这样有仪式感的"拜师学艺",实现了代际的文化传承。徐元泰、徐儒国等老

第二章 / 人与建筑同步建设

图2-33 学习传统文化，分成两个小组

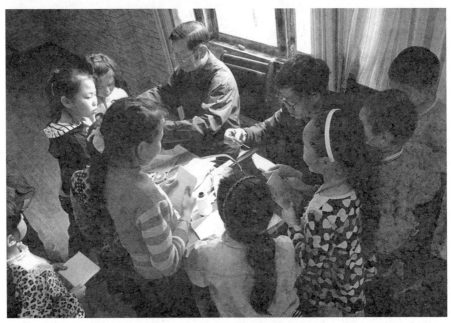

图2-34 老人教小朋友做线装本子

图2-35 手工团队合影

一辈教起课来一丝不苟,而孩子们的眼睛里也透露着专心致志。在这个活动教室里发生了很多故事。蔡丽霞教小孩读国学,王贺和周道兴带着小朋友用筷子搭建木桥,烤烟房建造营学员们劈竹砍材,合作社长者社员分红,以及数不清地和施工队、政府及村民的探讨,在这些欢声笑语中,中关村一点一滴地实现变化。

在面对是保留传统民居还是建造具有现代设施的新房时,一般村民都会选择住进新房。在一般人看来,现代化首先代表着生活条件的先进、便利、舒适、体面等。但是,追求现代化往往需要付出某种代价。在有经济实力的前提下,越来越多的中青年农民坚决地选择了到

第二章 / 人与建筑同步建设

图2-36　做好的线装本子

城镇购房定居，离开祖祖辈辈生活的村庄，而少数老年村民和部分中年村民则坚定地选择固守自己习惯了的村落生活，村庄文化的继承重担就落在了村庄里的部分留守儿童身上。我们需要做的，就是让这些儿童明白，村落外形和设施可以急剧变迁，但是乡村情感、村落历史、个人生活史、村落生活方式等应该予以珍藏、保护和传承。传统的农具、民居、礼俗、仪式等是传统村落文化的可见载体，也应该予以保护。

### 三、让村民为村庄共同体努力

村庄代表着中国悠久乡土传统的承载者，也代表着一种根深蒂固的组织制度形式和人际交往形式。著名的法国经济史学家马克·布洛赫在其经济史经典名著《法国农村史》（1931年初版）中，曾经谈到"乡村共同体"或"农村共同体"，他这样界定"乡村共同体"："许多个人，

或者许多在同一块土地上耕作、在同一个村庄里建造房屋的家庭,在一起生活。通过经济的、感情的联系而形成的这些'邻居',组成了一个小社会:'乡村共同体'。"①乡村共同体和"村庄共同体"意思一样,都是休戚相关的一个地域社会。社会学对"共同体"情有独钟,鲍曼就认为"共同体总是好东西",总给人许多美好的感觉:温馨、友善、相互依靠、彼此信赖。但遗憾的是,在中国的很多乡村,村庄不再是一个共同体,因为人员的流失,经济与情感的双重疏离,导致了一个村庄的四分五裂,矛盾冲突无法化解,大家不再有一条船上的意识。乡村共同体,变成了人们热切希望栖息、希望重新拥有的世界。乡村共同体,简直成了失去的天堂,它是我们"热切希望重归其中的天堂"。②那何谓"共同体"呢?社会学家韦伯明确指出,仅仅是种族、有共同语言等都还不是共同体,只有在感觉到共同境况与后果基础上,让社会成员的举止在某种方式上互为取向,在他们之间才产生一种社会关系,才产生共同体。③可见,共同体的解体与社会联结纽带的断裂相伴随。只有社会成员在行动上频繁互动、紧密关联,在情感上彼此认同、相互守望,共同体的美好感觉才能得以产生。当乡村共同体产生了,村庄不再是一个个分散的贪得无厌的个人,而是一个和谐的集体。

有些村庄正在失去"共同体"意识,而这种意识的丧失是伴随村庄信任体系的崩溃而来的。因为人员流动的加入,外来人口的增多,村庄的信任就会丧失。"村庄信任是在传统村庄这样一个相对封闭的关系共同体中孕育和发展起来的。由于传统村庄的封闭性和治理结构

---

① 马克·布洛赫. 法国农村史[M]. 余中先,译,北京:商务印书馆,1991:189-190.
② 蒙特·鲍曼. 共同体[M]. 欧阳景根,译. 南京:江苏人民出版,2003:1-4.
③ 马克斯·韦伯. 经济与社会上卷[M]. 林荣远,译. 北京:商务印书馆:70,72.

第二章 / 人与建筑同步建设

图2-37 阳芳村的一个大家族的聚会

的非正式性，使得村庄信任在较长的历史时期中很容易得到培育和维持。……村庄信任依赖于较低的社会流动性与较简单的社会网络，一旦人口流动性增加，超过一定临界点之后，就会使得村庄信任难以维持，最终归于崩溃"。①有些村庄急需培育村民之间的互相信任。村民与村民之间的信任是很容易培育的，难就难在村民与各级政府领导之间的信任关系培育上。

我们所建设的有个苗族村庄，村民与领导干部之间的关系是一直很对立的。他们仇视村干部，因为村干部要么偷偷把集体资产变卖私吞了，要么对村庄的发展无所作为，要么凭借家族势力作威作福。他

---

① 王曙光. 村庄信任、关系共同体与农村民间金融演进[J]. 中国农村观察，2007（4）.

图2-38　村民邀请娜娜在河边烧烤

图2-39　河边忙碌的村民

们抗拒乡、县级领导干部,因为近年来他们的土地都是这些干部来做工作流转走的。

我们所建设的一个苗族村寨,有村民老是提起以前的村干部把他们村传承几百年的铜鼓贱卖了,得来的钱都被自己买酒喝了,现在村里的铜鼓只是一个新买来的便宜货。而铜鼓对苗族的意义非常重大。铜鼓独特的形体构造,被苗族人民赋予它与众不同的储存、共鸣、传声的功能。铜鼓敲击时能发出金属般的音响,具有打击乐器的功能,能演奏特有的铜鼓音乐。因其声穿透力强、响度大、传声远,还适用于指挥军阵。在鼓藏节祭祀活动时,人们常常以铜鼓伴歌舞,而舞乐与祈年禳灾等宗教活动密不可分。也许是鼓声的频率刺激了歌舞者的神经,产生某种兴奋感甚至狂热感,当时的人们于是相信铜鼓蕴含着神奇的力量,对其加以神话,铜鼓被奉为神器。由于铜鼓所具有的乐器和神器的社会功能,铜鼓逐渐成为重器。"国之大事,在祭与戎",主持祭祀活动和指挥军阵的应是民族或者部族的首领。因而,铜鼓成为了身份、权力、财富的象征。一个苗族村寨,往往最值钱的东西就是铜鼓。可是由于民族文化受到汉文化的冲击,当地人越来越认识不到自身的价值。外面有些人知道铜鼓的价值之后,就来到苗族村寨以很低的价格买走了铜鼓,这让村民一直耿耿于怀。

还有一桩事情,就是村干部把集体的一片山林贱卖了。是这样的:村里一个坐牢的,在监狱里面认识了

图2-40 上一届的鼓藏头与苗族的鼓

乡建恨晚

一个女狱警,这个女的现在嫁到法国去了。这个狱警在监狱里面跟他认识了,女狱警后来又认识了另外一个男的,就是做一些项目的人。两个人在四年前,来到村子里,把村里面后面整片的山林流转过去,流转了20年,总的一次性付了几万块。算下来一亩就一块钱左右。当时的村干部他们就拿着这个合同去村里讲,老百姓也不知道,他们就是骗老百姓按手印,就说有钱拿的,老百姓也不懂这些,反正村干部跟他们说了,就做了。村干部本身家族势力在村里就比较大,然后就按手印了,卖掉了。乡上的领导干部是后来才知道的。开始不知道这个事情,是外来扶贫书记当时想要这片山林做什么项目,才会问到。听到这个事情,然后了解下来,书记就说这个就是拿集体的资产来贱卖,然后告到县委书记那里去,县委书记就叫了检察院、法院、司法局的人员来调查,最后调查出来确实有这个事情。后来我们去了解到,整个县租的最便宜的,一亩也要20块钱,一亩一块钱这是很明显的不公正的合同。然而这个女狱警跟这个男的,两个都是法院出来的,这两个人讲起法律条款很会说,说这个合法,是白纸黑字写出来的,老百姓都按手印的,他们也不放。乡上也解决不了,就让老百姓自己去解决,老百姓也解决不了,这个事情就僵着,老百姓始终用不了自己村后面的那片山林。

村民对政府的这种不信任的情绪,在一次火灾中差点爆发。这个苗族村庄本身就是一个贫困村,资源本就匮乏,各方面本来就处于弱势,四户人家被烧光之后,他们的生活更是雪上加霜。24日,发生了火灾后,25日,村民微信群里就炸开了锅。那时火灾原因还没有查明,有村民就借机煽风点火,或者怪政府没有给村庄安装消防器材;或者怪政府没有把村庄的电线电杆步排好,导致乱成一团糟的电线联火引发火灾。那个村民说道:"在家的兄弟们,你们辛苦了!我村是房子特别密集的村寨，消防压力很大，因为消防管网、消防池等问题造成救火困难，导致火势蔓延，值得我们深思，在此希望村两委积极做好消防管网的维护维修管理，加强农村消防知识宣传、隐患检查治理，同时也希望乡政府、上级帮扶部门单位支持进一步完善消防基础设施，缓解消防压力。我们要积极吸取事故教训。"很快就有村民接龙般的说道："嗯，我们村的消防设施不到位。"

眼看着村里的舆论往不好的方向走，团队的伙伴洪策说道："今天在现场看见大家团结一心，接力提水灭火很受感动。村里的老乡和领导们都是好样的。有如此团结的乡亲，有这样在灾难面前敢于冲在前面的领导，我相信我们的村庄一定会越来越好！"此话一说，舆论被我们扭转了过来，很多村民开始赞叹自己村子"齐心协力"。团队另一个成员提醒大家注意一个细节：火灾自救活动中，是村长夫人提出来用接龙的方式传递水桶，将水洒向火场的。然后，洪策把大量的村民与干部一起救火的场面照片发在群里，让大家清晰的看见，冲在最前面的都是新任村干部和驻村扶贫书记等人。然后大量的村民在微信群里发着"谢谢"的文字或动画表情，还有很多村民在发红包捐款。一个很有见识的村民说道："冲在一线的领导们、兄弟姐妹们、老辈们，你们的每一个动作永远深深地印在我们的脑海里！您是我们的英雄、是我们的榜样！您辛苦了！"

这时，一个村民突然说："都别点赞，政府在村里的消防建设做了很多，关键时刻却没有起作用，如果真的做到位了昨晚就不会烧那么多，兄弟不用那么累。"接下来又有很多村民闹着要政府给每家每户安装灭火器。眼看着大家情绪又有可能失控，这个时候笔者说："大家好，我老家是武汉城郊。我们那里的农村都没有消防设施。只有那些变为旅游村的，才有消防设施，而且是必须的。现在村子在发展中，

 乡建恨晚

需要大家共同努力！家和万事兴、村和万事也兴呀！"这话一出，局势又往好的方向转。过了一会，又有村民跳出来，说村民的电线太乱了，电力局没有做好自己的事情。然后又是我们的引导……每当群里有点失控的时候，洪策就把那些领导干部们冲在火场一线的照片发出来，然后正能量又在群里播撒。如此反复着，最终，人的思想在悄然发生积极的变化。

这个村还发生了一件事情。在美丽乡村建设的过程中，施工单位要给一些村中建筑进行提升改造，这时往往会拖很多的建筑材料进村，堆放在村子里的某处。因为村里没有集中放建筑材料的仓库，所以都是露天堆放。有些村民认为这是国家的财产，不拿白不拿，所以就偷偷拿材料回家了。施工方发现少了材料，其实也掌握了一点村民拿材料的证据，所以就告到乡政府那里。一个乡政府工作人员就在村民微信群里说：

"村里的各位父老乡亲，据有关人员报告，我们村有人偷盗水泥、钢筋等行为。施工队放在村高位水池的水泥被偷走20包。俗话说'君子爱财，取之有道'，这种偷盗行为是很可耻的，下次再有这种偷盗行为捉到按照农村'三个一百二'处罚并报公安处理，希望各位相互转告各家兄弟姐妹们及亲戚朋友，这种行为要不得。换句话说，这些材料都是用来建设我们村的，现在我们村的名声在外了，以后有游客相继来玩耍，他们的东西被偷盗，还敢有人来吗？村民应该来充当保卫，维护好一方安全并维护好这个村里人的脸面。"

此话一出，村民立即群情激愤，有个村民立即发言："首先，你要抓到人，或者有证据是我们村的人盗窃的，不要以某种名义来侮辱我

们村。"还有村民说:"没有证据就不要乱说,你要为你的行为负责。"另一个村民说:"讲话要负责点,不要侮辱人。"再一个村民说:"一个政府职员讲话负责任点,抓到了你说没关系,乱说就不行。"最后事态越来越严重,这个发言的乡政府工作人员成为了散布谣言和侮辱该村清白的人。群里的发言齐刷刷的一致起来:"抓到是我们村的人就严惩,如果不是我们村的人偷盗的,我们全体要求散发谣言对我们村名誉有损的人给全体村民一个交代。"眼看事态严重,笔者立即出来进行干预,我说道:"一个地方有个把偷盗的情况不可怕,可怕的是一个地方失去了平和、和气,这让我们外来人觉得好怕。"我们开导着村民:"社会充斥着各种各样的负能量。个别不能代表大众,局部不能说明全局。人非完人,任何政党都会存在有待提高之处,这需要允许时间来给予磨合与等待。这肯定得有一个过程。我们热爱这个村庄,就要包容和祝福。勿让仇恨、报怨摧毁整个村庄的和谐。请给我们的管理多一点时间,毕竟,它需要时间成熟完善,一旦混乱,我们的许多美好都将不再,我们是休戚相关的共同体,包容所有为这个村庄进行建设的人。心存宁静,善辨是非,不跟风,不盲从,以善为根,善待他人,用您的智慧去辨别真伪,做好自己,关爱身边每一个人、每一件事。望我们的村庄繁荣昌盛,愿每一个村民幸福安康!"经过我们的开导,村民终于平静下来,大家更加友爱地团结在一起。

通过人的建设,我们不仅要将村庄建设成一个富裕、文明、民主的家园,而且还要将村庄建设成一个具有价值导向和塑造功能的文明社区,农民在村庄内不仅拥有财富和政治权利,还有共同的文化、有舆论、有道德压力、有归属感,使民主、文明、和谐成为村庄风尚,让现代文明进入和渗透到村庄经济社会的各个领域、各个层面。村民在村庄文化、舆论和道德的主导下,放弃损人利己和短期行为,追求

乡建恨晚

体面和尊严的文明生活。扩充村民知识范围与新鲜事物接受能力。提升村民能力，培养村民的大局意识，建立村民对地域整体发展的意识与命运共同体的意识。我们还要加强健康教育，实现人的心理和谐。心理和谐也叫内在和谐，是指个人内心平和，情绪平稳，心理健康。社会变革期也是人们心理的敏感时期，需要人们有良好的心态去面对。所有这些决定了，人的建设是一个漫长的过程。但是，它却是乡建很关键的环节。

## 第二节　有温度的建筑设计

中国乡村建设大潮中，越来越多的建筑师爱上了乡建，因为"乡村是一个很好的产生建筑语言的地方"。乡村环境下的真实生活、地域文化，往往成为"激发设计创新，带来建筑设计新语言的一个机会，成为建筑学找到出路的一个活水之源"。①我们就是一群热爱乡建的以建筑设计为主体的机构。"建筑师作为乡村改造的专家，是联系政府、企业、村民的核心，可有效担当设计意向传达、村民意愿协调的角色。驻场设计，边设计边施工的模式，使建筑师更加熟悉农村现状，避免设计钻入幻虚概念，从而更多契合场地的实际做出更落地的方案。"②我们介入一个村庄的建设，往往都是以建筑设计开始的。有时是在村里新建一个建筑，更多时候，是改造农民的老房子。建筑的力量是很强大的，因为："借助这个建造的过程建立与农民的信任关系，增强农民对后续工作的信心；同时，建筑也为后续的经营等工作提供了空间载

---

① 周凌. 建筑学与乡建 [Z].
② 王仲伟. 自上而下的乡建主体协作模式与实施策略研究 [J]. 小城镇建设, 2017 (3).

体,是乡村振兴软性内容的物理基础,没有这个基础其他工作就没有开展的可能性;再者,建筑作为显性元素也更容易引起外界的关注,有能力成为乡村对外宣传的途径。"①

## 一、让建筑充满人文气息

当地建筑的适应性改造,是根据建筑自身条件,对风貌进行维护,活化内部空间的可利用性,而不破坏当地整体风土面貌。所有改造行动也是基于"尊重"的基础上进行相关实践的。我们在中关村所做的一系列建筑改造亦是秉承这样一种理念。基于地域本身的风貌、景观留存条件,建筑师通过访察、体验,提出当地特色建筑景观的方案并主动积极实施其文化、建筑的留存价值。

老建筑适应性的改造,是乡建脱离了物质化的给予的一种表现,这是从"技术的角度探索一套与乡村现实环境更为适宜的建造语汇,来支撑建筑师离开后的乡村建造活动",建筑师对留下建筑的智慧有不可推卸的责任。建筑师要完成从"授人以鱼"到"授人以渔"的角色转换,挖掘传统建造智慧,结合地域环境之特征,顺应现代社会需求,从而实现"建造技术下乡"。也只有这样,才能"在一定程度上达到促进地方乡村建造产业复兴的目的"。②

小朱湾的村湾客栈,设计思路是希望利用原有旧房周边的竹林,使客栈掩映于竹林中,定义为"竹林客栈"。客栈为两层建筑,分为两个部分,此种体量组合的原因有三:第一,将错就错,充分利用村内突发事件造成的竹林被破坏的地方;第二,保护原有大树,如果建筑

---

① 何崴. 建筑及其设计在乡建中的作用和态度[J]. 风景园林, 2018(5).
② 贺龙, 刘燕青, 王丹. 从授人以鱼到授人以渔——乡建两则小记[J]. 小城镇建设, 2017(10).

乡建恨晚

采用一个大体量,一定会砍掉原有建筑西侧的一颗大樟树;第三,尽量接近湾内民房的体量,太大的体量在小村湾整体空间环境当中不太适合。建筑式样最大程度体现荆楚文化要素,以及本地区传统石库门民居的基本形式。主体墙面抹土漆(乡建院特殊配制的防水涂料,与农民土房的表面颜色和肌理一致);屋顶和外廊采用木屋架,屋檐出挑较大,遮阴避雨;屋面铺深灰瓦,屋脊用小灰瓦拼出翘脊。在西侧单体上面设置了屋顶室外茶楼,可以远看小朱湾。建造过程中就地消化掉了拆旧房的所有材料,就连老房子里的旧罐、缸和木制工具等全部用到了客栈庭院景观当中。小朱湾乡村客栈是湾里的中心建筑,与自然相融合,体现乡土韵味。

中关村村标坐落在进入大湾组的路边,一片茂密的杉树林中。它

图2-41 中关村村标

的形式取自当地烤烟房。中心镂空，宛如画框，框内则是日新月异建设中的中关村。中关村的村标是一个构思很巧妙的设计。它由两片围合，中间镂空。围合的那两片象征着被河隔开的徐氏子孙。而中间镂空的部分就象征着河流。两片咬合的形态象征着虽然被河隔开，但徐氏子孙依然团结、有爱。

原来的中关村有一个蓝色建筑，像一个制毒厂区。其实这是大湾村民烤烟的生产用房，这个烤烟大棚是村民挑选、裁剪、整理烤烟的地方，是烟草公司为村民修建的公共生产用房。主体结构为钢桁架，纵向七开间，每开间5米，横向跨度15米。四面砖墙3米高，纵向砖墙开高窗，用来采光通风。蓝色金属屋面部分已锈迹斑斑，地面水泥磨平，四周有排水明沟。7~9月也是村民最忙碌的季节，剩余时间烤烟区基本上属于闲置的状态。

由于原有烤烟大棚过于老旧，加上整村产业由烤烟到避暑旅游的一个升级，同时在村里核心的位置，亦急需一个大的活动中心。我们想看看能不能通过改造使得它能够肩负更多的精神文化、娱乐休闲、学习教育、村民集会等活动场所的可能。于是村民活动中心的改造计划开始了。

改造是从"外"及"内"开始的，外是指与周边环境的关系。烤烟大棚占地500多平方米，与周边的民宅差距较大，蓝色的屋顶也显得很不和谐。于是，从环境处理上，沿着道路一侧，我们密植了几排杉树林，在进村的视觉上进行"隐藏"，在烤烟大棚的周边也尽可能密植一些树木进行遮挡，视觉上弱化过大的体量。在围护结构上我们拆除了原有的墙体和蓝色的金属屋面，只保留了钢结构桁架。我们采用了更通透的界面替代了原来厚重的砖墙。在形体上，35米的七个开间较长，我们将其中相隔的三个开间进行凹入式的"剪裁"，使其向内收缩

乡建恨晚

了2米。在凹入的区域做种植绿化，试图消解其过长单调的立面。屋顶去掉了蓝色的金属屋面，采用了更轻薄透明的阳光板。山墙面上，我们沿用了原有的入口，并做了一个混凝土的"大门"，与其说是门槛，其实更接近门廊，相对于大棚的"轻与透"，这个门却是"重与实"。实际上这个大棚可开启的门很多，可以说随处可进。为何？大棚的处理基本上是以消解形体和边界来处理的，是以"隐"为主。但这个门，我们希望是"显"的。显不仅是增强入口的仪式感，更希望它是个隧道，一个进入新时代的起点。

在内，增加了舞台空间、临时办公区、接待、水吧和后勤服务等功能。我们希望场地的功能是多样可变的，所有除了后勤服务、卫生间等功能做了实体，其余空间尽可能采用临时分隔的方式处理。于是我们想到了可移动家具的概念，采用30毫米×40毫米钜管以420毫米×420毫米的间距焊接搁架。底部采用万向轮使其可移动，并用指接板做搁架内框。背部用阳光板封面。通过几组可移动单元组合来围合出使用空间，不用时则可移至一边。舞台也同样是八组可移动的"桌子"组成。分散开可当餐桌，组合起来则是舞台。拆除屋顶，钢架进行了打磨并刷了防锈漆。立面上凹进去了三个"院子"。钢架采用了白色涂料喷涂。混凝土主入口完成了浇筑。由于混凝土墙壁过薄，浇筑面不是很好，最后采用了钢架加固，并用钢板包边处理。屋面铺设了阳光板，由于在晴天阳光板有束光的效果，最后采用了竹胶板吊顶。移动搁架隔出来的办公和吧台。主入口"隧道"内包实木板。树林环绕乡村论坛主入口处（布置展览）（傍晚的烤烟大棚）烤烟大棚改造可谓一波三折，由于早期内部功能的不确定，方案也一改再改。到施工中出现了很多问题，很多新的要求也在实施中被要求加进去，有些则是设计考虑不周，虽然和最初的想法相距甚远，但也

第二章 / 人与建筑同步建设

图2-42　改造前的烤烟大棚

图2-43　改造后的烤烟大棚

乡建恨晚

磕磕撞撞的完成了，依然留下了很多诉病，未能尽善尽美。7月的时候，村里召开过一次乡村论坛。由于大棚围护结构大多以玻璃为主，现场声效不是很理想，杂音较大。后来经过清华大学罗德胤教授的改良，在吊顶和部分墙面增加吸声材料，现场的声效得到了很大的改善。

## 二、让建筑延续地方文脉

要想让农村建设得更像农村，除了保留和发展农业产业和乡村传统文化、习俗外，乡村建筑的面貌也至关重要。在乡村做建筑，不仅应该向地域文化学习，更要向工匠学习。我们在进行乡村建筑改造的时候，非常注意延续地方文脉。

比如在中关村的时候，我们了解到遵义民间对于起屋造房是非常重视的，有"说福事"风俗。"说福事"是掌墨师和会诵祝福歌的客师，在起房造屋的各个环节，为主人家司诵祝福歌的风俗仪式，立房的每一道程序都有颂词和仪式，譬如发锤吉语"……发锤声响三阳泰，发锤斧鸣万事亨"等。把列子拉起来立正，要在天亮以前完成，为的是"紫薇高照降吉祥"。开梁口时，主家要牵起衣兜接木屑，掌墨师诵吉语。搭梁仪式，选择带八的吉日置办酒席，邀集亲友，增进情感，集物积力，掌墨师和客师斟酒诵福事后，分别从梁的两端上到梁头，把至亲好友送来的红布搭于梁上，边诵吉祥边向四方抛甩糯米糍粑，众人哄抢。"踩门"是建房完工时的仪式，掌墨师、客师分别站于门内外，对诵吉祥，祝福主人。"说福事"仪式庄重系统，文辞儒雅精练，句式有长有短，是黔北汉族典型的风俗仪式。

中关村作为地处黔北腹地的一个村，也有类似的风俗。当地村民告诉我们：农民在给房子上梁的时候，会念唱一首词，这估计是"说福事"的一部分："耳听金鸡叫，众位亲友早来到，众亲地邻来帮忙。

第二章 / 人与建筑同步建设

图2-44　徐思勇家起架造屋

主家修座好华堂，文官好比诸葛亮，武官好比关云长…起……起……起。"我们了解到了这样一些风俗后，在建造的过程中，找来村子老人商议，保留了这个环节。

在传统的现代主义思想中，建筑师是精英阶层的一部分，他们扮演着"仅次于上帝的神"的角色。这种模式一直延续至今，特别是在城市建筑设计中建筑师与建造者之间的关系是单向的"师生"关系：建筑师决定建筑的状态，他扮演着导师的角色；建造者在整个进程中是执行者，他必须不折不扣地按照建筑师的要求施工。在乡建中，这种单向的"师生"关系是不适用的，其原因主要来自乡村的前工业属性：建筑师构建的生活不一定是农民喜欢的、适用的；建筑师设计方案也不一定可以在相对简陋的条件下实现。这就意味着习惯于城市思维的建筑师必须放下身段，向工匠——乡村建筑的建造者、乡村生活的翻译者学习、讨论，互为师长。基于这种新的工作关系，乡村建筑

设计和建造的工作方式也应该有别于城市：笔者在长期的乡建实践中遇到过多次因为生搬城市模式而失败的例子。

笔者认为乡建中不应该过分追求施工图的表达。原因其一，过分细致、严苛的施工图会抹杀

图2-45　设计师给建筑师介绍设计图

建造过程中当地工匠的"创造力"，使建筑刻板，缺乏乡土的灵动；其二，过于固定的设计思维方式，会阻断建筑师与当地人之间的互动，不容易建立建筑师与当地人之间的双向的沟通、学习和互为老师的过程，建筑师容易从个人的理解出发设计乡村，从而脱离乡村的本源；其三，当前的乡建中，施工图的作用甚微，当地工匠几乎不会按照施工图来施工，施工图只是用于满足预算审计的要求。

对于阳芳苗寨的建筑设计，我们是充分考虑了当地的建造技艺及文化生活的延续。阳芳村里一共有五种类型的建筑：苗族传统木建筑；仿苗族传统建筑；改良之后的木、水泥砖墙、玻璃结合的建筑；现代水泥房建筑；简欧建筑。对于苗族老建筑，陈春平老师的想法是翻新上漆，修复屋檐。一些传统建筑里的美好形式，不仅要保留，还要恢复和强化它的功能。比如苗族有一种建筑形式是"美人靠"，要对它进行空间复原，还原它原有的功能，恢复它在苗族生活中的美好存在。又比如村寨的第三入口那里，是原有的"花场"，也就是苗族青年男女谈恋爱的地方，现在处于荒弃状态。陈老师重新设计了这个区域，就是为了恢复这种传统。他说："要提供这种容纳民族精神空间的场所，

让他们的传统延续。"

废弃的老建筑,也要强调它的功能性,可以改成茶室、老年活动中心等,还可以建开放式的书吧,与外界相连,让精神空间产生。村寨里有很多污水池、消防池,是采用植被净化处理,改为荷花池。在老建筑与消防池之间,搭木廊来增加观赏性。搬迁后的村委木房子改为茶室,茶室外建凉亭。陈老师的规划里还要找几栋老建筑作为范本,进行内部的精装修改造,给村民示范,让村民懂得传统建筑的美好。陈老师说他要让住木房子的村民受益更多,这样有利于村民爱护传统建筑。

村里还有四栋仿苗族传统的木建筑,它们在一个平面上,由一条长长的风雨廊全部贯通。它们是为观光旅游建立的,建好后一直是处

图2-46　阳芳村传统木屋

图2-47 阳芳村改造后的民房

于废弃的状态。陈老师对它们的设计是：木柱上可以绘制图案，显示贵气。外廊绘制地域性的图纹，巩固当地民族文化；屋顶的花板进行彩绘，强化地域文化。过道的天花也适当做些彩绘、布艺、农具等装饰手段；建筑外窗多样化，落地玻璃上加图案。四种不同的建筑，四种不同的开窗方式。村里有一个举办重大活动的广场，是仿造的传统建筑，那里是村民的重要聚集点，也是一个民族精神的核心展示区域，陈老师指出要强调它的民族性，要庄严、庄重，有仪式感；广场上的建筑图案，要和当地的信仰符合。

针对下面是混凝土，上面是木建筑的改良建筑，陈老师的做法是让外墙进行颜色的统一。对于那些代表着村民梦想实现的大多数新建水泥房，陈老师说它们不是美的形式，它们只是现代建筑的初级形

第二章 / 人与建筑同步建设

图2-48 被油菜花环绕的阳芳民房

式，满足生活的基本需求，没有提升到精神美的层面。对于这些新建筑，陈老师有很多手法，让它们变得与老建筑相融。最核心的手段是墙壁刷白，屋檐要有民族特色，原有的瓷砖粉刷，形成统一性。切入苗族喜爱的传统图案。新增房屋的屋脊线要用白色，规整，两端加翘脚。根据新建筑不同的形式，采用不同的图案装饰方案。一些被遮挡的现代建筑，可以最大程度保持原有的状态，只是在栏杆墙面上作适当的调整。低层的混凝土建筑，墙面做深色，让它与传统老建筑统一。原有的水泥栏杆不符合安全标准的，可以更换成木质的达标栏杆，统一色调。在新建筑的前方加上适当的植物遮挡，弱化新建筑的主体性。

在所有新建筑里，欧式建筑最抢眼，陈老师的设计图中，是在欧

式建筑上面加中式屋顶，产生中西结合的效果。对典型的欧式大玻璃窗予以保留，这是一个民族对外来文化的包容。把欧式建筑的栏杆，换成中式栏杆，这是中西文化融合的体现。在欧式建筑墙面上，适当做些地方文化纹饰，也是中西建筑的融合的重要表现。欧式建筑未完成的部分，加上屋顶，让它自然镂空，显现自然的美。在欧式建筑有大面积空当的位置，图案可以适当扩大，张扬民族文化。让中西结合的建筑成为这个历史时期时代的结点。除了通过植物遮挡欧式建筑的主体部分以外，还可以通过新建仿古建筑来遮挡。按照陈老师的规划设计，要增设村寨副入口，即副寨门，既提供一个村民与游客互相接触的场所，同时也起着一个围合村寨的形式，弱化它后面的欧化建筑，强化本地文化的作用。

图2-49 改造后的阳芳民房

阳芳村那些高耸的水泥房，丑陋无比。如何以最少的资金，将它转化成富有地域色彩的建筑呢？我们从苗族纹样中得到了灵感。阳芳苗寨的刺绣图纹造型非常丰富，针法多样。仅龙的纹样就有很多种，有鱼龙、鸟龙、蜈蚣龙、蛇龙、飞龙、水龙、人头龙、草龙、花龙、虾龙、蚯蚓龙、板凳龙等。鱼纹，是苗族银饰惯用的纹样，蝴蝶花纹是苗族服饰上最富有民族特色的纹样。苗族人尊崇鸟，并极其喜爱鸟纹。水汽和云雾是苗族理念中最早存在的两种物质，所以在服饰图案表现中，水波纹总是出现在图案的最边缘。除了这些传统图案纹样，现代的阳芳人民似乎新发明了一种纹样，这就是螃蟹纹。阳芳村的前面紧靠着巴拉河，河里的螃蟹让村民喜爱。所以，阳芳村的人们把螃蟹纹样设计得非常灵动可爱，充满了喜庆色彩。

图2-50　改造后的民房

乡建恨晚

以上这些图案，是我们设计阳芳村建筑时主要使用的图案。建筑一个村的建筑，也是在建造一种文化生态系统。我们在对待阳芳村传统建筑时，既重视静态的历史文物保护，也重视动态的传统文化的更新和发展。因此，我们找到了苗族文化与现代生活、苗族传统建筑与现代建筑、苗族传统技术与现代居住功能、传统审美意识与现代审美意识的结合方式。我们通过刺绣图案、图腾图案等，把苗族延续至今的审美意识，融汇到现代建筑文化之中，创造出独特的民族文化特色的现代建筑。

有些建筑师对地方风貌的塑造、地域特征的关注、地方性的生活方式价值的认同，以及对传统乡村文化的理解等会出现个体差异。而使用者对于自宅的建造、装饰等取向又从不同程度上表现出对于传统

图2-51　阳芳村民房

与城市生活、空间形态的混乱想象，两者都会导致地域差异（特质）的削弱。从而引出了一种新的观察"乡建"的视角——"价值认异"。所以，我们在"乡建"中应该尊重使用者的诉求，以及长期使用中的时间因素，不要完全把所谓的风貌或个人情结植入"乡建"中，要找到两者之间的契合点。

三、建筑设计充分考虑村民的诉求

民居改造一般涉及村民的利益。而各家各户利益关注点不同，如有的人家希望通过改善居住条件，增强自身发展能力，并希望能有较少的投入；有的希望以较少的投入换来更多收益；有的希望得到房屋面积的改善并能有优美的风景等。从前，往往对各级政府、外来企业等利益相关者的利益考虑较多，而容易忽视村民的利益。但不论怎样，无论生产、生活、子孙教育，村民大半生都生活在乡村，村民是乡村建筑的主人公，应该成为改造的基本利益主体，他们的意愿即代表其发展利益的诉求。我们总是充分考虑村民利益诉求与意愿，村民对于自家宅基地等土地资产处理意愿、对房屋改建的意愿、对新建房屋的出资意愿等，都值得尊重。我们力求做让村民满意的建筑设计，因为村民对改建成果的满意度是衡量乡村建筑设计实践成功与否的有效手段。从这个意义上可以说，基于农民利益诉求的建筑设计，是有温度的建筑设计。

关于如何密切联系村民，如何把建筑设计与农民的利益诉求进行有效对接，这里有一个案例，就是小朱湾王万里的住宅改造项目。他家的房屋位置是入村第三户，侧面面向村子里的荷花塘。通过前期沟通，我们了解到该王姓村民有如下改造诉求：（1）可以经营相对高端的餐饮农家乐。（2）售卖土特产的商铺。原建筑是三开间两层，另有一间厨房两间杂物房耳房，红砖结构，屋顶覆盖简陋红铜瓦。主要问题是：(1) 没有散水雨水沟，受不均匀沉降影响，墙身出现裂缝。(2) 建筑正立面有1米挑台走廊，没有结构支撑，存在安全隐患。(3) 建筑前院是水泥铺地，后院是土质，下雨时，均不利于雨水排泄。(4) 建筑北立面直接面向入村道路，不合风水。(5) 建筑后院有一个4米左右的小土堆，影响活动和空间舒适感。建筑师根据住户村民的生产生活需要设计了改造方案，并解决了上述建筑问题。

王万里家的主体房屋有两层高，建筑质量较好，不过由于武汉多雨潮湿，时常有雨水顺着屋檐流淌到二楼的外墙上，导致墙壁发霉，外立面显得很老旧。王万里夫妇和孩子住在有简单装修的主体房子里，而其母亲居住的砖房则临着村路，是后来顺着主体建筑的山墙搭建的一层单坡砖房，低矮潮湿，采光很差。

图2-52　小朱湾改造前的民房

王万里一家表达了他们的改造需求。他们期望改造后的房子既可以自住，又可以给游客提供吃住接待。使用功能上，他们夫妇需要一间房，孩子一间房，王万里的母亲一间房，都可以搬到二楼居住，希望在二楼提供家庭起居厅、洗手间。这样一层的所有房间在薰衣草旺季都可以用来经营。后来，他们又调整了需求，希望在不临马路的空地上另盖五间房屋，使用功能分别为：王万里妈妈自住一间，王万里妈妈的厨房一间，王万里妈妈的卫生间一间（同时可以作为游客的卫生间），畜棚一间，储物房一间。

他们希望对厨房进行现代化改造，也觉得现状的厨房灶台与卫生间临近是不合理的。如果有可能，他们希望另建一座烧柴火的土灶厨房，与将来为游客炒菜的现代化厨房可以分开。厨房的排水问题要在这次改造过程一并解决。

王万里家看到房子临路可能带来的商机，跟我们说，希望将临路的坡屋顶砖房拆除，改造为小商铺，可以向游客售卖土特产或农产品。薰衣草游客直接的需求是吃和住，他们可以在吃住之外，看到别的经营的可能性，与别人家错位经营，这让我们很敬佩。他们预计投入在房屋改造的资金有15万元。

王万里家临近马路一侧有三棵柏树，刚好在道路的护坡上，枝繁叶茂，高大挺拔。我们的方案为这三棵树重新组织了道路的护坡形式。在这样的农家小院里，有三株大树，可遮阴，可当风景，非常难得。

周姐跟我们闲聊的时候提到，想把这三棵树砍掉。她说，这三棵树遮挡了沿街店面的视野，也影响将来的施工。我们非常强烈地表达了反对。

再后来，我们的驻场经理再到现场的时候，发现那三棵树已经被

乡建恨晚

砍掉了。树干平躺在村道上，枝叶散落了一地。驻场经理很生气，一到现场就带着质问的口气，并表示之后他家的改造设计我们再也不配合了。这让房主也很反感，也因而更加倒向施工队一方。导致后来驻场经理在村里的配合工作，总是处于谁都不理的状态，很多工作不好推进。

王万里家给出的理由是，这三棵树的树干已经长虫子了，快要死掉了。我们猜测由于这三棵树的存在，他们加建房屋的时候，加建的面积会受一定的影响。然而再怎么样表达不满，这三棵树都已经死了。

我们的方案，除了临路一侧加建了二层平台之外，厨房的顶部也有一个平台。厨房顶部的平台提供了另一处高处就餐的场所，可以看竹林，也可以看院子。这个平台与二层楼梯口相连通，这样，房子正面背面的连廊就通过两个平台形成一个环路。然而周姐打来一个电话，说厨房顶的平台想要取消。

厨房墙体外侧没有排水沟，长期受积水浸泡。这次的厨房改造首先要加建排水沟。我们也考虑到墙体受潮之后承重能力减弱，因此在不拆除原有墙体的情况下，建议在外侧增加4根砖柱，以此承担平台楼板的重量。房主与施工队反复计算，厨房这部分的改建，包括屋顶拆除、结构承重柱（直达二层屋顶）、屋顶平台楼板、二层单坡屋顶等部分，需要花费4万元。这项花费看起来不是最需要的，所以厨房的屋顶平台被取消了。

这个平台的取消，让连廊没有归宿，停在半路，有些遗憾。2015年5月份再到武汉，王万里家主动谈到了这个平台，说正在考虑按照原方案加建。他们说，每次客人过来，二话不说，直接坐到二层平台的桌椅旁。他们发现，二层平台对客人的吸引力，比一楼要好得多。

他们这时候可以来考虑厨房屋顶平台的事，也因为经济上度过了当时的难关,腰杆子硬了。那时候能省一分是一分,现在终于有点闲钱了。

前面提到,王万里家曾希望在房子不临路的一侧新建五间小屋,以便王万里妈妈和鸡鸭鹅等有地方居住。随着村子里其他村民也启动改造了,政府开始认真控制各家各户加建的面积。每家每户都在想办法,要赶上这趟末班车,让自己的房屋增加几平方米。王万里家的这块空地不足以盖起一栋新房子,因为邻居的一座砖砌的储物房占据着另一个角落。

劳动人民的智慧是无穷的。他们两家合计了一下,各自将自己的储物房拆掉了。他们给我们的任务书是建造一座完全对称的两层建筑,需要有各自独立的楼梯。他们两家都没有盖新房子的指标了,不是吗?可是王万里的妈妈,作为单独的一户,还没有房子呢。所以这块空地上发生的事情是:王万里以已经分户的妈妈的名义,借用邻居的钱,盖起了一座双拼的两层房子。最终使用的时候,王万里家与邻居各分一半的房子。

二十多天后,王万里家改造完成,施工队撤出了。除了庭院尚未铺砖以外,建筑面貌确实焕然一新。光鲜的表面背后,一些问题也出现了。

首先是二楼的窗户给主人带来了不安全感。设计方案在二层加盖了平台和连廊,直达二楼的楼梯更是直接面向庭院开放,"住在房间里瘆的慌"。周姐坦承改造完成之后的前几个晚上,她都没有睡过踏实的觉。他们在随后的几天马上让施工队在窗户外侧补装了防盗网。

随后,一场大雨扰动了王哥和周姐的神经。室外楼梯与建筑墙体直接连接,并且是袒露没有屋顶的。下雨的时候,雨水顺着台阶往下流,通过砖砌的外墙(没有防水处理)渗向室内,在粉刷的内墙上留

乡建恨晚

下一圈又一圈的水渍。

钱已经花光了！这样的问题突然间让王万里一家心力交瘁。给室外楼梯加盖屋顶吧，报给施工队董经理看，这需要再花8000元。王万里窝火的原因在于，为了做房屋改造，他们已经把积蓄掏空了。这时候的8000元无异于雪上加霜。更何况，"倾家荡产"做改造，对改造成果充满期待，最终还有这样的问题。这让第一个"吃螃蟹"的他们很受打击，"让其他人家看笑话了"。想给农家乐的经营添些桌子椅子，他们发现连这样简单的需求都无能为力了。但是慢慢地，随着王万里家的经营越来越好，很多问题他们都自己解决了。他们是美丽乡村建设的主体。我们所做的，只是给他们提供了一个坯子，他们可以在上面不断描绘，生活因而变得越来越好。美丽乡村建设是一个动态的过

图2-53 小朱湾改造后的民房

第二章 / 人与建筑同步建设

程，只有进行时，没有完成时。可爱的农民一直以饱满乐观的精神面貌向前看，从来不会丧失追求幸福生活的动力。

中关村大湾只是村路旁的一隅，沿着路边有几个不算大的新建民房，顺着一条小路绕过房屋，是一片不算大的农田，房屋匍匐在山下，围绕着这片田，鳞次栉比。青瓦木屋比比皆是，巷道错综，如同迷宫。年轻的村民，很多放弃了甚至拆除了山脚下的老房子，在道路边新建了两三层的砖砌的房子，临道路的一面常常贴上白色的瓷砖，有的甚至空心砖裸露。这些房子大多简陋，布局上随意，功能上混杂，结构上缺少构造柱和圈梁。我们对当地的建筑风格进行了调研，当地的老房子多以穿斗式民居为主用穿枋把柱子串起来，形成一榀榀房架，檩条直接搁置在柱头，在沿条方向，再用斗枋把柱子串联起

图2-54　小朱湾改造后的民房

乡建恨晚

来,由此而形成屋架,屋顶铺设青瓦。但是大多都已废弃,少部分还有在使用。而当地新建的民居政府也鼓励使用坡屋面、小青瓦、白粉墙。所以为了和村子的整体风貌保持统一,也为了降低成本、提高建筑的耐久性,权衡之下我们打算用轻钢来做穿斗式的民居结构,木头作为围护结构,来重新使这种传统的穿斗式民居焕发生机。在新的时代下,这也是我们在做农村乡土建筑的一种尝试与思考。

徐儒国、徐儒建是兄弟俩,考虑到资金有限,兄弟俩决定暂时不对他们住的房做改造,只是在院子的前面新建两个两层的房屋,主要作为经营性的茶楼和餐厅,给来这个地方避暑的游客提供餐饮和休闲服务。基地位于院子的前方,由于是山地的原因,基地比院子低了3米左右。基地西侧为水渠,平时山上的山泉会从这里流下来,下雨时它就变成了一层层的叠水,似瀑布一般。下雨天之后山间的清泉都会汇集在这里,怎么处理这里的景观,让村民和游客可以感受自然的魅力呢?我们的做法是将建筑体量一分为二以后,又将两个相对的立面进行了呼应沟通的处理,在错开的位置设计了让两家人走动的小门,立面上的格栅木窗也让人的视线可以沟通交流。他们两家人的经济情况在村里算是还不错。他们屋前有一院子,院前有两个破旧的烤烟房。一侧为拆除只剩一个开间的木屋,另一侧为雨洪水的排水沟。我们建议拆除这几个烤烟房,然后新建,以后可用来经营餐饮。我们设计了两个两层的钢结构房子,用杉木板作为围护结构。为了避免体量过大,我们将两个房子之间设置了一个通道,两个房子一前一后,屋顶一高一低。实际上这也给他们带来了极大的不满。"攀比与追求公平",也让我们领略了很多经验教训。

针对前期的调研,了解了农户的需求,和以后经营的打算。我们保留了烤烟房和传统木结构房子,拆除了砖房部分和原有猪圈。为了与传统木架房在体量上关系和谐，新建部分我们设计为两层砖混结构，布局上呈"L"形，最大地保留了原有的院坝，一层以3.9米为开间，做了三个一样的二室一厅一厨一卫的布局。在二层以3.9米为开间，设置了6个标准客房，用做经营民宿的客房。靠近院子内侧布置1.8米宽的围廊，围廊立面采用了截面为50毫米×15毫米杉木格栅，楼板处出挑角钢焊接的屋檐。格栅为木工厂预制加工的成品，由于截面15毫米较薄，为保证其不易变形，格栅条最长做到了2.4米，而房屋的层高都在3米以上，所以在2.4米的高度上设置了通缝处理。在固定格栅条的方式上，我们本希望采用普通螺栓穿过矩管骨架再穿进格栅内部的做法。但由于加固不是很牢固，另一方面容易穿破格栅，造成破裂。最后采用了自攻螺栓，以致钢矩管内侧呈现一排自攻螺栓帽，较为显眼。两端山墙面的处理上，采用截面为120毫米×60毫米方钢焊接骨架，内嵌竹片墙的做法。传统民居山墙照壁一般会用竹条编织成竹板，作为支撑，表面再涂以白石灰的做法。我们试图从传统材料、工艺做法上，结合当代的施工技术寻找答案。

　　徐儒东和徐儒勇家为二层砖房。他们希望加建一层作为以后经营住宿的空间。除了了解他们的需求，在具体工作方法上，我们一般会测绘房屋和院坝。根据已有的空间布局控制三层。他们的房屋布局大都1~2层，平面上常常是前三后四排列。这样布局往往是兄弟两家合住。前中为堂屋，左右为客厅，后四为卧室、厨房。如有二层，一层往往不住人。农村的习俗，村民的生活习惯，我们都要了解，这也对加建部分提出很高的要求。比如堂屋上层不能出现卫生间、卧室；卫生间最好不要放置房屋前部；实际上作为以后经营住宿空间，室内带卫生间是所需的。往往村民更喜欢比较多的房间。所以沟通和理解要比设计本身更有难度。他们两家在三层都进行了加建，在一侧另加了新

乡建恨晚

图2-55　徐儒国和徐儒建家改造前

图2-56　徐儒国和徐儒建家改造后

的楼梯。避免经营与生活空间的干扰。

　　另一户徐思勇家，位置坐落在村道边，两层三开间，沿街的墙面贴满了白色瓷砖。记得那天去他家调研，站在屋顶上，四面环视，谈不上视野极佳，但也因视野被拉远而多少忘记了那条马路的影响。隔空相望，徐思勇家右侧有一个破旧老木屋，山墙上照壁早已残破不堪，用几张塑料布遮挡。何不在楼梯这一侧做出露台，用传统木构的方式和砖墙结合的方式搭建。随后我将此方案在电脑里绘制出来，并展示给徐思勇看。看得出他内心有些矛盾，他本想将三层建满房间。全部用来经营。我们说，那样不好，太满了人会觉得闷，人并不喜欢老是待在屋子里，要留些空间空出来，打打麻将，喝喝茶。他也很赞同，另一个就是材料和施工。我说这个要用老房子的建造方法去处理。他很犹豫，木头少了，人工成本大。他说能不能改用砖墙。第二天，我给他展示了另一个砖墙的方案，他看了只是说还是那个好。行，就这个了，我去找材料。没几天他家门前躺着好多棵刚伐下来的树干，看着这几棵大树，我内心有点于心不忍，毕竟山上又少了几棵大树。徐思勇请来了村里的两个老木匠，由于常常给各家做棺材，倒也不陌生。见面之初，徐思勇家砖墙部分已经完工。我在电脑上简单地给师傅们展示了模型，简单地讨论了下屋顶的坡度分水，与墙体的连接，以及出挑的长度等问题。第二天，我们再去的时候，师傅拿出来一张简图，几根柱、坊的尺寸都标记清晰。并问我是否这样？ 对，就是这样。两个师傅忙碌了近一个月，所有的零件都已加工完成，挪到房屋上吊装、固定。而吊装过程采用了人工的方式，所有也要精选一个良辰吉日。那天，徐思勇家集聚了几十号人，二十来个年轻力壮的青年，在木匠师傅的吆喝声中，瞬间将这排屋架抬起来了。我们也被村民协力造屋的场景所感染。

 乡建恨晚

图2-57 徐思勇家改造前

图2-58 徐思勇家改造后

徐儒勇家的房子坐落在村道边，两层三开间，沿街的墙面贴满了白色瓷砖。右侧有一个破旧老木屋，山墙早已残破不堪，剩下的用几张塑料布遮挡。勇哥本想将三层建满房间，全部用来经营。设计师建议，那样不好，太满了人会觉得闷，人并不喜欢老是待在屋子里，要留些空间空出来，打打麻将，喝喝茶，勇哥觉得有道理。设计师们一开始对它做了很多设想，也做了不同的方案任勇哥选，由于现状条件和经费的限制，最终决定用传统的木构架做山墙面（恰巧勇哥家提供了自种的杉木），往上加盖一层，使用坡屋顶，用此体现当地文化。勇哥请了两个村里做棺材的木匠师傅，设计师在电脑上简单地给师傅们展示了模型，讨论了下屋顶的坡度分水，与墙体的连接，以及出挑的长度等问题。第二天，师傅拿出来一张自己手绘的简图，几根柱、坊的尺寸都标记清晰。根据一、二层的测绘，三层的布局很大程度上与二层保持一致。承重墙对上位，靠外设置走廊，这样导致三层的房间不是很大，所以在设计上无法做成室内具备卫生间的条件（村里很多民房的二层和三层都难以做到这点）。

辉哥一家住在自家的老宅里，房子已经十分破旧，并且有安全上的隐患，所以他们家几个兄弟商量之后决定把现有的房屋大部分拆除，只保留他们父母住的地方，考虑到三兄弟以后各自成家的需求，所以新建的房子总体上的策略是分成三个等大的体量，共三层，一层辉哥一家和父母兄弟等自住，二、三层等村里旅游发展起来以后就改成经营民宿。按辉哥的意思，他们以后就指望着民宿能成为家里主要的经济收入，所以对我们方案的设计也是特别的上心。记得我们刚到村里的时候，第一个调研的就是辉哥家的房子，我们刚到他家门口辉哥就已经早早地等在门外了，接着就把他家的整体情况给我们仔仔细细地介绍了一遍。说完还给我们简单描画了一下他心中关于他家改造

图2-59 徐儒勇家改造前

图2-60 徐儒勇家改造后

的想法，虽然从专业的角度来看辉哥提出的想法并没有很高的可实施性，但他的那份热情与期盼着实感染了我们。

第一次来到徐儒精家的时候，我们就被他们家的地块给震惊到了，感觉前面后面都是他们家的，宅基地面积真的太大了。由于不是同一个时期建成的，所以房子呈现出不同的状态，但是老房子还是占了很大的面积，而且也成了他们主要的居住空间。但当你走进去的时候，真的是伸手不见五指，里面极其简陋，居住条件相当糟糕，更别提里面的布局了。在徐儒精家你可以真正地感受到人与动物的和谐相处，卧室旁边就是鸡舍，你很难想象人和鸡会生活在同一个屋檐下。老房子后面是猪圈，前面是牛棚。简直就是乡村动物园。看到我们的到来几个老人非常热情（年轻人都出去打工了）。他也说出了他们的需求，希望重建房屋，改善他们的居住环境。增加冲水厕所（原来村子多是旱厕），提高卫生条件。从我们对待这个村子的策略考虑，我们希望老房子保留加固，烤烟房保留（烤烟房是当地的特色建筑，面积和高度恰好与小的跃层公寓相符）以后进行统一的改造。在东侧依着老房子新建一个二层的住宅。方案在反复的推敲和商讨后最终确定。事件：（1）老人为了节省开支，自己把地基挖好。（2）由于总建筑面积较小，又恰逢烤烟季，施工队的人也是三天两头的不来。（3）建筑施工完成后，墙被涂上了绿色的装饰结构线（与我们规划的整体风貌不符）。

徐儒东家的情况在村里比较特殊，一个是因为年轻，视野开阔比较容易沟通，但是同时经济基础比较薄弱，这两点给我们的改造设计过程带来了很多空间同时也被经费限制。刚开始我们的沟通都非常顺畅，改造的意愿也很强烈。在楼顶加盖三层，用于民宿。弟弟要求房子和哥哥一人一半，因为他要结婚。想建一个新的楼梯，这样两兄弟可以平分。分别自用和经营。想拥有一个高大上一点的厨房，现在太

乡建恨晚

简陋了。还要求在房内设计一个新厕所。挑出的阳台可以软化立面，削弱三层的体量。在第一天的沟通后，参考徐儒东的意见和20万左右的预算，我们对改造项目提出了基本规划。首先一、二层格局基本保持不变，为了加盖三层挑出部分的稳定，在南侧加建三根构造柱，同时根据二层的承重墙位置确定三层的基本格局，设置三间配有卫生间的套房。二期工程包括加建东侧的弟弟家的楼梯和厨房，改建东侧民宿客房的餐厅为小卖部，同时根据整体发展趋势，采用落地窗便于采光。室外搭建休闲娱乐区。三层以民宿客房为主。在农村，男孩结婚后分家是一件大事，分配不均经常会产生非常大的争斗和恩怨。所以在盖房子时，几乎每一家都会考虑房间数将来要可以被儿子平分。这一点在中关村很多家的设计中都成为了重要的原则。方案沟通后，我们将三层的套房进行了更加经济实用的再设计，根据二层的墙体对位原则布置了六个套间。主人还提出一楼的空房间可以改造为小卖部。除了对改善基本生活空间的愿望，如厨房、楼梯间外，徐儒东还提出了经营民宿和小卖部的想法。而让我们最对他们家充满信心的是夫妇俩十分热爱生活，厨艺精湛。

  我们对徐儒勇家的原始房屋和周围环境进行了调研。有别于当地的典型住宅形式，他们家的新建部分只有两个开间，但是门窗的组合使空间变得非常丰富。结合错落有致的地形，形成了很多有趣的室外空间：台阶通道、木梯连接的屋顶平台、安静的后院。我们总结在徐儒东家得到的经验，最终修改为实用的四间套房，也利于将来分家。接下来的一周，我们又对方案进行了深化，主要集中在交通空间的调整，是采用与采光井结合的内部楼梯方案，还是造价较高但是可以成为民宿景观的外挂钢制楼梯方案。

  受周围几个村庄的旅游模式影响，徐宗焕始终认为民宿房间越多越好，对套间的品质和环境设施并不在意，这种初级粗放的经营模式虽然看似利润高，但是经营成本高，而且不能满足现阶段游客的高品质需求，无节制的加建还严重破坏了环境。然而在我们的努力劝说下他还是坚持自己的原则，只对20间的套间数量有所妥协。考虑到户主儿子的需求：加盖尽量多的客房，我们在主体部分二层全部规则布置了民宿空间。并前后各挑出1米做阳台，丰富了立面效果，削弱体量在院落中的体积感。石头屋的二层成为了半开放的露台餐厅，同时也是徐宗焕家观景的最佳位置。

朱鹏斐从一枚苏杭软妹子涅槃重生，变身为行走田间地头的乡村建筑师。在北欧生活与学习的经历，让她深深感受到设计无处不在、设计更应细微与贴近人心。"它可以是个很小的杯子，也可以是整个地铁站，让人感到设计的关怀和体贴"。她认识到，设计不在于产品多"高大上"或"炫、酷"。设计让人感到贴心，能带给别人关怀与方便，设计是有温度的，能带给人们幸福。在大型设计机构，她感觉规模很大、设计很酷炫、很华丽，但却冰冷，脱离了灵魂，也离她心中的设计越来越远。最后她选择从事了乡村设计师的工作，为农民设计房子。她是这样描述她的乡村建设师理想之路的：

"在田间地头，我们和最朴实的农民打交道，为他们改房子，改善他们的生活环境。有些乡村，当我到了之后才发现，远比想象的更荒凉与贫穷。其实并不是因为这些乡村有多差，而是年轻人觉得留下没有出路，纷纷外出谋生。看到那些留守老人与儿童，我希望能用我所学帮助他们。让村民看到希望，看到村庄的价值，让年轻人能回来，能让一家人团圆。

武汉童周村小朱湾原来就是那样的村庄，垃圾遍地、杂草丛生、

乡建恨晚

鸡鸭散养、臭气熏天。其实它离武汉市只有半小时车程,自然环境也优美。我参与设计的曾方荣家是首批改造村户,因为他对未来村庄发展前景不确定,不愿意出很多钱。因此在设计时我们尽量花最少的钱达到好效果。通过实地考察,同户主及其家人反复沟通,最终确认把设计重点放到院落的营造上,将原来简陋的院子打造成古朴热闹的农家小院,宽敞的后院可以经营农家乐。

在改造过程中,使用了大量本地材料,例如:砖、瓦、木、石等,不仅呈现效果好、运输方便而且造价低。设计改造后的农家乐,开业第一个月收入就上万,极大地带动了村湾其他村民参与改造建设的积极性。现在的小朱湾青砖灰瓦辉映在河面的自然美景中,让武汉市民休闲旅游多了个好去处。村民不再抱怨生活在农村苦、收入低、环境差,而是对自己的村湾感到自豪,更让外出务工村民纷纷返乡创业与家人团聚。

我面对的都是普通农民,大多不富裕,文化不高,要求不高,只是希望生活能更好。作为设计师,十分珍惜这份朴实无华。我做的设计不高大上,就是以普通农民需求为出发点,用我的双手,去设计农民心中幸福的家。这里没有掌声,也少有人关注,但是踏踏实实。我做的是最朴实的事情,虽然很渺小,但是很值得,我觉得非常伟大。我是个建筑师。我是个青年乡村建筑师。我是个青年乡村女性建筑师。我希望设计应该有温度,能带给他人温暖,能让他人幸福。"

建筑师帮助村民从建筑设计中得到了实惠,收获了笑容,建筑师的成就感是非常大的。在乡村实践中,经济利益、人文关怀,对设计师是一个良好的锻炼。对于乡土实践活动来说,来自城市的设计师是一个外来人的角色。协调模式确保了地方力量与设计力量的及时沟通，让设计师遇到难题总能迎刃而解。在乡村实践项目中，经过长期的回访和交流，设计师往往和村民形成一种亲密的交往关系。设计师往往能从乡土中发现不为人知的民间智慧。这种愉悦感也是很强烈的。

第三章

# 为了乡村经济与秩序而努力

乡建恨晚

中国农村现状中最大的问题在农村收入低,为了生活,只能外出。乡村振兴,归根来讲就是理顺,解决好"人、地、钱"的互联关系。振兴首先要把村民的生产生活搞好,要让广大村民能够在家门口,就能赚到养家糊口的钱,这才是解决中国农村空心村的根本。要让农民的生活富裕起来,需要把他们重新联合起来搞生产,但如何联系起来,这就需要智慧了。在城市化背景下,农村基本生产生活秩序虽不能和城市一样是高水平的,但必须是小富而安的。因此,现在的建设目标不是要让农村建设得比城市更加吸引人,有更多机会,而是要让无法进城或进城失败的农民,仍然可以获得较为富裕的农村生活和生产机会。富裕的农村生产生活秩序意味着农村生活质量比城市漂泊的日子要好。虽不及大多数城市人体面安居的日子,但进城失败的农民也愿意返乡。正是进城失败农民可以返乡,中国城市才不会有漂泊在城市居无定所、食不果腹的庞大底层社会群体,也就没有发展中国家通常都有的大规模贫民窟。总体来讲,未来相当长一个时期仍然是城市化快速推进时期,农村中青年人到城市打拼,若打拼多年仍然无法在城市体面安居,这时,仍然有返回农村的退路。

## 第一节 创建集体经济的模式

每到一个村,我们首先考虑的是如何让村民的生活得到较大提升。我们做建筑设计及改造,做基础设施建设,都是围绕这个目标来的。我们建设村庄,不是追求外在的硬件好看,而是在意村内村外人生活水平的提高、生活方式的转变。我们是想把村庄建设得足够有底气面向未来,这样城乡才能共创美好生活。

## 第三章 / 为了乡村经济与秩序而努力

### 一、内置金融模式

比如在小朱湾，我们就充分考虑到了如何提升村民生活水平的问题。帮助建立适应市场经济需要的经济体是关键。小朱湾村在进行村庄改造的同时，团队致力于激发村庄内生动力，完善村庄内部治理结构。在乡建院昌平工作室专业人士指导下，童周村创办了内置金融合作社——同舟支农农业合作社。2014年8月，乡建院昌平工作室专业人士进入童周村开始筹建内置金融合作社，经过四个月的宣传发动，全村有35位村民加入了合作社，入股资金达27万元，五里界街道办提供种子资金30万元。2014年12月20日，在完成了合作社章程讨论、选举理事会和监事会、工商注册等程序后，同舟支农农民专业合作社举办开业仪式，当地区政府、街道办、乡建院等单位领导出席了仪式。合作社成立后，积极开展各项业务，其中为小朱湾村民旧房改造提供借款30多万元。2015年和2016年，合作社给村里29位长者社员每人分红600元。

在中关村，我们也进行过农村内置金融的设置。这一制度设计可对村庄提高组织能力具有重要作用。目的是极大地提高以老年人为主的农村社会自组织能力，激活农村社会的内在活力。在如此内置金融的作用下，村庄老年人具有很强的组织起来的能力，具有一致行动的能力，具有了某种意义上的主体性，甚至具有了一定的财政能力。

中关村的经济组织，我们的做法是：激发农村自身活力和积极性为主导，促进乡村的政治、产业、社会和文化发展。在土地集体所有制下，配套建立村社内部的合作互助金融。以内置金融为切入点，探索适用于桐梓乡村旅游发展运营及乡村治理的新模式，实现土地流转起来、资产经营起来、农民组织起来的"三起来"，建立旅投公司、

图3-1 中关村民宿开业

合作社、农户、经营实体相互配合、共同推动乡村旅游提档升级。具体做法是：（1）通过合作社收储闲置资产，将农民组织起来，这是本模式得以实现和有效推进的基础。中关村可收储的资源包括：可入股经营的民房、土地（包括现在种植烤烟的土地，随着产业结构的逐渐调整，部分农户甚至大部分农户已不再种植烤烟，闲置土地可以流转经营，改变种植结构与主体）、集体建设用地等。（2）政府主导的旅投公司本质上起到投资公司的作用，需主要做好资源整合和平台搭建。用于农户外立面、室内装修以及村庄的投入资金可换算为股份或贷款。（3）旅投公司成立运营管理公司，合作社资产入股，适当时候可引入社会资本。运营管理公司负责中关村各产业的开发、日常运营与管理，并提供必要服务。合作社在其中负责组织间的对接，包括发展所需的资源收储、项目合作、本地用工协调、社员内部的核算及收益分红等。旅投公司不直接与农户发生关系,由合作社负责村内农户事务协调,包括闲置资产的收储、折价、收益分红,乃至纠纷解决等。同样农户也不直接与旅投公司发生关系,在运营中旅投公司与合作社成立项目运营公司,负责项目的经营、管理等。在该制度下,投资公司、合作社、村民各司其职,互相合作,避免了村庄建设和经营中的问题,有利于村庄的发展。除了在村庄经营事务中发挥作用外,合作社还提供内部资金互助、养老、统购统销等多种乡村服务,助力乡村的全面发展。

图3-2 阳芳五彩米丰收

乡建恨晚

　　美丽中关的建设和经营离不开资金、人力、物资、技术、营销等要素的合理配置。根据五大要素的各自特点以及农户、合作社和旅投公司的各自优势来有针对性、可持续、科学合理地设计合作架构。为此，农户要进行分类：第一种是有资金又有自我经营的积极性的农户。可能缺少用以经营和服务的技术（比如厨艺、茶艺、服务能力等）、缺乏对外营销宣传的能力。合作社和旅投公司可以相应地提供技术中介培训和打包营销宣传。第二种是有经营的积极性但是缺乏资金的农户。首先鼓励农户自筹一部分资金，对于短缺部分，从合作社进行借款。发挥合作社融资服务、技术中介培训和打包宣传经营（借助专业力量）等服务。第三种是既缺乏经营的积极性又缺乏资金的农户，把对房产的所有权、使用权、经营权、收益权分开。所有权归农户，把自有闲置房产资源收储入合作社（初次使用权），农户获得所有权带来的租金或者入股分红（具体方式尊重农民意愿）。合作社获得收储的固定资产，打包交予旅投公司进行投资打造，形成可经营性的资产（二次使用权）。按照旧有资产和新投入资产的比例，确定合作社和旅投公司双方在未来经营中的所占股份。具体经营权的主体根据市场意愿来配置并获得相应的经营收益。

　　借助旅投公司在资金、社会资源、宣传营销等方面的作用，突出合作社在服务农户融资、技术中介培训、物资采购、房屋等资源收储方面的主角地位（发挥功能作用，获得盈利空间），保障农户经营及利益分配的主体利益。农户为主体，合作社为纽带，旅投公司为后援的投资和建设完成后，中关村的业态经营尊重市场在资源配置中的决定性作用，适当发挥计划调配的作用，采用统分结合的方式开展。既有农户根据市场意愿和能力的个体经营或联合经营，又有旅游管理公司（股东可能是专业市场主体的独资，也可以是有合作社和旅投公司在内的合资）的统一宣传营销、技术中介培训以及客房调配等统一经营的部分。

二、四化模式

在阳芳村，我们和驻村帮扶的干部一起，采取的策略是通过明晰产权，实行股份化运作，组织农户抱团发展，开启"四化"的新路子。"阳芳四化"的典型做法通过支部引领、农户参与、合作社组织经营，村支两委将分散的一家一户组织起来，实现产业联体经营、抱团发展。

一是帮扶资金股份化。将各项扶持项目资金和农户自筹资金量化加入合作社，村集体和农户年终按股分红。阳芳村村口巴拉河道旁边有一家农家乐就是这样的例子，在帮扶部门捐资1.2万元和争取到扶贫资金10万元，农户自筹8.4万元，并投工投劳50天的基础上，成功在河畔建起400平方米的混合所有制农家乐，并明确集体股、个人股、劳力股各占1/3。当年9月营业，开业当天营业额就突破3000元。随后，农家乐逐步走上正常盈利轨道，每年村集体至少分红1.2万元，可为参股19户农户带来3.6万元股份收益，并提供3~4个就业岗位。农家乐股份制试点，不仅盘活了阳芳村得天独厚的滨河资源，更加激发了村民股份意识的觉醒。再后来，阳芳村更大的一座民宿"水迢情深民宿酒店"建成竣工，"水迢情深"包括餐厅、住宿区和农事体验等，把农家民宿结合现代品味有效融入，建成"推窗是云，抬头观星"的休闲度假民宿。依托"水迢情深民宿酒店"将不断提升阳芳村的旅游服务品质，预计可以壮大村集体经济每年8万元以上，提供长期就业岗位，让村民在家中就实现就业致富，更带动了村民自己对自己老屋的"民宿改造"。此后，80亩五彩稻、12亩折耳根、3000羽土鸡养殖等项目，均采用帮扶资金股份化做法，避免了帮扶资金分散，造成"打水漂"的情况。目

图3-3 丰收五彩米包装

图3-4 丰收五彩米称量

前,全村注入各类股份资金63.4万元,有136户农户加入合作社,其中贫困农户35户。

二是承载主体组织化。将农户组织起来,把分散的农户生产资料集中入股合作社,以集体力量组织生产、开发产品、面对市场。在中组部刘源书记的组织下,阳芳村精品种养殖合作社成立,48户农户在第一年就种植25亩有机红米,开展红米加工、生产包装,通过村级电商站将精装红米迅速在淘宝、贵龙网等电商平台销售一空,平均售价高达23元/斤,最远销售到澳大利亚墨尔本,共售出红米2100多盒,总收入23万余元,户均增收4000余元,产值是传统水稻的4倍以上,村集体、合作社各分红1万余元。在种植红米成功的基础上,阳芳村借鉴塘约经验,宣传发动村民以土地入股加入村集体合作社,121户农户流转土地81亩种植有机五彩稻,2018年再次获得丰收,共销售了50多万元,亩均效益在5000元以上。

三是经营责任集中化。在合作社内部用市场的办法,压实经营责任、实施集中管理,采取责任承包和浮动激励方式,实现经营责任人和村集体收益的最大化。在五彩稻种植项目中,合作社按照承包经营的管理办法,精心挑选责任心强的杨昌学等4名经营管理人员种植81亩

第三章 / 为了乡村经济与秩序而努力

图3-5　五彩米分红（一）

图3-6　五彩米分红（二）

有机五彩稻，并明确其利润的30%作为他们的激励分成，利润越多效益越高。在这个激励措施下，他们的主观能动性大大加强，还自掏腰包8万元，主动组织贫困农户除草、翻地、育苗、插秧、抗旱和收割。在合作社折耳根种植

图3-7　五彩米分红（三）

小组项目中，党员顾永江出资2万元，与南方电网公司资助的2.7万元帮扶资金共同入股合作社，带领4户农户在排内寨开展12亩折耳根种植，折耳根收获后，按村集体占股40%、个人占股60%年底分红，预计该项目能为村集体带来5万元收益。

四是扶贫项目精准化。安排扶贫项目符合实际，选择与本地合适对路、群众种植意愿强的产业项目，做到"对症下药""精准滴灌"，确保贫困户精准受益。在试点实践中，阳芳村没有延续以前向农户发放马铃薯苗、魔芋苗、稻田鱼苗的"灌水式、输血式"扶贫模式，而是结合本村土地土壤条件和农民生产技能等特点，瞄准贫困群众受益这个"靶心"，精心选择与种植传统水稻近似、群众乐于接受的有机红

149

乡建恨晚

米、有机五彩稻、林下养鸡、农家乐、折耳根等"小"产业扶贫项目，通过股份制初次分红后，村集体收益的50%用于贫困户的再次分红。阳芳村贫困户杨光辉深情地说："村干部帮我们选的这些项目，让我们的收入增加了，去年我光红米分红就得了5000多元，现在我脱贫致富的信心更足了。"

村民联合经营，才有力量，才有声势，才能吸引外面的人进村消费。在小朱湾的农民餐厅、中关村的民宿，都是纳入统一经营管理。本着自愿的原则，适度引导。对于不愿意入社的农户，如果想自己经营也可以，但必须：改造要遵守整体规划与布局要求，经营要遵守中关村服务标准与要求。逐渐让农户意识到加入到联合经营的好处，意识到结成利益共同体后能够带来更大更长期稳定的收益，农户自然会向组织、向集体靠拢。

## 三、新四化模式

在浙江缙云的一个合作项目中，我们认为"两山"理论要找到实证的惠民方案。我们改变了以往做乡村自上而下的思路，而是改为自下而上发起并做出绩效以实现各方获益的同时，对接中央政策，让政府自觉自愿地给予支持。最开始我们支持发起了两个自然村的新集体经济合作社。我们直接面对两个村的骨干村民交流与提供解决方案。除了发起合作社，我们还联合内外部力量发起联合社，使其成为服务于农民合作社的平台和运营商，产生多点开花的规模效应。其中，我们会为合作社建立以参股提供资源整合、配套方案与运营化服务的机制。在现实层面，适时对接相关项目的策划、设计、资源导入等机会。

在这个项目中，沈凯老师提出了乡建的新四化：第一是农民组织化；第二是资源资本化，把农户和集体的存量资源依法确权或经过评估形成股份关系，将散置、碎片化、低效、价值低的资源关系，转化到资源化的股份匹配关系；第三是产业体系化，要解决资源整合以后的可盈利方式，首先必须明确产业关系，没有产业关系基础，没有可盈利的市场来源，这个是不行的。产业联动、两化联动、需求引导、差异经营等都是跟产业化对应起来的；第四是项目运营化，如何用项目管理的思路来看待农村的建设发展，而不是用单一型的方式来看待，所以从模式策划、规划管理运营和平台搭建可以发现，当整合起来的时候，盘子是非常大的。组织化实现"集中起来"，是资源型合作社的任务目标；资本化实现"流转起来"，内部规范利于市场对接；项目化实现"利用起来"，政策创新与机制创新；产业化实现"经营起来"，项目资源的经营。这四化对应了四个操作关系，是我们做乡建的基本原则。[①]

  沈凯老师强调："新乡建、新四化的目的是，形成农民的五个利益，用增量去分配智库利益、企业利益、农民利益，包括股权、分红、就业、直接的收益流转等。我们现在提倡的是把资源评估完了以后做配股，一部分给农民作为现金流转；另外一部分是直接变成股权，这样同时也解决了市场的初期投资来源。在乡建的三种创新模式中，第一个模式是政府匹配资金，放大配比基金；第二个模式是落地运营机构，政府配套投资；第三个模式是策划咨询服务，合作运营推进。"[①]

---

① 沈凯. 乡建：城乡互补与利益兼顾[J]. 新产经，2015（7）.

乡建恨晚

## 第二节 让乡村产业兴旺起来

乡村振兴，必须让乡村的农业产业与村庄产业兴旺起来。在农业产业方面，必须立足基本农田大力发展高效农业，引导农民土地流转，集中连片种植；将设施农业种植与环村林带相结合，打造果品采摘园、快乐菜园、快乐农场等；将畜牧业与产品深加工、休闲服务体验相结合，发展服务产业，吸引外来游客。积极发展养殖业，可采用"养殖区+农户"模式，开展专业养殖。村庄产业的发展，必须充分利用村庄内的空心户等存量土地与闲置房屋，开展村庄产业化活动。发展形式多样、特色鲜明的乡村传统文化、餐饮、旅游休闲产业，以及家政、商贸、养老幼托、专业养殖等村庄产业项目。

乡村发展是我国政治经济社会发展的关键和基础，解决我国发展动力和社会稳定的基础性工程，当代中国所面临的"三农"问题实质上是乡村转型的问题，破解"三农"难题的过程，也就是完成乡村转型的过程。乡村转型的深刻的根源是现代化进程。所谓"乡村转型"，有两层基本含义：一是由传统小农经济形态转向现代农业经济形态，也就是实现农业经济的市场化、产业化；二是由传统的依附型治理结构转向现代的契约型治理结构，也就是实现乡村政治生活的民主化、法治化。

乡村的发展和转型，首先在乡村自己的主导下，带领大家共同富裕和乡村的文明发展，这是个主导性作用；其次要有严格的民主程序和健全的民主管理制度，最后要有既能充分放权，又不放任自流的服务性政府。村治精英以村民利益和村集体利益为重，以及民主治村的方式和方法，换来了村民对村治精英的支持和拥护，也换来了村民对村集体共同体的高度认同，最终激发出村庄各种力量的积极性、主动性和创造性，发挥出村民主体的巨大合力。最后还需要提升农民的对话和谈判地位，主要依靠市场导向和利益纽带的农民自组织。中国农村改革的基本经验就是保障农民的主体地位。需要的是能够充分体现农民主体地位的农民合作组织，而不是简单化的组织农民合作。

一、可经营的乡村

在乡村，传统产业转型是很关键的环节。深化改革的今天，我们的城市化率为50%左右。乡村地域广阔，人口众多可见一斑。怎么转？王磊认识到建设可经营的乡村很重要。休闲农业与乡村旅游立足乡村，把自然风光、民族文化和农耕文化融入到传统旅游文化中，丰富了旅游业的内涵，是旅游业的一股重要力量。旅游业与农村、农业的不断融合，将进一步带动农村各方面基础设施建设不断发展，成为拓展农业多功能性、促进资源高效用、满足新兴消费需求的朝阳产业。

王磊认为，建设可经营的乡村，是促进乡村经济持续、快速、健康发展的新举措，是推销名优特产品的重要途径；是筑巢引凤招商引资的好契机；是加强城乡交流、提高农民整体素质的新思路；是调整农业产业结构、构建人与自然和谐环境的重要一环；是建设社会主义新农村、实现农业现代化的重要因素。

王磊说："建设可以经营的乡村，重点是要突出地方特色。在开发旅游生态项目时，应该对区域内特定资源所包含的个性潜力予以挖掘，并与地方特色文化有机地融为一体。充分利用农业生产过程、农民生活和农村生态，为消费者提供休闲、观光、体验等服务，发展农村多功能、高效益的新型产业。发展休闲观光农业，不仅可以促进农民就业增收，而且可以带动农村二、三产业发展，促进农业产业转型

乡建恨晚

升级和发展方式的根本转变,推进现代农业和新农村建设。"[1]

乡村的自然环境、生活方式有其独特价值,这给乡村的经济发展带来了巨大的潜力和价值。因为这些价值,乡村能够通过自我经营创造活力。新农村建设和"经营乡村"的理念结合在一起,才能显现出乡村价值。我们秉承"经营乡村"的理念,建设新农村,就是要用适度的增量来激活乡村巨大的存量,恢复农民主体地位,坚持乡村自治原则,尊重乡村自身发展规律。

武汉江夏五里界小朱湾是按照这个思路来打造的。我们将它建成为一个荆楚风格的小村湾,在大武汉城市圈中实现对乡村的经营,在建筑、景观的整体和细节上,考虑经营的可能性,挖掘经营价值。如果美丽乡村建好了硬件,但村民没有收益,那美丽乡村就是做梦。我们要让政府的支持资金在服务农民的过程中创造价值,并且创造可持续的、更大的价值。

早期的建设,较普遍的做法是政府和开发商结盟主导,大拆大建,迫使农民上楼,留下建设用地(给政府或开发商)。农民的新居又几乎千村一面、千镇一面。住房结构城市化、生活方式城市化、社会形态城市化、治理模式城市化。这样的新农村建设,强制改变了村庄的传统文化和与自然亲密和谐的生产生活方式。强制力拆除的不仅是可见的传统村落庭院、传统建筑(如祠堂),还有其背后久已形成的传统礼俗和社会关系。强制力造成的文化破坏,无法带来文明的健康演进。同时,由于中华文明正是由农耕文化中生长出来的,这样的破坏力也深深地刺痛了民族文化自信。

在逆城市化趋势下,农耕文化价值凸显,农村生态价值凸显。从

---

[1] 王磊.可经营的乡村[Z].

消费的角度，对城市居民而言，从农耕文化和农村生态中发展出的产品和服务具有很高的消费价值。"望得见山、看得见水、记得住乡愁"，表达了这种情况下的市民对乡村的期待，显现了农村在城市化进程中的独特价值。

为了实现"经营乡村"，我们一般分三步走：第一步，对村庄内部资源的整合。建立以村社内置金融为核心的资源整合体系，通过村社内置金融将农户的资源资产金融化——变成长期存款、股权、租赁信托产品等，为通过资源市场化配置（引进市场化的合作伙伴）来实现价值最大化奠定基础。

第二步，在内部资源整合的基础上，再对村庄发展实施定位及全方位的规划设计。乡村的规划设计和城镇开发区的规划设计完全不同。乡村规划设计是大规划、大设计概念，包含组织、体制、机制、人的能力建设、经营模式、治理模式等一揽子系统解决方案。

第三步，营造和经营。规划设计的落地实施就是营造。乡村规划设计及营造是为了经营。营造的主体是谁？经营的主体是谁？一般都说主体是农民。这话没错，但也不完全对。新农村的营造和经营，涉及很多主体的合作合力。农民当然是主体，其实政府也是主体——基础设施建设及公共品供给，村民村社共同体也是主体——村庄内部资源整合、统分结合双层经营体制的"统"的方面、村庄公共品供给等，外部引进参与新农村建设和经营的合作伙伴也是主体。这些主体的权利义务及相互关系如何确定，是最难的。一个只有农民主体的新农村，"经营乡村"一般是不会有大作为的；一个只有开发商或政府主体的新农村，"经营乡村"也是很难可持续的。随着农户改造的推进，一家家可以接待游客的乡村餐馆、咖啡厅、酒吧在小朱湾出现了。

乡建恨晚

图3-8  小朱湾民房改造的餐馆

　　同样的事情在中关村也发生着。大湾组是中关村的7个村民小组之一，只有51户人家，一条河流还将这座小村庄分成两个组团。在"地无三尺平"的贵州，这块小小的山坳里房屋相对集中，但建筑风格杂乱，景点也不起眼，不具备发展乡村旅游的优势。大湾组多数人家姓徐，祖上从江西一带辗转迁徙到这里，徐姓的祖屋和墓地都在这里。村民非常淳朴。他们受够了种植烤烟的辛苦，希望有机会实现产业转型。桐梓县紧挨重庆。每年7~9月份，重庆的"火炉"让人受不了了，大量重庆游客会一路向南，在桐梓山区找到气候适宜的村庄住下来，一住就是两三个月。桐梓县很多乡镇的海拔在1100~1200米左右，其气温比重庆低7~8摄氏度以上,很受重庆游客的青睐。这些人多为退休的老人,他们带着放暑假的孙子辈来到桐梓度假,每年至少需要6万张床位。重庆游客在这里被称为"新桐梓人"。桐梓县城和乡镇有很多定向销售的楼盘,广告语写着"当好3000万重庆人的房东"。这个现象被称为"卖凉风经济"。

虽然有规模可观的客流,他们对当地经济的带动力还是有限。这每年的6万张床位,多数月租金在1200~1500元,还包括三餐。大家开玩笑说,重庆人只要把夏天空调费用省下来,就可以在桐梓县舒舒服服地住上几个月时间。因此,我们希望中关村从烤烟种植转型向度假休闲,但应与周边的低端业态有所区分。

图3-9 中关村改造后的民房

随着农户改造的推进,一家家可以接待游客的乡村旅馆在中关村出现了。这些乡村旅馆的品质参差不齐,有的具备"星级宾馆"的条件,有的却还是多个房间共用卫生间的状态。另一方面,政府的资金希望投入到这些乡村旅馆的建设。于是,也是从机制上,我们与旅投公司开始制定中关村的乡村旅馆评星定级标准。共分为一星级、二星级、三星级三个等级,计划一星级投资金额10万~20万元;二星级投资金额20万~30万元;三星级投资金额30万~40万元。在细化的投资标准里:院落装修、外立面装修和室内装修分别占总投资额的15%、35%和50%。

图3-10　民房改造后成为聚会厅

第三章 / 为了乡村经济与秩序而努力

图3-11 中关村改造后的民房

在政府资金参与投入到农户改造之后，渐渐地，我们也感受到村民变了，依赖感强了。在各家各户的评星定级过程中，村民的小算盘都打得好。中关村从第一阶段的"我要做"，转变为第二阶段的"要我做"，见效也很快。越来越多的游客住进了中关村，逐渐喜欢上村里独特的"一户一景"特色民宿，许多在外打工的村民也相继返乡，发展了旅游业。中关村村民徐儒辉说起当地发展特色民宿旅游时，满脸都是自豪："我的'拙圕'民宿就是乡建院设计人员根据'抱朴守拙，诚实之家；靠山面圕，丰衣足食'之意取的名字。乡村特色民宿旅游，让我们不出户就可以赚到大钱咯……"

乡建恨晚

艾玛告诉笔者,中关村凭借交通便利和得天独厚的旅游资源,于2015年与乡建院签订了村级产业规划、生态规划、民房改造、乡村文化修复等系统性规划设计方案协议。项目设计按照"产业生态化、生态产业化"和"把农村建设得更像农村"的理念,本着"因地制宜、量力而行、民主商议、注重实效"的原则,在广泛征求群众意见的基础上,重组农村民俗、乡愁元素,完成了"一户一特"房屋改造提升方案和示范点总体规划方案,明确了发展特色民宿旅游的产业定位。

关于政府的资金参与农户的改造,李昌平老师有很明确的观点:应该通过合作社来进行。政府的资金可以放到合作社,再通过合作社,以贷款或贴息补助等方式给到村民,可以起到四两拨千斤的效果。在中关村的第二阶段建设中,政府的资金通过旅投公司(虽然名义上也通过合作社了)直接包办了一些农户改造的工作,这些资金如何回收变得无人关心,而且也在悄悄地影响着村民的心态。

在中关村,由旅投公司参与改造的农户,他们与合作社签订了《中关村乡村旅游发展农户房屋入社协议书》,也意味着将来乡村旅社的经营,将部分交由旅游投资公司统一运营。入社协议书对农户有一些约定,例如,农户需要自行拆除影响村庄风貌的建筑设施,包括牛棚猪圈等;另外,经由旅投公司改造后的农户,其用于经营的面积,不能少于总建筑面积的70%等。

而合作方式则有多种选择,共分为贷款类、出租类、合营类、自建类。贷款类,指的是农户自行建设,向旅投公司贷款,按照合作社利率7%以及约定年限归还利息,并每年将自行经营的营业额的5%作为管理费;出租类指的是农户自己不再使用房子,将改造前的房屋整体出租给合作社,约定租期为20年,合作社每年支付房屋租金,并对房屋进行建设运营;合营类,农户出房屋,旅投公司出资金，按照星级旅社标准进行改造，投入运营后，按照农户：合作社＝75%：25%的比例进行收益分配；自建类指的是使用自有资金进行建设，每年缴纳5%的管理费，以接受合作社的策划推广、技术培训等服务。

越来越多的中国乡村完成了建设（主要是硬件建设），以外向型经济（如旅游）为定位的村庄，除了需要合作社盘活村庄的闲置资产外，其统一运营的需求也越发强烈。中关村农户房屋入社，最终交由旅投公司统一经营管理，农户、合作社和公司各司其职。这是建设可经营的乡村的一次探索。

图3-12 中关村改造后的民房

乡建恨晚

图3-13 在改造房屋中品茶聊天

图3-14 改造后的民宿

## 二、三产融合的小尝试

根据国内外的发展实践经验看，农村一、二、三产业融合发展指的是以农业为基本依托，通过产业联动、产业集聚、技术渗透、体制创新等方式，将资本、技术以及资源要素进行跨界集约化配置，使农业生产、农产品加工和销售、餐饮、休闲以及其他服务业有机地整合在一起，使得农村一、二、三产业之间紧密相连、协同发展，最终实现农业产业链延伸、产业范围扩展和农民收入增加。

我们在项目地，一直在推动三产融合发展。我们所在的村庄，往往从如下几个方面推动三产融合：首先，大力发展乡村休闲旅游产业。充分挖掘和利用农业农村资源优势，推动绿水青山成为百姓致富的金山银山。顺应广大人民群众对吃农家饭、住乡村房、享受绿水青山、体验农耕文化的消费需求，积极开发农业多种功能，利用"旅游+""生态+"等模式，推进农业、林业与旅游、教育、文化、康养等产业深度融合，大力发展休闲农业、乡村旅游、创意农业、农耕体验等，使之成为繁荣农村、富裕农民的新兴支柱产业。

其次，加快推进农村电商发展。制约农产品电商发展的一个关键问题是我国农产品的标准化和品牌化程度低。大多数农产品，目前仍以非标准化的状态存在，难以在电商平台上形成规模流通，农民也不懂运营。而且，多数产品没有品牌化，没有进行系统性的包装和营销，难以形成市场竞争力。针对上述问题，我们在项目地进行了很多工作。在阳芳村，我们还有个三产融合小尝试的故事。

那是2018年的初夏时节，天气开始躁动起来，巴拉河上空的水汽也变得温热。村民家三三两两种着的枇杷开始成熟了，一颗颗硕大的黄褐色枇杷散发着诱人的香气，香甜的果香味在整个村庄弥漫。

乡建恨晚

团队的李娜因为咳嗽一直没有好，阳芳村的几个姐姐给她摘了枇杷做成枇杷汁。内心受触动的李娜发了一条朋友圈并配上枇杷的图片，以此方式来感谢几位姐姐的关心。而这条消息被曾在阳芳村扶贫两年的中组部刘源书记看见，他建议可以将枇杷做成枇杷干、枇杷酒等系列产品。乡长雷黔敏也很支持这个工作，特意给李娜介绍了一个从村里走出去的专业甜点师来帮忙指导。

与雷乡长介绍的甜点师对接之后，李娜向刘源书记汇报工作，并与刘源书记商量关于枇杷系列产品研发预想。在刘源书记和雷乡长的支持之下，李娜悉心请教了甜点师关于做枇杷系列产品具体步骤和注意事项，将制作的步骤记下来，并发到阳芳村民微信群里面，让村民了解制作枇杷产品的过程。

在向甜点师了解制作过程之后，第二天一大早，李娜、洪策，社工黄兴桃，以及几个村民就开始集中采摘村里枇杷。摘好枇杷，接下来就是制作的问题了。要把将近100斤的枇杷洗干净、剥皮、去核，一部分熬成枇杷膏，一部分泡酒是很不容易的，因为在去核的时候还是得将紧贴在果肉上的那层薄膜去掉。当天下午三点开始，大家就开始动工，一直到凌晨一点才休息。

因为长时间处理枇杷，手指没有做任何的防护措施，最后的结果就是手指像长期做农作物的农民伯伯的手一样，指尖带着洗不掉的土黄色。由于枇杷膏的熬制要趁热口感才好，因此第二天早上李娜就早早起来继续熬制枇杷膏。

又忙活了一早上，终于在中午之前枇杷膏做成了，几勺枇杷膏兑上冰水，入口酸酸甜甜的，十分舒爽。大多数人高兴的时候就喜欢和人一起分享，晒晒朋友圈已经是常态了。李娜掏出手机发朋友圈晒晒劳动过程，顺便说说接下来的研制产品，其中就有苗家人最爱的"酒"！

图3-15 娜娜和小桃上山摘枇杷

图3-16 开源公司夏总帮着小桃洗枇杷

图3-17 娜娜和小桃一起处理枇杷

图3-18 民宿管家帮着剥枇杷

刚好这一天县里面的几个领导过来,我们将做好的枇杷膏端去,领导们有的觉得是酸的,有的觉得是甜的,有的觉得二者皆有,每个人都尝出了不同的感受。但是只要是尝过味道的都对枇杷膏赞不绝口。努力得到了认可,成员们顿时心情倍感舒畅,感觉走个路,人都是飘的了。

枇杷酒和枇杷膏的前期处理方法一样,后期稍稍有点区别。枇杷膏是处理之后直接熬制,而枇杷酒得装罐,放上一层果肉之后再铺上一层冰糖,如此反复直至将罐子装满,倒上半罐白酒,之后放在光线

乡建恨晚

图3-19 剥好装罐的枇杷

较暗的地方，三个月之后，醇香的枇杷酒就可以新鲜出炉啦。

枇杷干的制作和枇杷膏一样也并不是那么轻松的。光是一层一层地将枇杷诱人的外皮剥掉就得花些时间和精力，洪策将事先准备好的竹席洗好并晾干，我们一边处理枇杷皮和核，一边将处理过的枇杷果肉放在竹席上暴晒。

刚放上去的枇杷整整齐齐地排成队列，金黄金黄的，像刚出炉的小面包，引得大家不顾炎炎烈日，盯着这些枇杷，非要看它们的变化过程，晒的过程中还得给枇杷"翻身"，加快枇杷失水的速度。如此反反复复，最后的结果可想而知——九七华夏的小伙伴们和枇杷一起变黑了！

经过三天暴晒之后的枇杷终于有点枇杷干的样子了。在枇杷晒干之前，小桃就在网上订做了大小不一的12个透明玻璃罐，本以为全都可以装满，最后只装了六罐，配上李娜精心设计的logo，一个小小的精

图3-20 做好的枇杷膏

图3-21 做好的枇杷膏

图3-22 贴上品牌标识的枇杷酒

图3-23 娜娜和小桃在晒枇杷

品伴手礼就诞生了。这次枇杷产品的研发在村民群里面引起了很大的反应，村民纷纷都抢着要试吃。虽然枇杷系列伴手礼的研制已经告一段落，但我们在村庄进行三产融合的工作还在持续。

乡村振兴全面开局，三产融合是有力抓手。以后我们还要大力帮助农民培育农产品深加工、乡村作坊、共享农庄，大力培育乡村智慧旅游，深层次带动乡村人居环境、生态环境改善，带动农民持续增收，为乡村发展增强持久的内生动力。

三产融合，培育乡村服务业是要点。振兴乡村，增强乡村发展内生动力，不仅需要产业兴旺，配套的服务业也不可忽视。事实上，自

乡建恨晚

图3-24 晒好的枇杷干

图3-25 装罐的枇杷干

然景观、人文景观、无形文化资源的开发、保护，以及酒店、客栈、餐饮、导游等方面的人才培养和服务，是农村经济腾飞的重要保障。

乡村振兴战略已全面开局，我们的三产融合会持续深入推进，激活乡村发展的内生因子，增强"三农"发展的造血功能，让农业成为朝阳产业，让农村成为人人向往的美丽家园，让农民成为全社会普遍尊崇的职业，这是我们的奋斗目标。

图3-26 抬着萝卜回家的妇女

我们在阳芳村做了一个重要的工作，就是发掘一批对集中经营有能力、有想法、有意愿的村民，进行组织培育，让村子形成一种生机勃勃的经济秩序。在团队成员，特别是李娜的努力下，村里的"长桌宴"组织诞生了,这是由妇女联合而成的小团队,这是一个专门组织外来客人就餐的小团队,是一个经济组织。这个组织从2018年春开始筹划,到夏天的时候,"长桌宴"已经运转起来了。李娜讲述了看见她们营业的兴奋心情:"站在河边上我远远就看见一群人在洗餐具,我猜想肯定是我们妇女团队,在忙长桌宴后的收拾。我像回家的孩子看见妈妈一样,跑过去和他们打招呼,我快跑冲过去找她们,她们看到我都非常高兴,和我说她们最近接了多少的客人,诉说了这几天我们不在他们做了哪些工作。同时也和我说他们还有哪些筹备是不足的。今天的他们特别的美,每个人都穿苗服,头上扎着啾啾,服装整齐统一。"

图3-27　长桌宴后,阳芳妇女河边留影

乡建恨晚

### 三、长桌宴的意义

阳芳村的李英是村里的妇女主任，她的文化水平和想法都比村里寻常的妇女高很多，执行力也特别的强。有天李英说："我们想在阳芳村做长桌宴，不仅仅是让游客吃个饭，我们还要开展各种文艺表演活动，把我们村里女团排练的舞蹈展现给大家。同时，吃饭的时候，我们会根据苗族吃饭的待客礼仪来进行，这样游客在吃饭的时候也能享受很全面正宗的苗族文化。"我们很赞同李英姐的想法，李娜经常和她交流，在生活和工作上她们有很多很契合的地方。

阳芳村的"长桌宴"的筹办，经过了很曲折的过程，很多村民都不敢做第一个吃螃蟹的人。李娜在"姊妹节"及"五一"假期间，就多次鼓励阳芳村几个妇女可以在家做餐饮，游客来了可以带回家吃"长桌宴"，家里的闲置房用来做青年旅社，驻点的几个社工可以给她们培训一下，怎么接待客人。

村里闲置的房子很多，大多数村民家都是三层以上的混凝土建筑。奇怪的是阳芳村的大多数村民都把自己家最好的房间用来放置粮食，每个房间都放一点，这些房间通常都是方位较好较通风的房间，然而自己家人住在比较差的房间里，还几个人挤在一间房。村民没有把空余房间用来做酒店的意识。很多在村游玩的客人都没有找到住宿的地方。

村民慢慢的也知道村里有很大的经营潜力，但大家还是动不起来。机缘巧合，台江县妇女主任杨亚群是阳芳人，她在六月一号走访阳芳村，慰问村里贫困儿童时，了解游客在阳芳村没地方吃饭、没地方睡觉的问题，凭借她的工作经验和掌握相关的鼓励政策，她把村里的代表及几个妇女叫过来一起交流，团队成员李娜也参与其中。交流中，她鼓励妇女团队可以自己开办起餐饮和住宿的业务，等做到一定成效后，妇联那边就会给相对应的扶持资金。

要发展旅游，首要的就是满足游客的衣食住行乐购。其中吃住最为关键，也是最容易带动经济发展的。在得到妇联主任的鼓励后，我们开始筹备解决阳芳游客吃饭的事宜。妇女们纷纷提出要发扬苗族传统接待游客的方式，做长桌宴。来黔东南旅游的人，大多数都会吃长桌宴。长桌宴这是一个旅游项目，也是一个本地接客的仪式。传说很早以前有亲朋好友翻山越岭来到寨子里，由于寨子里人太多，很难做到去每家每户做客拜访乡亲，寨子人家又很想表达自己的热情好客。因此，寨子里主事的苗王就想到了一个两全其美的办法，即每家每户都亲自做上各家拿手好菜，每家一至几桌，统一摆放到寨子里开阔的地方，按顺序一路摆下去，这样就形成了我们今天看到的长桌宴。后来苗寨就一直延续了这个待客之礼。

从"六一"儿童节那天开始，驻村社工李娜多次与妇女进行讨论，针对长桌宴开办的工作提出各种建议。诸如"菜品怎么做不失去传统、怎么创新、甜点水果用什么、长桌宴的选址、大家怎么样合理分工、买什么碗、买什么筷、买什么锅、用什么方式做饭"等。仅仅二十多天，阳芳村妇女小团队就落实了长桌宴的开业。

长桌宴从六月底开始到八月，接待了三次客人，每次都是一百人以上的团队，平均每人收40元，总收入就达到了12000元。算是一个理想的收入。但对于阳芳村来说，收入还有望提高。阳芳村旅游发展，解决游客吃的问题是大问题。但是，我们已经帮助村民迈出去了第一步。现在阳芳村有承接100人团队来村里吃饭的能力，为明年的"姊妹节"、"五一"假期、暑假的旅游高峰期，还有13年一次的牯藏节，做了基础工作。

阳芳村有了农家乐，有了长桌宴，有了水迢情深，村民就有了留住游客钱的能力。但阳芳村的"长桌宴"要怎么形成自己接待的特色，吸引更多的客人，服务更多的客人，还是值得我们继续和村民一起探讨的。

图3-28　妇女商量长桌宴事宜

妇女们的想法是，不仅仅是让游客只吃个饭，要开展各种活动和苗族吃饭的待客礼仪，也把我们阳芳村妇女的排练舞蹈都展示出来。我们一直很赞同他们的想法，鼓励她们道："你们说的这些都很好，你们真的很棒，认真去做事了，为阳芳村运营工作打下基础，棒棒的。"

"长桌宴"组织，这是农民自发组织的新型组织，没有来自政府的行政干预，是农民自己的组织。农民加入这个组织，不改变家庭承包经营，在遵守本组织章程的前提下，仍然具有生产经营的自主权。农民可以按照自己的意愿退出。这是一个为农民服务的经济组织，为农民提供科技支持、市场信息，以及帮助农民销售农产品等方面的服务。努力帮助农民完成产前、产中、产后的一条链式服务，促进生产链条能够顺利进行。这个合作社是以盈利为目的的经营组织。在农民的立场上，为农民的农业生产获得更多的利润，努力地提高农民收入。

这个农业合作社有时像一个中介组织。农民生产出的农产品，一般要拿到市场上交易。为了完成交易，农民必须去寻找商家，才能把农产品销售出去。单靠农民个人的力量，是很难完成寻找商家的任务

第三章 / 为了乡村经济与秩序而努力

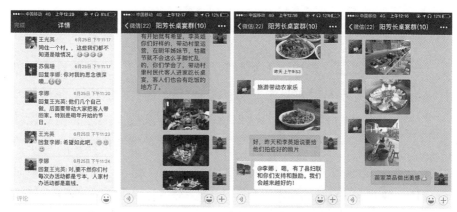

图3-29　长桌宴群聊信息

图3-30　阳芳长桌宴

图3-31　阳芳长桌宴

的。而"长桌宴"作为中介组织，能帮助农民完成农产品的交易。它是连接农民和商家的桥梁，农民统一把农产品交给组织，由组织去联系商家，这样可以节省很多交易费用。

173

乡建恨晚

## 第三节 发力于城乡的联结

  乡建，需要在一定程度上起到联结城乡的作用。乡村建设中，以村民为主体，并不是说农村的发展只能靠村民"自力更生"。乡村与城市之间的交流是需要互动的，该保留的保留，该建设梳理的要建设梳理。乡村的未来不是城市化，也不是城里人偶尔消遣的旅游目的地。乡村的未来是通过乡村建设将乡村的文化、资源、产业进行重新整合，从而激发乡村由内而外的原生力量，最终活化乡村，恢复乡村的"造血"功能，实现具有自身特色的永续发展。当前的农村比以往更需要与城市的联结。浅层次来说，乡村旅游、乡村民宿、农家乐等各种

图3-32 中关村建设图片展

第三章 / 为了乡村经济与秩序而努力

图3-33　中关村烤烟房夏令营

产业需要来自城市的客流；另一方面，城市也等着乡村输出健康高品质的农产品。深层次来说，"逆城市化"导致高端人群越来越愿意聚集乡村，如何实现城乡的物质与精神的双重对接，将是一个难题。总之，未来，我们是非常需要城市跟乡村有更多的沟通与联结的。无论乡建以什么样的速度去推进，但能看到城市跟乡村在接触，只要保持接触，我们对乡村的提升和态度也在改变。从实践、学术、建筑、运营上尝试，我们的努力可以让乡村未来变得更加美好。

一、城乡要保持沟通接触

　　我们一直在搭建城市与乡村进行交流的平台。城乡不是断裂的关

乡建恨晚

系,是一种延续的状态。乡村实际上是城市某种经济活动上的延伸。在我们的操作观点里,城乡不是断裂的关系,无论从文化空间还是人的经济关系来说,它都是一种连续的状态,无论时间上还是空间上。大部分我们现居住的城市本来就是村庄,在短时间内由村庄演变为城市。那也有一部分原来的城市因为人口流动的作用,它又似乎回归到某种村庄的状态。所以存在这两种状态不是绝对的,它们一直在动态的变化之中。

　　创造更多的机会,让村民有机会与外界交流,让村民的思想观念有所提升,都很有意义。中关村烤烟大棚建成之后,这里成为桐梓县举办乡村类培训最好的地方。比如2016年7月28日,我们在此举办了"乡村大讲堂第一期"活动,请了很多农业方面的专家来讲学。

图3-34　中关村美丽乡村讲堂(一)

第三章 / 为了乡村经济与秩序而努力

图3-35　中关村美丽乡村讲堂（二）

图3-36　老人带着孙女在讲堂

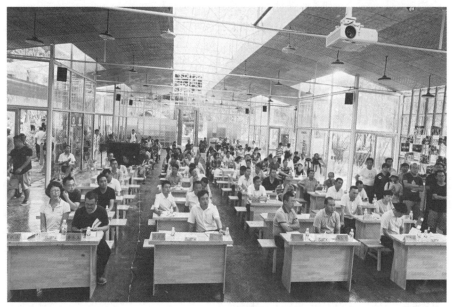

图3-37 美丽乡村讲堂（一）

图3-38 美丽乡村讲堂（二）

第三章 / 为了乡村经济与秩序而努力

图3-39　参会人员众多

2016年11月10~12日，中国乡村复兴论坛在此举办，来自全国14个省市的370名关注甚至身体力行的乡建工作者，云集在这座焕然一新的烤烟大棚里。两天的论坛充实而紧凑，除了分享嘉宾的交流碰撞之外，桐梓县的县乡干部和村民也收获了满满的思想盛宴。中国乡村复兴论坛由清华大学建筑学院、北京绿十字、北京城建设计发展集团股份有限公司、中国扶贫基金会、中国古村落保护与发展专业委员会联合发起和举办。邀请各界伙伴和从事村镇经济、村落遗产、村庄治理、乡村文创、乡村建设、精准扶贫的学者、设计师、政府领导、基层工作人员一同对中国乡村复兴课题进行献言献策。论坛名称中包含了三个关键词：复兴、中国、乡村。"复兴"明确了行动的必要，"中国"表明文化的认同，"乡村"代表着人与人关系的聚落空间。中国乡村复兴暗示了文化空间互动回归生活的需要。

179

乡建恨晚

在城乡交流中,还可以拓展一个重要环节,就是学者与乡村进行交流互通的环节。乡村建设需要艺术家与学者的共同参与,这样可以让理论的探索与实践进行紧密结合。艺术学者进行艺术研究的时候,走上了纯理论的道路。随着科学的发展、学术分科的增加,每个学科经过研究提出了若干理论,再从概念出发演绎出更多理论。在理论的提升与总结过程中,理论和实践之间的关系存在渐行渐远的状况。这时学者的学术理论和方法论需要新的冲击,跳出固有枷锁,重新反思这个学科的发展变化。艺术家在进行乡村设计的时候,往往很投入,甚至到了忘却自我的地步,最后可能发展到完全不顾这个做法的社会评价如何了。在这个状态下,艺术家经常需要借助研究学者的支持。这样一种结合能够为未来的乡村艺术建设实践展开一条宽广的道路。

图3-40 凌继尧教授、王廷信教授在阳芳调研

为了让学者对我们的乡村建设进行一个合理的评价，2017年12月29日，我们请来了在贵州大学进行学术活动的东南大学两位著名教授，分别是美学、艺术学理论及设计理论界的著名学者、博士生导师凌继尧教授，以及建筑文化学、艺术传播学的著名学者、博士生导师王廷信教授、院长。

我们对教授们作了介绍："我们的乡建有五大核心内容：第一是人的乡建，即改变村民的精神面貌。乡村建设最重要的是人的建设，我们只是乡村建设的协作者，村民才是乡村建设的主体。项目过程要避免村民对你过度依赖；也只有这样，村民才会在项目结束之后加倍珍惜乡建成果。第二是促成乡村的传统产业进行现代转型，让小型个体农业凝聚进新型农村合作社。第三是利用建筑的力量，改变生活。新建建筑应该具有时代与地域性特征，同时具备居住的舒适性，注重细节美化，让建筑引领新生活风尚。第四，注重延续文脉。不仅修复老建筑，恢复它的居住及相关功能，而且挖掘村庄里断掉的或藏起来的文化成果，让它重新焕发光彩。第五，讲究建筑的经济节约，尊重自然，根据地域特点，选择可用的材料，充分利用旧物、废物，进行艺术的再生。

学者们表示非常感动有这样一群人在乡间，做出的事情对社会发展非常有意义。他们还表达了他们来到阳芳村的激动心情，说阳芳是个美丽的村子，站在村子里，看着远山、近林，听着流水、鸟叫，非常惬意，行走山林，是世间幸事。这里可以找回生活的本真味道，能享受到乐天而朴素、平和的美好。希望以后常来。"

我们还介绍了村子的设计方案是"笑脸设计"：通过我们的"笑脸设计"，期望村子充满"笑脸"，村里出现"笑脸"，后续的乡建村民有持续的"笑脸"。随着阳芳村的民生问题得到逐步的解决，村里必定会

乡建恨晚

图3-41　教授给斗牛获奖的水牛拍照

呈现越来越喜气洋洋的景象，村民时时刻刻都是一幅"笑脸"迎人，来访者看到和谐、安宁、美好的景象，也必定"笑面如桃花"。这个"笑脸"中，包含获得感，意味着幸福感，折射着自豪感。"笑脸"是人的内在情感的外在体现，它是一个心理现象，如何将这种心象以符号的方式呈现出来，化做环境氛围，是我们设计主要解决的问题。

两位学者围绕着"笑脸设计"的心象特征，提出了如何有利于营造"笑脸"的感觉环境，这些感觉包括视、听、嗅、味、肤（包括温度觉和触觉）五种感觉。在环境设计中，如何充分注意这五种感觉的组织和表达，学者们也提出了一些建设性意见。

一个地方需要有文化灵魂，有信仰的号召力，这样的地方让人来了有留恋，之后还想来，来了之后能找到自己的信仰，能开悟，能觉慧解惑，能获得心灵的洗礼，能为他们今后的生活打开新视野新局

第三章 / 为了乡村经济与秩序而努力

图3-42　凌继尧、王廷信在阳芳村

面……这样才是大家的奋斗目标。这次请艺术学者来阳芳村，是期望在阳芳村构建一个精神文化的空间，让有趣味、有梦想、有民族文化坚守精神的群体，聚集在这里，大家一起来塑造好阳芳村的精神文化形象。

　　以上是将城里人拉进乡村的一些活动，我们还做了很多将"乡村"拉近城市的活动。在厦门思明区民族路50号世纪中心18层的SMART·withus城市客厅，我们还策划了很多城乡交流活动。比如一场"田妈妈心乡谷交流会"就进行得很顺利。当时，雁峥问嘉宾：如果让你想象一个滑滑梯，它会是怎样的呢？他连续问了嘉宾很多问题，嘉宾大多数都不是真正理解孩子。所以雁峥说："事实上孩子的世界很简单，一段有坡的草地，一段楼梯的行李坡段，一堆泥沙混合的小丘，一堆随意搭起的草垛……这些都是他们的滑滑梯，哪怕小裤子磨破……"

183

乡建恨晚

这是一场亲子交流会……同时也是让大人们更加理解小孩子们心灵世界的游戏……这是一场有价值的、各抒己见的活动,但其中却把大人和小孩的心灵同时打开。也许,每个童心未泯的人都善于装成大人模样……他们流转于行色匆匆间……闲暇时,如果能和小孩子们一起亲近大自然……一家人在一起,玩点儿不一样的……大人立即恢复儿童的模样,大人与儿童不再有隔阂。这便是田妈妈和来参加SMART·withus活动嘉宾们的共同愿景。亲子在乡村营造通常归纳于社区营造板块,而目前田妈妈与众嘉宾亲子实践项目,可以弥补社区教育不足、活动设施不全的短板。如何将亲子活动良性地融入于美丽乡村建设中,促进农村与城市的孩子相互的交流与学习,这正是我们乡村营造团队一直在探索的问题。

2016年5月份,"SMART度假产业平台"在厦门召开了海峡乡创峰会。峰会之后,几个机构筹划起在厦门建立乡创联合办公空间,我们是联合发起单位之一。在海边看向鼓浪屿的700多平方米的甲级5A写字楼里,一个开放时尚富有设计感的"城市会客厅"悄然开业了。作为乡村行业在城市的一个交流场所,我们为热爱乡村的各行各业提供了办公场所和交流空间,以通透、共享的性格吸引各地乡创大咖来到这里,在这里陆续举办了很多场分享交流活动。

图3-43 城市里的乡创空间

图3-44 在厦门筹办起来的乡村主题的"城市会客厅"

## 第三章 / 为了乡村经济与秩序而努力

那时候,九七华夏团队的工作常态还是驻村、跟村民开群众会、走访山野间,多数时候还是在贵州云南等西部偏远地区,但却意识到很有必要在城市里,在很现代的地方,建立乡建人的交流场地。乡建院在北京的基地位于三里屯这样的时尚场所;这个场地在南方与之遥相呼应。与"下得厨房,上得厅堂"类似的,有志于为中国乡村带来一些变化的团队,既要可以挽起裤腿下地插秧,也要可以在城市端为乡村代言,建立城乡联结。

我们那时候正在厦门实施一个计划:将乡村营造团队分为两部分,一半人员在这个面朝大海的"城市会客厅"办公,随时对接城市资讯和城市端的资源;另外一半人员驻村办公,平时砌砖种地,寻找乡村灵感和记录乡村。这两批人员隔一段时间就互换一下。好的乡建团队,既要落地,"懂农业,爱农民,爱农村",又不能陷在农村,要能够引领农村的发展。

这个计划里的乡村板块,我们在厦门院前社也物色好地方了。后来,场地提供方将世纪中心的联合办公空间提前收回了,这一系列构思没有进行下去。

图3-45 洪金聪在广州的一次投资人会议上路演乡村

图3-46 罗德胤对话洪金聪

乡建恨晚

　　为了将乡村的触角伸进城市，我们做了很多很多具体的事项。我们认为，每一次进大都市，都是埋进土地里的一粒粒乡建种子，经过用心灌溉、细心呵护的劳作之后，硕果累累实现的时节。

　　这天的晚上，笔者来到了乾道集团的北京总部。在乾道集团的一个讲演厅里，一群留学回国的建筑设计师正在结合乾道集团的设计交流各自的设计实践工作及心得体会。其中有一位叫方晓灵的留法博士，她一直对中国的乡村建设工作非常感兴趣，一直在做这方面的研究。

　　一直在法国的方晓灵，近年来开始把她观察到的中国乡建领域的种种情况，在独特的视角思考下，经过体系化的梳理，写成法文文章，发表在法国的一些报刊杂志上，让法国社会了解中国的乡村建设动态。接下来，她还想获得更真实的乡村建设信息，她说她要去中国正在建设的乡村去，要跟踪乡村的工程项目，这样才能更有利于她的研究。

　　笔者与方博士进行了一个交流。方晓灵博士说，现在许多西方人把希望寄托于中国，他们希望了解中国，了解中国的乡村建设，西方正在重拾中国的文化，他们也在学习中国。

　　方晓灵说了法国乡村的一些情况，她说法国还是比较关注农业与农民，尤其是对农民尊重与平等，这是我们要认真反省的。还有就是法国乡村的土地上都长满了粮食，所有的农地都变得肥沃，他们城乡之间没有差别，乡村基础设施很好，是度假胜地，城乡之间都拥有一样的尊严。她说可能法国乡村的现在就是中国乡村的未来。她还说法国的乡村虽然各方面条件很好，但还是人少，显得很冷清。中国的乡村建设，要做好这方面的准备，就是无论乡村多么振兴和发达，乡村可能还是比城市的人口要少，冷清将是不可避免的。

## 第三章 / 为了乡村经济与秩序而努力

笔者谈了为什么做乡村工作，为什么研究乡村文化的初衷。笔者说乡村是其心中的圣地，待在乡村，感觉很踏实，很宁静，找到了自己的信仰。虽然有些乡村失去了"安居乐业与荣归故里"的温馨，但即使这样，依然认为西方的乡村不会取代中国的乡村。因为，中国人的文明源于乡村，信仰生长在乡村，文化滋生于乡村，中国的强盛从来离不开乡村。笔者钟情中国的乡村，迷恋曾经的古老、烟火、温度与神秘。乡村，是其一直不变的信念。这种信念源于农耕文明是文明之根脉，它包含着很多自然和谐的理念。中国的传统文化在古城消失、在古镇衰微，现在就剩乡村，还留存有很多纯正的传统文化，所以要拯救乡村文化，要做点力所能及的事情。

方晓灵博士听后，非常敬重笔者的这一信念，她说这个社会，有这样想法的人很少了。笔者表示想去欧洲的乡村看看，期望能带回来一些启示。方晓灵博士建议去法国，因为法国有很多乡村建设研究的项目，她建议多研究一下法国乡村的情况，结合中国的乡建，找到一个好的课题。

6月28日下午两点，在海淀区复兴路上的一家餐厅里，笔者一行见到了乡建院的陈金陵老师、屈遐老师。由于我们一直在乡村建设的第一线从事工作，积累的丰富经验和理论思考有目共睹。因此，两位老师对我们所做的工作非常感兴趣，期望做好工作记录：从几个建设点如何完成系统乡建、如何从切实落地的角度来好好记录我们的工作经验，以便后来形成文字出版。

6月29日晚上，笔者一行根据预约，来到了丰台区某地。这次他们要会见的是中组部的刘源书记，这次会见也是他们北京之行的一个重要内容。刘源书记曾在贵州黔东南的台江县台盘乡挂职扶贫，取得了丰硕的成果。其中的阳芳村，变化特别显著。九七华夏作为阳芳村的

乡建恨晚

建设者，正在准备把这个村的变化写成一本书，刘源书记作为给这个村带来重要变化与影响的人物，是书中绕不开的环节。

对于在台江县台盘乡扶贫的那两年生涯，刘源书记娓娓道来。他从初到贵州台江县云雾缭绕的大山中谈起，谈他如何适应那里的气候、那里的饮食、那里的风土人情。他说在最开始的时候，寂寞是个最大的问题，找不到人交流。然后他说到了如何发展阳芳红米、五彩米产业的艰难，以及如何发展阳芳村农家乐、水汩情深民宿，如何建立合作社，如何援建了"村民活动中心"的事迹。

四天的北京之行，对于我们来说意义深远。我们在繁华的首都却看到了乡村的田野，看到了全社会都在对乡村振兴投入热情、智慧和力量，由此更加坚定了我们投身乡村建设的信念。

图3-47　洪金聪、黄桂娥与刘源书记的留影

## 二、搭建城乡资源对接的平台

宜居、宜业、宜游，在城市以外的那些神奇的土地上，一个个别样的美丽乡村花开朵朵，诉说着变迁，描绘着希望。九七华夏乡村营造团队在"乡村振兴"的口号召唤下，做的工作越来越全面、多元。除了建造宜居环境、着手建筑的改造提升，同时也致力于让村民生活富裕。比如从农产品生产销售入手，帮助村民在网络平台上销售农产品，让城市居民在平台上获取优质、无公害的农产品货源信息；在此基础上，让他们双方实现有效对接。

188

第三章 / 为了乡村经济与秩序而努力

在大市场和大数据的时代背景下，乡建团队已经在从事一些协助村集体构建"互联网+农产品+商业"的运作模式，充分利用乡建团队成员精通网络的现实，进行农村与社会资源的充分整合，打造优质的农产品结构，完善城市居民农产品需求信息库，搭建从田野到餐桌的方便快捷的配送服务平台。我们必须立足于服务三农，为农户提供销售资源，帮助提高农户生产水平，引导农户针对市场开展生产，解决农户卖农产品难的问题，从网络技术和市场对接等方面为农户致富脱贫提供帮助。总之，我们的一个重要任务是：让城市居民享受到更多的品种丰富、质优价廉的绿色无公害农产品，让农户的土特优产品通过网络平台向外推广宣传，挖掘当地自然资源优势，打造乡村旅游线路安排，带动农村绿色经济发展，形成一个良性的综合发展系统。

农产品，顾名思义，是农村生产出来的土地产物。农产品非常丰富，体量非常庞大，有新鲜蔬菜、瓜果、禽类等，以当地土特产为主，以一般性产品为辅。农产品销售难的问题基本上是年年有，各种滞销的新闻层出不穷……"丰产不丰收""菜贱伤农"，一次滞销也许村民一年的辛苦全部白费。农副产品难以走出"谷贱伤农"魔咒，固然有供需失衡问题，同时也存在供需缺乏有效对接的结构性问题，这就是想卖的卖不出去，想买的又买不到。农产品进城的痛点在于，农民缺乏销售上架和运营能力，农村产品无法外售。然而我们乡建团队的力量正要改变这个现状，用电子商务的力量，把相隔千里的买家和卖家联在一起。

农产品上行，也叫农产品进城。怎么进城？进城需要什么条件？什么产品可以进城？城里人喜欢什么样的产品？这些都是我们比村民更加有能力去理清楚的问题。乡建团队中的一批"90后"，精通信息时代的种种奥秘，往往具备解决一些农产品售卖的难题。他们能够利用网络时代的各种渠道,将农民的农副产品与城市消费者的需求进行高效对接,将农副产品从田间地头直接送到城里人手中。如此,农民不但可以将农副产品卖掉,有时甚至还比卖给传统经销商获得更高收益。现代人懂生活,追求舒适愉悦,网络平台恰好是符合现代人消费特点的最好方式。

协助村民及时获得城市需求信息,通过电子商务平台,让农民直接和消费者进行交流,迅速了解市场信息并自主地进行交易,减少农产品流通环节,降低农产品流通成本,帮助农民把农产品及时卖出去,并卖个好价钱,让农民真正从电子商务中得到真正的实惠,这方面我们是有实践案例的。

我们曾经打造过的一个美丽乡村,名叫中关村,地处贵州遵义桐梓的大山中。他们和那里的很多村民建立了非常友好的关系,特别是其中的一个妇女,我们都喊她"董姐"。有一天,厦门的洪金聪接到中关村的董姐打来的电话,说是需要团队帮助网上销售她家的农产品,洪金聪立即决定不计酬劳地帮她做好这件事。

具体对接这件事务的是一个叫作肖齐文的90后产品设计师。他经常耐心接听董姐打来的电话,有时是在很晚很晚的夜里,董姐的电话也会不时打来。在农村长大的孩子,也许更能理解乡里乡亲。

肖齐文没有见过董姐,只是从很多去过中关村的同事那里经常听说"董姐"的故事。他了解到,董姐是一位美食巧

图3-48 中关村董姐

手，会自制很多美食好物。印象最深刻的是同事给他看了一张晶莹剔透的皮蛋照片，让人好想咬一口。后来，董姐又把那种特殊的皮蛋寄到了团队总部厦门。

当我们乡村营造的总部打算给董姐做网络推广时，他就自告奋勇，想要试着帮董姐做一个微店线上平台。我因为这件事，去采访了肖齐文。肖齐文是个斯文又腼腆的小伙子，刚从大学毕业。他细瘦细瘦的个子，戴着一副方框眼镜，眼睛很小，总是笑眯眯的。肖齐文说了这件事情的经过：

加上了董姐微信，开始了解和走进董姐，知道董姐不仅会做皮蛋，还会熏腊肉腊肠、采野菊花茶、种五谷米、配秘制酱料、开民宿等。这位素未谋面的远方董姐，开始走进了我的实习生活。董姐说："村民们想把自己家里做的东西卖到外边去，但是我们什么都不会。弟，你能帮帮我们吗？"因为需要了解到更多的信息，才能做出更纯正的董姐味道。所以会经常和董姐聊天，感受到董姐不只是一位普通的农民，更有一份情怀，想要让村里的好物也走出去。突然发现思索了很久的主题，应该是"家的味道"。

一天下班，和同事简单聊了一下想法，没想到这位小姑娘也入伙了，更意外的是第二天上班前，她给我看了一整页的思维导图，非常用心。让我更加坚定地告诉自己这件事一定要做得漂亮。

刚好遇到公司项目比较赶的时间段，加班回家后大概能做一个小时，赶项目周末只有周日是有时间的，会找个咖啡厅一个人待一天，好像着了迷。一开始，担心设计配不上董姐的好东西就用心设计，后来怕文案不够走心，坐公交都在想。董姐寄来了各种美食样品，我和同事们像小孩一样，激动不已尝了个遍。

微店产品图片都是任强的作品,拍得非常有感觉。公众号的文案推文还得到了"小离奇"的助攻,是特别有才华的一位朋友。"董姐物道"是"晓奇闻、小强爷、小离奇"三个人一起完成的,我们都很小,能做的也很少。记得"董姐物道"公众号推文《她,才不在乎你混得好不好》推出的第一个晚上,我们从零关注开始,收获了1500+的阅读量,微店浏览量达到了2000。当时我们是满足和欣慰的。那天晚上很多朋友在问董姐是谁?我们告诉他们:董姐是远方一位陌生但熟悉的乡亲。

肖齐文所提到的"小强爷",是团队给她取的外号,她的本名叫"任强",因为名字带一点男性化,再加上工作能力强,所以得名"强爷"。但实际上,她是一个可爱的小矮子,略带一点婴儿肥,漂亮的童颜,非常惹

图3-49 董姐物道

人喜爱。在认功劳方面,任强是个非常低调的人。去问她关于如何帮助董姐开微店的事情,只有简短的几句话,淡淡带过。她说:"只是帮助拍了几张照片,对网店的图片编排及色调的表现等,提了一些建议。"

董姐想在网上卖腊肉,小伙子、小姑娘们建议董姐购买一个真空包装机,腊肉经过真空包装,就可以走物流快递了。董姐接受了这个建议,她的腊肉通过快递卖向了全国各地。

中关村是一个有地标性特产的地方,我们帮助这里的村民更好地

给城市居民提供服务，是力所能及的事情。大城市中的消费者加班时间多、交通拥堵、消费时间少，如果有他们熟悉、信任的乡村为他们提供物美价廉、足不出门、方便快捷的农产品购物服务，让他们得到绿色、健康食品，品尝到生态的原味，解决他们担心的食品安全问题，这一定是他们所热烈欢迎的。

我们帮助农民建立网上售卖系统，这种服务不是简单的卖货，而是把城乡的情感都联结起来了。我们最终为大山老农与城市居民架起一座健康的桥梁。这才是乡建事业发展让人激动的地方。

在有关董姐的这个故事中，我们利用年轻人的设计理念和资源整合，所以为农产品创造了更大的商业价值。因为，随着网上农产品信息的不断增加，同质化竞争现象越来越普遍。为了避免日益严重的同质化竞争，我们想着的是必须帮助董姐转型升级、提质发展。

我们引导和推动了农产品向"微笑曲线"两端发展，鼓励董姐从普通单纯的零售商转为品牌商，由单纯的"卖产品"转向"卖产品+服务"，通过品牌、服务增加附加值，提高董姐农产品的盈利能力。我们为董姐进行了设计研发，通过一定水准的设计表现，来引领她的农产品的潮流和方向，实现产品价值的最大化。

乡村资源的城市销售问题，关键是需要搭建一个通路。我们乡建团队在所建设的村子都设立有1~2名"村长助理"，而这个其实就是一个小型的联络站点。通过这个联络站点，可以开展指导等服务。未来我们还可以根据情况对接农民多元化需求。我们可以通过搭建农村旅游体验平台，在为消费者提供乡村游以及特色产品体验的同时，带动农特产的销售。

我们还将帮助乡村加速线上线下融合，多渠道拓展。随着农村基础设施的不断完善，鲜活农产品的线下体验可以发展。因此，乡村电商将加快线上线下融合的步伐。同时，随着农村体验式旅游、农村特色游、红色旅游、民俗文化游、农家乐等与当地特色农产品进行叠加，农村电商也将从单一的农产品销售向多品类、多服务、多渠道拓展，有利于农村电商多元化、差异化、可持续发展。乡建团队在这一发展的过程中，将积极根据未来发展趋势调整对策。

图3-50 董姐腌制的皮蛋

今后，我们可以为乡亲提供的服务还广泛着呢。不仅局限在农产品领域，还有"三农"产业领域的诸多方面都可介入。如农业生产设备推荐、农业生产技术信息收集、农产品需求供给信息发布、农业投资需求供给信息发布、乡村山水风光休闲旅游信息推广发布、传统手工工艺品的营销推广、乡村艺术文化的营销推广、美丽乡村建设设计理念的推广、面向村民服务（如养老）供给信息发布等。

后来见到董姐，谈起九七华夏帮助她建微店的事情，她对此真是感激不尽，说因为开微店，卖了很多农产品，收益一下子好了很多。农民没有收益，美丽乡村就是做梦。

目前我们所帮助的人，只是个别，远远不够。所做的事情，只是农业领域里非常小的一部分，非常局限。团队将继续以规划设计为切入口，进而促进产业扶贫，以特色产品网上售卖为重点，引导带动贫困户发展生产、就业创业，实现贫困户增收，并促进农村一、二、三产业融合发展，实现稳定脱贫。

除了把乡村的农特产品卖出去，我们还要进一步把乡村的旅游文化资源卖出去。中关村的墨仓空间里，艾玛做了很多这类的事情。比如把城里的人招聘来做志愿者。这些志愿者帮助免费做社区营造的工作，然后可以享受免费的乡村生活待遇。艾玛和吴江，分工明确。有一些是需要对外的事务，比如很重要的资源，艾玛会主要去做，但是沉淀下来的文字跟照片拍摄、整理输出，吴江他会做。他们在村里等于是挖掘和塑造的过程，其实可以看到是开花结果的，大家都能看到这一成果的积累。在他们的对接下，还有摄影的团队过来，有夏令营队伍过来、有游学团队过来、有亲子游队伍过来、有俱乐部过来，因为这边基本上可以吃住、运动、看书。把文化这一块挖掘，宣传形象。让一群喜欢来乡村、认同乡土的人实现梦想。

村庄的人气提升还是需要时间的，宣传部分还是要持续发力。但一个村庄有没有对接人是很重要的。比如艾玛说一个俱乐部的校长过来中关村，见到他们，感到非常兴奋。这个校长说他之前去了很多的村庄，他们花了很大的精力，但是他们找不到村里对接的人，因为他找不到村里的关系。现在的乡村，如果没有对接人，城里人来几次村里，不可能马上找到村里的连接方式，村里人不会马上信任一个城里人，他们会说："你们一大堆外地人来要干嘛？"城市人和乡村人是有距离的，城里人说想去村里体验，但是村里人很多是不明白的。如果城里人来乡村落差太大，他们就不来了。如果城里人看到村里有个平台中介会和村民互动、跟孩子互动，民宿统一管理，已经有成熟的活动和运营经验，他们就觉得可以合作了。所以这个俱乐部的校长看见艾玛，他们很快决定来中关村。

除了对接城里乡村旅游资源，驻村人员也会招募一些志愿者，或者是尝试发布一些热爱乡土的活动信息。招来的人，他们在工作或学

乡建恨晚

业之余，来这边不管是整理花圃还是煮饭做菜，还有参与儿童和妇女的手工，都可以。社区营造这一块的工作就是让喜欢的人来参与他们的实践过程。因为招募过来的人会有一些经验，会给他们提一些建议。县里的领导是支持的，村两委一般都在忙着扶贫，忙着扶贫的时候，不可能有时间和社工们一样与村民唠嗑、聊聊家常、关心孩子、入户调研。这时社工有点像代理村长的感觉，村民一般有什么事都会在找社工。比如民宿经营旺季到了，就会有问题来找。

农村对城市人来说还是有吸引力，如果更多的城市人喜欢农村的话，通过渠道多吸纳一些这样的志愿者，慢慢城乡就不会那么分裂。我们采访过中关村的一个志愿者，她说：

"我清楚我是一个志愿者，我是来做服务支持，所以我对其他的没有太多的预期，但是如果我是作为游客的角度来说，可能会不太一样。因为作为城市的一个调剂，就是来乡村度个假，获得不一样的人生体验。对于城里人来说，是一个生活的调剂，可以过来这里放松一下，青山绿水在城市里是很难得的，还有一种不同的生活方式，来这边都会很静，不会熬夜。来这边就是静，不会像城市那么浮躁。比如画家，就想在这儿静心画画，作家就想在这儿找灵感，一些走马观花的游客过来可能就待一天。但走马观花的人可能很少，毕竟这边的交通不大方便。有目的的人才会过来。比较适合从那种高压的城市过来。现在很多的人的精神不知道怎么放松。村庄作进修营也很不错。

我感觉村民现在应该真的不知道怎么做，意识的转变是需要时间的，而做这些也是有成本的，比如说我住的那一家，我夸他们的灯开着真漂亮，他会说很费电，然后客人来住水电都是他们付，这也是不低的成本，这个很现实。如果能住一段时间当然是好的，但是一些硬性的成本并不低。有一些景观灯不知道在设计方面有没有科学性的突破,低耗,同时又能满足景观的需要。我觉得一开始看宣传,他们这种亲子的,小朋友的设计,一些沙坑,做一些小朋友的团建。对于小朋友、亲子活动来说还是挺有吸引力的,不是在所有村子中都有这样的条件。做一些活动如亲子、夏令营、大健康等都挺适合的。其实这个村的地形是这样的,进了村之后是顺沿下去的,不像北方的村平整的可以交叉的走,而且如果再黑一点,有时候晚上不太好走夜路。在别的农村有些特产可以带,这边只有烟,而且只是半成品。亲子可以更加进一步推一下,比如说在房间里面装修温馨的亲子氛围。其实如果从游客的角度来说,这里的文化不是那么突出,内容不那么丰富。我之所以过来做志愿者,是因为现在有一个时间的空档。对于未来说实话没有确切的定位,乡村志愿者,做哪一块的工作,我没有确切的划分。如果做乡建,现在我没有在其中找到一个合适的位置。"

现在的村子可以考虑引进"新村民",主要是集中引进社区教育、文创旅游等领域的高端人才。他们将为现代农业发展提供智力支撑,同时也为新农村建设需要培育农业的专业技术人才。外引"新村民"用他们的专业知识来帮助村民,提升村民的生活水平,整个产业,农业、生态农业转型,品牌都得到很大的提升,还形成了文创的产业集群,使乡村正悄然发生着改变。他们也可以在农村广阔天地大施所能、大展才华、

图3-51 黄桂娥与中关村的志愿者

乡建恨晚

大显身手。

外引"新村民"一定要真正"落户"才能接地气，既要为新农村建设作出积极的贡献，还要为乡村振兴战略的实施注入强劲的动力，为实现绿水青山就是金山银山的美丽乡村蓝图添上浓墨重彩的一笔。"新村民"必须常驻村子，且是懂技术、会经营、善管理的现代农业人才，通过设立机制，让这些专业人才带动农民共同发展。现在中关村缺容纳这些新村民生产生活的硬件设施。

## 三、让乡愁变为内生活力

沈凯强调，中国要把尊重自然、顺应自然、天人合一的理念发扬光大，乡村要依托现有山水脉络等独特风光，让城市人融入大自然，望得见山、看得见水、记得住乡愁。

沈凯说："乡愁不应该只是一种愁，应该是综合所有的问题。以往城镇化，让村落文化不断淡化、传统村落凋敝消失；新型城镇化，不要让乡愁成为飘渺远去、无法触摸的背影，而要让乡愁成为人们心中的曲、心中的根，深扎进文化情怀、诗意体验的沃土里，萦绕在没有年轮、不会老去的崇树上。要让有强烈故乡感的人保有与传承它，要让没有思念挂怀的人重拾根的寄托，营造有历史脉络、有人文情怀、有内生活力的新乡愁。"

沈凯认为城市人和乡村人做的梦是不同的：城市人的乡村梦是短暂的生活调节，放松、休憩、野趣、体验、怡情、寻梦；而农村人的乡村梦是寻求长期的改变，口粮、住房、医养、收入、尊严、追梦。这两种梦如何结合是我们一直在思考的问题。我们重新认识乡村，要把所有的历史脉络关系结合在一起。

工业人口聚集为主的地方是城市，农业人口聚集为主的地方是乡村，这种定义已经完全不能适应未来的发展了，城乡定义不应造成社会阶层、先进落后、现代原始的二元划分。城乡差别的消失也不只是空间形态的覆盖，而是生存理念、生活方式、生产活动的提升与进化，并实现需求回归、文化回归、精神回归。"美丽乡村"应当是"生产、生活、生态、生意、生命"这"五生"关系的最好体现，是活性的、内生的、共生的关系。而其中对发展的思考行动、与生态的友好共存、对人文的传承提升、对生命的爱护尊重，都是其中的重要内容。

所以从这点来讲，乡村是应该进化的，是一个历史、现在和未来交融的功能空间。在平等定义里，乡村享受不到很多条件、服务，这时候我们通过扶贫把它垫高，结果似乎是正义、平等了，但是本质并没有提高。我们希望利用政策、体制、机制突破很多的限制，所以乡建做的是突破，我们应该是在政策之外来做工作，所有政策被推出来之前，一定是有过社会实践的，才可以形成经验、形成最终可以被复制和实施的东西。

美丽乡村是很多人的家园，是社会的情感维系、情怀归属、审美乐园、文化家园，城里人不应以"贫穷、原始"为"乡愁"之乐；村里人不应以"投机、出逃"行"消愁"之道。沈凯认为，城和村的关系都离不开这五个要素：个体、集体、机构、政府和社会，同时要解决五个空间关系：建筑、街区、城市、空间鸟瞰和互联网，我们基于这种交叉的经纬度关系来重新思考这个问题。

沈凯提出，在乡建过程中有几个层次的利益是我们必须要兼顾考虑的：第一是政府绩效和民生改善；第二是农村发展和农户利益；第三是商业模式与企业利益；第四是智库服务与增量分享。这四个关系是我们未来必须重视的问题。由此可以总结出这样一个公式：利益共同体=改革共同体+创新共同体+经营共同体。在乡建的基本要因中，未

乡建恨晚

来智库的作用是很重要的,通过社会智库、社会资信策划机构,找到项目的资源体系和需求对接,把上下游的关系打通。在这个基础上把投资者利益稳固,之后再去反哺乡村社会企业,可以形成一种可运营性和利益共享的条件。

## 第四节　为了村庄治理有效而努力

如果村庄治理有效了,那它也离生活富裕不远了。厦门的院前社,就是一帮年轻人自发投入到乡村建设中,带领村民发家致富的典型村庄。所以乡村振兴,真正的关键是把村民组织起来,是带头人将村民组织起来。其实中国农村走到今天,最大的出路是把农民组织起来。但是谁把农民组织起来?怎么组织起来?这是我们一直在探索的问题。在当前乡村治理中,如何充分调动和发挥中坚农民的力量以及如何保持和培育"自组织",是一个很大的政策问题。当前大量的国家支农资源要么是通过一卡通直接到户,要么通过项目资金来为农民建造基础设施,恰恰缺少让农民参与其中的具有集体行动性质的资源投入,结果就是无论国家投入多少资源到农村,都没有很好地提高农民的组织能力,即农民自己组织起来自己解决问题的能力。

我们一直重视发动公众参与乡村建设。村民才是美丽乡村建设的主体,我们只是来帮忙的,迟早是要离开的。我们一直在村里做的一个工作,就是培育村民自组织,充分调动其参与建设的积极性,发挥其主动意识。当我们建设团队撤出时,当地的发展必须依靠村民自组织进行有序运转。从目前的经验看,效果是非常好的。因此,在乡村建设过程中,有意识地挖掘与培养村民自组织能力,是非常重要的环节。

## 第三章 / 为了乡村经济与秩序而努力

一、乡贤带领

在福建的龙井坑，我们是通过举办乡贤聚会，来培育村庄自组织的。龙井坑自然村位于福安市潭头镇西北部，武陵溪水利风景区内，为汾洋村下辖自然村，距镇政府驻地约9公里，距福安市区约25公里。龙井坑村是福建省福安市"武陵溪美丽乡村景观带"上一颗璀璨的明珠，建村已有783年的历史，村民以汤、詹、王、钟、黄五姓为主。龙井坑的村名源于村头的一窟龙潭，龙潭居住着白龙，白龙世世代代保佑村民平安发达。

龙井坑村是"老区革命基点村"。当年，叶飞、曾志等革命家，就在这里带领乡亲闹革命，营盘扎在麒麟山上。解放后，龙井坑村被评为"老区革命基点村"。龙井坑村东部有一座五谷山，山顶有五谷仙翁仙洞，云雾缭绕。北部有大鹰岩景点，南部有双乳峰，有几百年的古榕树、罗汉松、枫树等。龙井坑历史悠久，有红色文化遗存，有民俗文化遗迹，有古村落文化等实物。

2015年龙井坑被列入第一批福建省级传统村落名录，入选"中国人居环境范例奖"预备名单；2016年11月9日，龙井坑村被住建部等多部门列入第四批中国传统村落名录。我们经过多次实地调研，把龙井坑村定位为：中国高端禅意养心基地。中国传统文化里有"高山流水遇知音"的故事，也有"智者乐水，仁者乐山"的典故，而龙井坑天然具备优良的山水要素，让都市人群愿意前来。在这样的定位下，龙井坑交通区位"劣势"，反而成为都市人群"逃离"现代都市生活的天然屏障；而其山水资源的稀缺性，会因此得到放大。

启动龙井坑的工作之后，团队多次进村调查村中常住人口数量、保存的古建筑、房屋测绘、非物质文化遗产等。2017年1月15日晚上，

乡建恨晚

张明珍老师带领团队在村中小卖部与村民进行交流。建议龙井坑恢复传统节日与民俗活动，如建房上梁、元宵游神、过年唱戏等，让孩子有回村庄的机会和理由。村庄有人，孩子愿意回来，才有希望，才能发展。龙井坑众厅改造后的几个功能，一是给村民提供休闲场所，同时也是村庄举办活动，如宴席、唱戏的场所。以青石寨文书展为例，众厅可以作为龙井坑文书的展示空间。而6号院原小学则将改造成一个文联创作基地，一个集办公与住宿功能的场所。作为一个乡村建设服务机构，我们在龙井坑进行的是保护规划、落地实施与运营指导三位一体的系统性乡建。

2017年2月7号（农历正月十一），联合福安市潭头镇政府和东南乡建，我们在龙井坑村新近落成的5号院落召开了群众会，近50名乡贤汇聚一堂，共同探讨龙井坑村的传统村落保护与发展。此次会议的目的，是期望政府与村民以更加主动、全面的行动共同推动龙井坑村的建设，为龙井坑村的发展掀开新的篇章。

会议开始，首先由龙井坑村的乡贤用家乡话开场，重点介绍了龙井坑的历史渊源、现有的人口结构、经济现状等突出问题，号召村民行动起来，积极投身到未来的建设当中。随后，978乡村营造主持建筑师洪金聪首先回顾了团队从2016年10月开始在龙井坑村的乡建实践。龙井坑现有的空间风貌、人文景观、传统民俗文化没有在周边村庄的现代化发展中湮灭，反而很好地传承了下来，这是难能可贵的；龙井坑村入选中国第四批传统村落，我们应当充分利用这次机会传承保护并发展龙井坑，让它成为福安武陵溪沿线美丽乡村链条上的一颗明珠；2017年978乡村营造也将继续投入精力，积极参与建设并整合相关资源共同打造龙井坑，让这个传统村落焕发新的光彩。洪金聪通过近几年一些村庄的发展案例，向村民阐述人的乡建才是村庄建设的核心，号召村民尤其是乡贤以主人翁的心态参与建设龙井坑村。

为了实现乡贤更大的凝聚力，我们还请了一位专注、扎根福建乡村建设事业的张明珍老师，向村民解释了传统村落的保护与规划、落地实施工作的重要性，积极与村民探讨，深度了解村民的需求。在龙井坑被评为中国第四批传统村落的背景下丰富并完善保护规划文本。期间张明珍老师也向村民分享了自己的乡建实践，包括福州永泰的庄寨测绘与保护、乡村民宿、古村落调研与申报、美丽乡村的规划设计等方面的探索与实践。

村民聚精会神的听讲，这一切都是"新鲜"的，却将和他们以后的生活息息相关。随后，潭头镇政府组织了乡建团队与村民代表的圆桌讨论，探讨了龙井坑村未来的保护规划工作。村民的意见着重于村庄的自来水工程、排污设施、电网工程、老年人活动场所的选址等问题，这些村民的需求也都被重点记录了下来。乡贤会议结束后，村民在惜字炉前焚烧废旧纸张，表达了珍视并将传承传统村落文化的决心。部分村民代表在修缮中的5号院落前进行了合影，恋恋不舍的结束了今天的团聚。

除了在村的乡贤，我们还会关注一部分进城的成功人士，他们在城市获得了稳定就业和较高收入，有了体面的城市生活。这些进城的成功人士，他们是从村庄出去的，他们的亲朋邻里仍然留村，他们自己对家乡充满着眷念与乡愁，他们甚至也希望自己去世以后能落叶归根，他们与村庄之间存在着剪不断理还乱的关系。这样一部分从村庄进城的成功人士就是村庄建设的关联人和关心者，可以通过成立村庄乡贤理事会将这些人纳入进来，让这些成功人士为家乡出主意想办法进行力所能及的建设，这种新乡贤的力量一旦被调动起来，就可能是很大的一股提升农村组织化程度的力量。

 乡建恨晚

在中关村，我们也借用了乡贤的力量。2015年8月2日，在中关村建设过程中，我们再次召集了一次群众会，在这个会上，我们在村民的推荐下，选举了中关村建设的监理委员会。那时候的情况是这样的：中关村的农户改造如火如荼，但各家各户请的施工队质量水平参差不齐，我们期望对施工质量有所管理。另外，从小朱湾乡建过程得来的经验，在建设过程必然要涉及邻里关系的协调，这些工作是政府和我们都不适合去做的，我们于是想到了让村民管理村民。具体的操作流程也很简单，我们花了很多时间跟村里的老支书徐元泰交流，说服他来担任这一角色，他最终答应了，担任了监理委员会的主任。给他配备的两位副主任，我们本来还理想化地想着让董姐和徐儒勇加入，认为要有妇女，要有年轻人，但最终还是觉得应该尊重徐元泰的选择，他另外选择了两个老者参与。

图3-52 中关村群众大会

第三章 / 为了乡村经济与秩序而努力

　　监理委员会成立之后，三位老人家非常积极地在村里的六七处工地来回奔走，但凡有施工材料或工序不合理，他们会在第一时间解决了，为我们的驻场工作节省了大量的精力。而且，三位老人家都是村里德高望重的长辈，将乡建的理念和未来的愿景跟他们表达清楚了，他们会在日常的拉家常过程做起群众的工作，也自然而然地处理了乡建过程的各种利益矛盾。调动了他们的积极性，他们为各家各户的一些设计细节都会不厌其烦地向设计师咨询，乃至我们的设计师王贺说道："每天叫醒我的不是闹钟，也不是梦想，而是老支书的电话。"

　　比如在徐儒辉家的施工过程中，老支书就发挥了很好的监督作用。徐儒辉家是大工程，所以请的师傅也比较多，大概十几个师傅同

图3-53　村中老支书带领村民清理村中垃圾

乡建恨晚

时开工。前期放线,做基础都进行得有条不紊,可当一层初具雏形的时候,老支书却发现了施工过程中的一些瑕疵,并找洪金聪与王贺商议。于是接下来的一天,当我们负责记录施工进度的小组刚来到辉哥家的工地时,就看到包工头与贺哥在激烈的交谈着什么。走近才大概知道是老支书抱怨施工细节太粗糙,要求他们返工,而包工师傅却觉得这是在正常的误差范围内,所以并不想返工,于是双方僵持不下,包工头甚至威胁说停工不做了。最后还是在洪哥的协调下,两方才各让一步,此事才得以化解。施工队的不专业和低素质确实是阻碍乡村建设发展的一项因素,将来应该需要专业的乡建技术人员来施工,或许这样才能更有效率地建设我们的美丽乡村。

二、能人带动

乡村能人,指在乡村中在创业、营销与技术等方面能力、德才兼备的群体。乡村能人按照不同的标准有着不同的分类,主要有创业能人、技术能人、村干部能人等。他们对乡村的发展和社会的进步作出了杰出的贡献。能人带动有两种模式,一种是村民中的能人带动,一种是村乡级干部。

村民中能人带动的例子,有厦门院前村的陈俊雄。因为城市建设而面临拆迁的闽南传统村落——厦门海沧区青礁村院前社,通过年轻人的努力,曾经的"空壳村"已蜕变为远近闻名的"闽台生态文化村"。

这样一个村庄是如何实现"美丽蝶变"?下面我们就来了解下院前社这一路的特色发展历程。院前社原有227户人家、756位村民,以种菜为生。2014年以前,绝大多数年轻人为了挣钱,都外出打工、创业,村里留守的老人孤单无依,而留守的青年大都游手好闲,田地荒废、污水横流,成为名副其实的"空壳村",一度被政府列为拆迁村落。得益于"美丽厦门，共同缔造"战略，院前社成立了由一群"回乡"80后、90后青年组成的济生缘合作社，他们抓住机遇，大胆探索，从发起城市菜地，到改造闽南古民居，再到引入DIY手工产业，建设社区书院、幸福老人院。

仅仅三年时间，院前社在这群年轻人的努力下，不仅走出一条"农村复兴之路"，也走出一条乡村旅游发展的特色之路。成为中国乡村旅游创客示范基地、国内首个闽台生态文化村、福建省四星级乡村旅游经营单位、福建省休闲农业示范点、福建省传统村落、厦门新24景之一、厦门市休闲农业示范点、厦门市共青团首个青少年教育实践基地、海沧区青少年校外实践基地、海峡两岸青少年社会实践基地。

在这短短三年的时间里，村庄不仅吸引了约30万名的休闲游客（其中，2016年共迎来了100多所学校、10多万名学生前来开展春、秋游、亲子游活动），更迎来了原中共中央政治局常委、时任国家政协主席：俞正声，原中共中央政治局常委、国家政协主席：李瑞环，原中央政法委书记：罗干，原国家政协副主席：罗豪才等四位党和国家领导人，以及住房和城乡建设部党组书记、部长：王蒙徽，国台办主任：张志军，国家质量监督检验检疫总局副局长：秦宜智，中央统战部部长：尤权等200多位部厅级以上领导干部。同时，承接了省委省政府工作检查、全国社区治理和服务创新实验区工作推进会、中央综治办检查、中央文明办检查、金砖会议期间国内外媒体采访等大型接待活动，其中"第七届海峡论坛同名村"活动进入中共十八大砥砺奋进的五年大型成就展展出（第八展区第六单元），带来了良好的社会效益。

除了迎来了众多领导干部的关注之外，院前社的发展还吸引了许多社会主流媒体的关注，如CCTV、CGTV、中国社会报、新华网、福建日报、台海网、腾讯新闻、厦门日报、厦门晚报、海峡导报、福建

 乡建恨晚

综合频道、厦门卫视、海峡卫视、厦门广播电台、东南广播电台、海沧电视台等都对院前社的故事有过专版专栏的报道。

2016年2月6日除夕前一天晚上，中央电视台四套《记住乡愁》节目的第二季第35集还专门播出了以"自强不息"为主题的青礁村院前社的故事，引起了社会各界民众的强烈反响。至今为止，院前社已五次进入中央电视台。

院前社之所以取得这么显耀的成绩，得力于一个叫陈俊雄的村民的带动。他在自己的家乡院前社面临拆迁的情况下，自下而上申请政策落地，使院前社从一个"空壳村"蜕变成远近闻名的"机制活、产业优、百姓富、生态美、台味浓"的"闽台生态文化村"。他带领院前社约50名年轻人回乡创业，自发成立了院前济生缘合作社，开发"一村一品"项目，引入台湾商家，发展与乡村休闲旅游相配套的产业，

图3-54　陈俊雄和村里的一帮年轻人带动了乡村发展

3年以来，吸引约30多万名休闲游客，提供就业岗位百余个，带动村民共同致富。在发展经济的同时，他创办的合作社不忘发扬文化、回报社会，弘扬传承传统孝道文化。

能人带动模式在阳芳村也发挥了巨大的作用。这个能人主要是扶贫干部。阳芳村民收入方式主要是务农和外出务工，而其中的农业现代化程度较低，外出务工也主要以体力劳动为主。阳芳村整个经济发展方式较为传统，经济增长方式较为粗放，缺乏创新型和特色发展路径，自我发展能力不足。近些年来，空心化越来越严重，年轻人走了，留下的是羸弱的老人和小孩。村民的经济薄弱，抗风险能力弱，他们需要扶持，需要组织。穷人跟着能人走，能人跟着产业项目走，产业项目跟着市场走，这才算是一个良性循环。村庄的产业转型，是重中之重。要进行产业转型，必须改变过去单打独斗的生产方式，结成合作社进行集中生产和销售，这是当下贵州各地扶贫的普遍模式。但是，如何进行产业转型，如何改变生产方式，谁来合作社建设，这就需要能人了。

2015年，来阳芳村的能人是一个80后的小伙子杨斯瀚，他是凯里供电局派驻阳芳村的第一书记，他给这里带来了产业转型的前奏。杨斯瀚带领村民注册合作社、种植红米、五彩米，建起农家乐、民宿。在不长的时间里，他帮助寨子改变了很多。初来阳芳村的杨斯瀚，与老鼠抢过"地盘"。因为他住的村委会是一栋小木楼，由于年久失修，加上很久没有人居住，成了"动物乐园"。

刚进阳芳村时，杨斯瀚就琢磨着要带着村民发展产业。凯里供电局非常支持他这一想法，几经调查和联系，一家企业终于答应采取"企业+技术+农户"的方式，免费为村民提供种子和有机化肥，种植红米。种子和化肥都免费，而且红米价格比普通白米高几倍，这听

乡建恨晚

起来是个不错的路子。但是，让种了一辈子白米和苞谷的村民改种红米，难度不小。"骗我们的，靠不住！"村民三三两两散去，带着明显的不信任。杨斯瀚并不死心，在村头的风雨亭，碰到三三两两聚在一起逗鸟打牌的村民，便主动打招呼。但村民大多对此十分冷漠，少数人有点兴趣，态度也是十分谨慎。"咱们这巴拉河，只留得住深水的鱼，留不住浅水的虾！"有一次，村民杨金华在风雨亭指着不远处流过的巴拉河，甚至教育起了杨斯瀚。周围村民听后都笑得打哈哈。

好不容易找到的致富路子，怎么能轻易就放弃。杨斯瀚多次找到杨金华，心平气和地说："老哥，你别生气，我帮你算一笔账。"杨金华并不领情，直嚷嚷："我的田我想种啥就种啥。"杨斯瀚也不怒，掰着指头给杨金华算起了经济账："老哥，

图3-55　阳芳村杨斯瀚书记和村民一起干农活

你看一亩地能产八九百斤红米谷子，脱壳下来，能有五六百斤净米。一斤红米卖个十六七块钱不成问题，一亩地算下来你能挣八九千块钱呢。""啥？能挣这么多？销售呢，你打包票没问题？"杨金华听了杨斯瀚算的账，立刻精神了，"等我和媳妇商量下再说"。十几天后，他带头欢欢喜喜种上了2.5亩红米。其他村民看杨金华都种了，也纷纷同意种了红米。很快，阳芳村48户村民参与的25亩有机红米种植产业发展起来了。

产业扶贫是精准扶贫的重点之一，只有明确产业、培育产业、提升产业、聚焦产业，才能使贫困户早日脱贫。在驻村工作中，凯里供

## 第三章 / 为了乡村经济与秩序而努力

电局立足自身优势，积极帮助村民理思路、出点子、争资金、找路子，做到了真情帮促、真心服务。在阳芳村，杨斯瀚积极帮助村民做大做强蔬菜、畜禽、瓜果等主导产业的同时，还积极培育劳务、电子商务等后续富民产业。

在阳芳村，村边有一大片河滩。在入户调查、征集村民意见后，杨斯瀚带领该村19名村民，买来材料，自行设计和装饰，仅用了一个半月，一个小小的农家乐就建成并投入运营了。在此过程中，党员带头加班加点干。据悉，这个投资仅8万元的农家乐可以为贫困户提供3~4个就业机会，预计每年能为村里带来集体经济收入10万元。

在阳芳村做乡村民宿，杨斯瀚对此坚定不移。台盘乡阳芳村坐落在巴拉河畔，临近黔东南州最大的城市凯里，同时背靠台江县城，每年酷暑，巴拉河总是一片繁忙景象，在河边避暑烧烤的游人络绎不绝。杨斯瀚说："阳芳村是巴拉河流域最显著的苗族特色村寨，我们依托凯里台江两地的需求，在村里做民宿，是全村村民多次讨论的共同意愿。"

杨斯瀚觉得，农村天地广，正是这片广阔的天地让他成长、成熟。在这里，他挥洒着汗水，实现着自己的梦想，也实现着村民致富的梦想。"我爱这里，我离不开阳芳村，就像鱼儿离不开水。我愿做阳芳村巴拉河里的一条深水鱼"，杨斯瀚说。

杨斯瀚这个能人背后还有个更大的能人，这个能人就是他当时的上级——中组部派驻台盘乡扶贫的刘源书记。我们专程赶到北京，采访过刘源书记，他是如何带动阳芳村发展的。他说来阳芳后不久，也就是2015年3月30号，首先他弄了个"十户一体"，把十户连接成一个打扫卫生的责任主体，在全县推行。这个是把卫生包括人治分解一下。一体是有组织，找着一个挑头的带头人，让他把"十户一体"召集一下，然

乡建恨晚

后以集体的名誉对他的小区域进行评比，这样就从环境卫生入手去改善乡村。组织大家打扫卫生，打扫的时候主要是干部、党员多一点，群众他们也希望干部多干一点，群众跟着干一点。后来他联系资源找了一批捐赠，食用油，两个月或者两个半月作一次评比和表彰，那时候一共评了四次。当时的资源不是很明朗，到一个地方争取各方面资源的时候都要预算，这是做的第一件事情。第一次打扫卫生，我们拉了党旗把乡里干部动员50人，村干部动员20人，乡村里面动员五六十加起来有150人左右，因为把武警也请了20多人，方方面面凑在一起看起来还是很壮观的。

第二个是发展看产业，整个台盘没有看得上眼的产业，6月份的时候，因为村里面只有一家农家乐在开业。刘源书记在想能不能利用水的优势，水是很清澈的，能不能在上面做一些旅游的考虑。他和斯瀚商量先带头，看能不能采用这种集资的办法，把大家的活力撬动一下。7月3日他投了5000块钱，杨斯瀚也拿了5000块，刘源书记让杨斯瀚拿着这些钱去找村民，让村民加入。后来有19户开始报名集资，从打地基开始、征土地，这是最原始的农村自发特色的农家乐，和这条河结合起来。从想法到集资，盖房子就花了三个月，9月下旬开业了。

4月份种上的红米，9月份之后红米就开始收割了。刘源书记考虑红米在贵州、在本地卖是没有市场的，有机的东西只有卖到越远的地方才有可能卖到高价钱。所以他萌生了用电商去销售。所以他才带着斯瀚，在网上做一个淘宝店。有幸的是红米被几万公里的澳大利亚不知名的朋友发现了，通过QQ、淘宝上的旺旺跟他们互动，最后红米漂洋过海卖到了澳大利亚墨尔本。红米当时种的量不少，1万多斤红米，最后卖出20万，有包装、物流、水电、加工成本。设计外包装的时候做了30几个，最后让我从五个里面选一个，从淘宝上卖了磨具，做试验确保农民好加工，自己能加工。后来刘源书记发现做红米有很大的不足，和台江的旅游结合不起来，土地并没有集约化在使用，尤其是带头人分散给农户在做，他一直梦想着把大家组织起来更多一点，把土地流转过来，集中在一起。

在2016年的6月1日，刘源书记在接待浙江大学对台江的拜访中，敏锐地发现他们谈到一句话，他们说在浙江，在实验室培育了五彩米的观光和旅游结合的事情。刘源书记认为五彩米和这边的历史文化、民族文化容易形成联通。就跟他们拿来了两三亩的种子，当时阳芳村的田里已经种了别的，最后承诺如果种不出来，就赔款。最后就在阳芳村种了两三亩，整整晚了一个月，但是在11月初就种出来了，当时的五彩米量很少而且是杂的。"五彩"和台江的五彩姊妹饭完全对应上了，有收获了，这样给了大家信心。这是种植五彩米的第一年，第二年有了前面的试验，又有农家乐的探索，就开始走品牌的道路。

再后来，刘源书记考虑到种植，帮扶干部始终不是行家，要把当地的人培养出来，所以策划资金股份化，找到帮扶的资金注入进来，形成可撬动的资源和资本，乡干部一定要入股，村干部、村民都加入进来。股份化让大家看到了希望，经营责任的主体责任化和领头人的项目化。当时通过村干部的作用，把它明确下来，然后经济主体、经营股份、项目选择、经营组织，四块落地。

关于村里的民宿的项目，刘源书记说是上了我们乡村运营的课以后萌发的想法，怎么通过民宿带领老百姓致富。为了征三亩地，跟11户人家谈，为了那一块地很艰辛，资金是从几个渠道争取来的，建民宿包括征地、装修加起来也要150万元。刘源书记说争取资金都是在贵

乡建恨晚

州以外的地方，台江县里面的财力相当薄弱，尽量从外面得到资金相对而言可能更快一些，县里的钱都不知道什么时候才能拨下来。当时县里面都很困难，当时国开行、农开行有一些政府借贷的扶贫项目，我就帮他们去跑了一下。党群活动中心是借鉴北京四合院的想法，至少把四合院改变一下，让大家看到不一样的、层峦叠嶂的感觉。这是中建西南设计院贵州分公司几个年轻团委书记贡献的智慧，正常的设计费在十万块钱以上，他们没有要一分钱。

刘源书记还告诉我们他是如何发展集体经济的。他发现阳芳村的村集体经济长期为零，请两个垃圾的搬运工都请不起，开始是要靠捐款。搞一些教育性的群众比赛、拔河比赛都是需要钱的，所以他思考要让村集体占股份，他用党建扶贫资金撬动党建加油站计划，修建台盘加油站，村干部要有资源做一些事情，村民才会跟着你干。

刘源书记还讲到，他扶贫回北京之后出了趟国，去了世界最美的乡村，瑞士小镇，把阳芳村的东西作为台江的礼物带到了大使馆，送到了财政部长手中。然后继续卖米。他通过我们的微信群，希望更多地培养村民，能够发挥他们的自主性，他们可以远程把方案发给他，进行沟通。他还把村干部们送到一些地方去培训，让他们去发掘、感受和体味，定期给他们一些建议，发现村里面存在的问题，就跟他们沟通村里面的管理方面的问题。刘源书记远在北京，还在关心村集体的账目，他发现村里在账目的管理方面，还有很大制度的不规范，他说要把制度立起来，这样对项目引进才有利。在村民微信群里面，在讨论阳芳村的发展的时候，他有时候还很激动。

### 三、在地培育

在乡建过程中，我们是村民与政府之间独立的第三方。我们是村民与政府这两个相互联系的主体之外的一个客体，有时我们是和两个主体有联系，有时是独立于两个主体之外。一般情况下，我们的引入，可以防止因利益牵涉带来的对关联主体的不公正现象。因此，我们往往与政府和村民之间没有直接联系。

目前，我们在乡建的日常工作中，第三方独立的位置越来越凸显，都是为了避免在政府和村民之间因为各自视角可能产生的意见分歧而引入的。近年来，随着我们第三方业务的不断发展壮大，其所涉及的范围也在不断扩大，从规划建筑，也开始逐渐向经济领域、组织治理、产业发展等方面延伸。我们乡建力量作为第三方机制，在村子建设方面，具有以下重要作用。

第一，有利于摆脱乡村地区政府或相关管理部门的粗暴工作模式。以房屋土地第三方调解为例，我们能够缓解政府的一些疲态，有利于防止相关事件的发生，起到预防后期问题的作用。第二，有利于在工作中体现客观、科学的工作方法，避免出现相关利益方直接参与带来的主观观点的偏颇和利益纠纷，得到客观、科学的分析结论，保障后期工作顺利进展。第三方和相关利益参与者相比往往具有更高的独立性，因此在工作中能够更好的保持独立、客观的态度，不会将个人主观意愿掺杂其中，在对是非对错和可执行性的判断方面得出的结果往往也更加客观、更加接近真实水平，这有利于最后取得良好的工作成果。第三，有利于委托方和第三方的职能转移，实现科学分工、扬长避短。政府作为委托方将逐渐弱化自身的职能弱点，将更多的精力投入到自身擅长的专业工作中，在最后形成专业化分工，实现强强联合，有序运转。我们已经在长期的发展中形成了自身的优势，承担起了政府的某些作用，政府也因此减轻了在政策咨询等方面的人员、经费开支。另外，由于第三方身份的独立性，能够在委托方的主体之

乡建恨晚

间形成一个沟通缓冲带,帮助主体双方实现尖锐问题或矛盾的斡旋、调解,提高工作效率和工作的科学性、全面性。

我们作为第三方协助者,要学会充分赋权予村民,这是一种对自然与社会的尊重,最终也将会赢来掌声。我们始终是要离开的。最终乡村的风貌、乡村文化复兴均依赖于村民,所以村民自治十分重要,需要引导他们建立对自身传统文化的认同感,恢复乡村社会伦理的秩序,建立面对市场的利益共同体,最终以乡村环境的改善吸引人才回归。乡村营造一定要激发农民的自主性,调动他们的积极性。村庄是农民自己的,他们是要世世代代的延续下去,只有农民主动了,乡村复兴才成为可能。我们、政府以及其他社会力量都是协助者。聪明的做法是让村干部做你想做的事,愚蠢的做法是你做了村干部想做的事,乡建不能添乱。

我们是独立的协助村子建设的第三方,但有时这个第三方的角色会面临压力。李娜在阳芳村遇到一件事情,是形势逼迫她不要做第三方,而是成为主体之一,但是李娜拒绝了,这是需要勇气的,她那段时间快崩溃了。事情是这样的:在巴拉芳华现代观光园工作的村民,因迟到被管理人员克扣工资,阳芳青年协会的年轻人就在群里煽动去闹事。青协群是村里自己创建的一个小团体,大多都是村里在外务工的年轻人。传闻青协群是前任村支书被卸任后不满,凭借自己家族在村中的势力自己拉动的小团体,这个团体经常聚众闹政府。

因克扣工资的事情,本村几个成员用主观想法掩盖真相,在群里扩大影响,导致在外务工村民的误解,此事在群里煽动了大多数的人心,群中200多年轻人起哄,要组织小团队去园区闹事。甚至有人在群里发动大家拿着家里的锄头去园区打砸。李娜与群里的几个威信度较高的青年大哥哥关系比较好,看见事情的发展已经处于难于控制的地步时，她私底下找了几个大哥，开导道："村民维权是应该的，上班受气了，大家都很着急，我很能理解，可是事情都还没有搞清楚，是不是群里人所说的那样都还不清楚，就这样去闹事是不妥的。大家有事先去弄清楚，然后让村两委去与巴拉芳华领导谈，村两委处理不好，大家不满意再让政府领导出面协调。没有与相关部门协商，就一起聚众闹事容易起冲突，如若事情发展到不可收拾的地步，作为群主或者群里说话人都要承担责任的。阳芳青年协会是民间组织，按理来说大家有心组建就应该办理相关的手续，若是没有认可的组织，去维权都是聚众闹事，这是违法的"。几个大哥听了之后，想想李娜说的也有道理，就没有继续鼓动人去闹事了，这件事也就过去了。

事情过去了三天也没有什么动静。直到几个村民在农家乐喝酒，事情不知为何又生发起来。几个喝醉的在村年轻村民去村部闹事，此时的村两委班子及驻村领导们都在开会。李娜看见几个年轻人咄咄逼人地与驻村干部争吵着。言语中都是本地苗语，听不太懂。但从年轻小伙的言行中，她能猜到是关于巴拉芳华园区的事。当时李娜没有过多的停留，也没有过多的思考，就回宿舍休息了。回宿舍后她有种不坦然，总觉得为了防患未然，要和乡镇领导打个招呼，避免不必要的事发生。总觉得是告密，所以她心里非常胆怯。当时已经很晚了，她发了信息给领导们。到第二日乡长早上八点找李娜了解情况，中央组织部驻村书记九点电话找她半小时，晚上驻村州委书记找她，第二天副乡长因怕事而找她。村里对李娜很好的几个姐姐对她说，叫她不要管这些事，村里的人会做过激的行为，比如水沼情深民宿在建筑过程中，就有人过来砸玻璃，后来购买被子的时候，还有人偷偷的拿被子出去烧。听他们这一说，李娜还挺担心自己在村里的安全，是不是会因为自己的行为，给自己带来安全问题。

乡建恨晚

  李娜把事情的来龙去脉及小道消息告知干部后，村镇及各级领导都对李娜刮目相看的。他们都很诧异，她怎么会在青协群里？群里的人怎么会让她进群，她是一个外人，还是一个不懂事的女人（青协群李娜是唯一的一个女性）。还听几个干部说到，这位书记用私权把自己村里的集体林地以一元钱一年的租金承包给村外人20年，这些事情导致村民对他极其不满。后来中组部驻村书记及村代表让其卸任后重选。事情的经过大家知道后，都想找李娜帮助协调矛盾。他们作为政府人员，期望李娜和他们一起去面对村民，李娜拒绝了，因为她认为自己是独立的第三方，不能代表政府出面解决矛盾，这样会失去村民的信任。一旦村民把自己当作政府的代表，以后她的工作就很难做了。一边是政府的期望，一边是村民的信任，两边的力量压迫着这个90后女孩，她常常打电话给厦门的领导，哭诉着她受不了了，她要立刻离开村子。但最后都坚持下来了。矛盾解决了，李娜守住了第三方的地位，没有失去村民的感情。

  独立第三方乡建人员只是乡村建设的协助者，他们还有一个重要任务是培育当地的"建设主体"。乡建中的建筑师必须对当地村落的改造，是基于"尊重"的基础上进行相关实践的，重在于活化内部空间的可利用性，而不破坏当地整体风土面貌。这就是中关村监理委员会的职责。中关村监理委员会在乡村建造之前，集中时间培训本地工匠，技术大比武、将好的施工队留下来；建造过程中，继续进行施工技术指导，直至达到预期的艺术效果和质量要求。中关村监理委员会努力将本地工匠和农民的建造热情、艺术创造力激发出来，真正培养成为本地最好的工匠，未来继续延续和发展优秀的建造技术。中关村监理委员会协助制定村规民约和经营管理的办法，请专家对农户进行经营性系统的培训，统一经营标准的制定和推广。协助合作社和农户进行地域特色的农业服务业的深度挖掘,发展和推广原种作物等。引导政府挑选能力强的大学生村官驻村,帮助农民进一步的经营和发展,与外界接轨,增强村庄的活力。本着农民为主体、农民受益最大的理念,我们是协作者,中关村监理委员会是发挥管理职能的自组织。

在乡村营造的空间,我们一直在培育本村的志愿者。我们按照批次对社区营造人员进行辅导和培训,目前在阳芳村,已经有两位大学生接受了辅导和培训。实际上,我们创办的社区空间就是村里的教育平台。为了让社区营造人员接受专业培训,我们还成立了研究中心来编写培训教材和建立资料库,培训内容涵盖产业发展、环境景观、人文教育和社福医疗等方面。此外,我们还积极培养社区营造的基础人才、导游和文艺人员等,为社区注入新鲜血液以及为社区的永续发展提供动力。我们在村里一般会成立乡村协作者中心,培养更多的年轻人到协作者中心工作,大力发展社工人员,引导良好的组织,有目的、有方法地进入乡村,发挥年轻人在乡村发展的持续性作用。[①]在贵州台江的阳芳村,我们先后帮助建立了一些村民自组织,比如长桌宴组织、阳芳大学生组织等。长桌宴是一个经济组织,但我们会让它逐渐转向文艺组织、卫生监督组织。大学生是村庄的重要资源,要让他们的学识用来为村庄的治理发挥作用。

值得一提的是,在阳芳村我们培育了一对姊妹花。寒假中的一天,团队在台盘乡街道上的一家餐馆吃饭,遇到那家老板的女儿在家。通过交流得知这个女孩名叫黄兴凤,是湖南长沙某高校环境设计专业大二学生。这个女孩的外婆家就是阳芳村的。我们立即把我们的

---

① 王磊,孙君. 农民为主体的陪伴式系统乡建——乡建院乡村营造实践[J]. 建筑师,2016(5):37-46.

工作讲给她听,问她愿不愿意协助我们的工作,她很高兴地答应了。这样她成为了我们在地方人才培育的对象。那个寒假因有本地人的协助,我们的工作推进顺利了不少。后来黄兴凤要回学校了,我们去她家送她,偶然得知她还有一个姐姐,名叫黄兴桃,大学毕业了,学的是社会工作专业,还没有找到工作,我们立即将其吸引到我们团队,期望她学到本领后,为当地发展献计献策。乡建工作就是这样神奇,有各种各样的可能性。比如人才培育这块。其实可以挖掘本地大学生,为我所用,对当地的发展非常有好处。

2018年4月21日,阳芳寨的兄弟村寨——鱼寨发生火灾,30多户村民的房子被烧。李娜联合阳芳村的青年协会,积极组织赈灾募捐活动,为鱼寨灾民募集到不少善款。农村社会正逐步由传统熟人社会向现代社区化社会转型;传统农业社会的宗族化、行政化等管理模式已经不能适应新时代农业农村发展实际,所以需要采用新的乡村治理模式,需要由传统的乡村管理向乡村治理转变,尤其强调自治、法治、德治相结合的乡村治理体系。而我们的陪伴式乡建,正是为了通过实

图3-56　实习生黄兴凤

图3-57　黄兴桃在中关村

际行动，帮助当前的农村建立治理体系。

  乡村建设应该跟当地的村民紧密联系起来。我们不能把乡村的主人当成蒙昧的主体，他们有自己的主观能动性，即使有专业的旅游规划并运营起来之后，这些生态的持续性是不是像我们设计的时候那样真的能够达到理想状态，并且谁才能持续这些项目并真的融入当地生活呢？需要考虑那些住在那里的人，老在那里的人，最后可能还会终老在那里的人，未来不得不回去的那群人，他们才是持续这个事情的主体，当我们讨论乡村建设时不应该忘记要跟当地的村民紧密联系起来。我觉得乡村的未来和所有的未来一样，它不是一个被动的他者，它自己有自己的办法。

# 第四章　陪伴是最长情的告白

乡建恨晚

年轻人既是乡村的未来，也是乡村振兴的希望。让年轻人回到乡村，是乡村振兴的目的，也是实施乡村振兴战略的关键所在。但让年轻人回到乡村，既不是一个政策能解决的，也不是一句运动式口号就能实现的，它需要形成年轻人回来的物质条件、经济基础、制度环境和社会舆论导向。唯有如此，让年轻人回到乡村才有可能。所谓美丽乡村，最重要的是"内外兼修"。如何实现内外兼修不是那么容易的。由此，我们意识到了乡村振兴之难。其实它难就难在如何振兴一个村庄的系统性与整体性运转的机制。

乡村建设中，某个单一层面的成功，都不能算真正的成功。比如，当政府投入巨资把村庄的建筑风貌及基础设施弄漂亮了，可是村民又没有维护这些设计成果的意识；好不容易投入人力、物力，维护好了村里这些设计改造的成果，可是村民又没有运营、激活这些资产的素质与能力。即使村庄能够培养一批在地的运营者，可是旧貌换新颜的村庄又会面临全国乡村同质化发展的难题，村庄的经济还是无法激活。好不容易村庄的经济有了一点起色，可是却出现了唯利是图等不良风气，村庄变味了，还是失去了吸引力，最后有可能退出旅游经济的圈层。

更何况这其中还有种种治理难题。现在一个村投入的驻村干部越来越多，发生的艰难管理事件却直叫各级政府领导头疼。而如何振兴

图4-1　施工方夏总、九七华夏设计机构李娜和村民一起聊天

一个村庄的系统性与整体性运转的机制呢？这就需要在耐心地陪伴乡村的过程中找答案了。现阶段，如果真想做好乡村，就需要天长日久地陪伴乡村的发展。因为陪伴是对乡村最长情的告白。

## 第一节 综合系统的陪伴式乡建

在城市化问题面临困境的今天，乡村复兴成为主要话题，通过激活乡村、发展村镇来解决城市弊病越来越成为共识。修复农耕文明，坚持农民为主体，以壮大村集体经济为目标，建立和提高村庄组织能力，实现自治和共同体，耐心地陪伴农民，同农民一起建设新农村。乡村实践必须坚持正确的方法，从实践中来到实践中去。经过多年的乡村实践，我们积累了大量的乡村工作方法，创造出了多个乡村发展模式。我们一直秉承陪伴式乡建，我们的团队是长期驻扎在村庄的，这为我们的营造工作提供了便利。我们必将把"农民为主体的陪伴式系统乡建"的工作进行到底。陪伴式乡村建设坚持"授人以鱼不如授人以渔"的原则，力求达到从陪伴农民一起建设乡村，在建设过程中培训本地人员，逐步过渡到让本地人员自己建设自己的家园。在陪伴农民一起建设乡村的过程中，设计师作为协作者，从每家每户调研开始，不断地与镇、村干部及村民沟通，积累感情，达到赋权给村民，大家一起建设乡村。

一、要赋权，先做村民的亲人

要让村民认识到自己是村庄的主人，是建设的主体，这是不容易的，相当于是要他们改变一种观念和意识。那么，村庄设计师作为建

乡建恨晚

设村庄的人，对于村民来说，就是一个纯粹的外人。常年生活在山水田园中的村民，他们有每天自己关心的事，多年来固化的生活环境和生活方式，已经让他们形成了非常惯性封闭的生存意识。一旦你这个外人对他们提出了与他们截然不同的思想观念的要求，要让他们去改变，这有时比登天还难。那么如何影响村民，如何让村民听你的？要怎么样才可以让村民信任你的话，跟着你投身建设呢？这就需要你先走近他们的世界，走进他们的心灵，你要成为他们的亲人。如果你走进了村民心里，对于你的建议，村民一定会这样对你说："你们就像我的家人一样，你们的想法我都很支持，我们信你。"

所以，进入乡村的第一步，应该是懂乡村的人情。人情是村落社会的重要特质，是理解村落社会不可或缺的维度。费孝通在《乡土中国》一文中指出，传统乡土中国是不同于西方社会的一种差序格局，就像在河里扔一颗石子而产生的波纹一样，最中心的是自己，然后由己及人，愈推愈远，也愈推愈薄。这无疑是理解传统村落社会的经典命题，确实就像费老所说的那样，传统人情关系网络就是那种波纹式的差序格局。在传统村落社会中，宗族是产生这种差序格局的主要原因。由于古代中国重农抑商的原因，在村庄这个熟人社会中，工商业是十分不发达的，人们必须完全依附于自己所拥有的土地而过活。也正因为此，传统村落社会的流动性也是十分之弱小的，除非有重大灾难，否则人们就会祖祖辈辈的生活在村庄之中。由于不流动，一个人可能会有几个儿子，几个儿子每个人可能都会有几个儿子，就这样，由于时间的因素，整个村庄会出现一个或多个同姓的群体，这样的同姓群体他们有共同的祖先，有共同的血缘关系，每个群体也有一个掌门人，这样的群体就是宗族。

从人情的角度来讲，同宗的人肯定是最亲切的人，是亲人，宗族之外的人肯定就是外人，在整个宗族之中也有近远之分，一般来讲，五伏之内的人肯定要比五伏之外的人要亲切，因为他们之间的血缘关系更近一些。在五伏之内也有近远之分，同祖父的人，也就是家族之内的人肯定是最亲近的，不同家族的人肯定要疏远一些。也由于同样的原因，同父母的家庭之内的人肯定要比叔伯更亲近。就这样，从家庭到家族，到五伏，再到整个宗族，然后再到不同姓的人，由近到远，就像波纹一样，愈推愈远，也愈推愈薄。除了宗族这个血缘方面的原因，地缘关系也是影响感情亲疏的重要因素，比如说邻居之间的关系一般要比居住在同一村庄两端的人的关系要更亲近一些。当然，地缘的影响是远比血缘的影响要轻的多的。所以，传统村落社会的人情关系网络就是以宗族为主，以地缘为辅的差序格局。

这些年打工日益成为一种时尚，广大农民结交了更多的以业缘关系为表征的朋友。而且差序格局人情网络却并未因为宗族的覆灭而覆灭，并在传承以往特征的基础之上呈现了诸多新的特质，那就是血缘、地缘、业缘三者相互结合而且此消彼长的波纹式的差序格局。这样，乡建人员可以通过与村民共同做一件事，慢慢与村民结成业缘关

图4-2　调研途中村民给调研成员敬酒

图4-3　调研过程

系。先形成业缘，然后再向地缘、血缘的关系迈进。

做村民的亲人，实际上是要和村民结成类似于血缘的关系，怎么做？第一步是"爱其所爱"。村民最爱、最看重的是什么？那往往是孩子、老人。每到一个村庄，我们的一个重要切入点是孩子。碰上孩子集结的时节，驻村设计师会拥有新的身份：老师。每个周末或孩子放晚学的时间，村里孩子们会来到团队办公室。她们不断设计有意思的课程，包括折纸、绘画、捏泥巴、表演，也会一起上山采植物做标本等。

而且我们似乎为村庄形成了一个标配，就是在每个驻村的一块空地上，共同绘制五颜六色的跳房子。对此，我们的主持建筑师洪金聪说的很形象："乡村振兴从跳房子开始。"我们带领孩子们画房子，他们参与了这一过程，他们会非常爱惜这个房子，别看这只是一个房子，这影响的可能是整个童年。乡村振兴其实要用心做，要从小事做起。

孩子们除了玩，还有艺术创作的需要，他们需要借助一些工具，表达他们眼中和心中的具象世界。于是，他们特别喜欢来到驻村设计师这里。这里有为他们准备的泥塑、画笔和画纸。他们亲切地喊团队成员李娜为娜娜老师。在陪孩子玩的过程中，我们会引导孩子去做一

图4-4　阳芳孩子正在玩"跳房子"

图4-5　李娜正在教小朋友画画

些有益的事情，如给村庄捡垃圾、爱护卫生等。还教会他们要积极参与自己乡村的建设。

在孩子中做了很多工作后，我们会慢慢将注意力转移到老人身上来。如何与村里的老人建立感情呢？我们首要的一步是游村。游村，看起来是漫不经心，其实它是工作开展的重要一步。佩珊和李娜经常结伴在村子里游，这家看看，那家看看。村民开始不明白她们是做什么的，后来慢慢习惯。

在游村的过程中，团队成员会对村里的孤寡老人进行一定程度上的关怀。阳芳村里有个独居的80多岁的老奶奶，设计师们经常去陪她坐，还给她梳过头。老奶奶的背驼得非常厉害，她的上半身和下半身已经呈90度直角了。老奶奶说的是苗话，非常难懂，但是有些情感是可以超越语言的，即使语言不通，这种情感的交流依然可以维持。

老奶奶虽然驼背，行动不便，但是很爱干净，老木屋里所有地方都被她收拾得一干二净。看见我们来了，她会叫我们坐下。她艰难地跨过高高的门槛，出来与我们坐在一起。看见我们给她照相，她说等一等，然后进屋去拿出自己最好的衣服穿上，她说要我们给她照好看一点。她住的是传统的苗族木房子，门槛非常高，我们怕她进出太费力，就劝她不要拿了，但是老人还是执意拿出了一件她自己绣的衣服和两件十分沉重的银饰。后来，老人还执意要我们两个女性穿上她的新衣和服饰，照几张。后来我们多次陪老人聊天，给老人捐助钱、物（图4-6）。

图4-6 小朋友正在玩游戏

图4-7　小朋友在画彩虹

图4-8　黄桂娥在指导小朋友绘画

图4-9　陈春平给阳芳村老奶奶按摩

图4-10　黄桂娥与老奶奶的合影

怎么和村民交流沟通？为此我们还召集过内部讨论会："先聊些他们感兴趣的话题，再将你关心的问题嵌进去。"或从村民的角度想事情，从他们关心的粮食价格、孩子读书聊起，聊出感情后，再导向你希望获得的信息。有时候，还要从邻里亲戚间对获得的信息进行求证

第四章 / 陪伴是最长情的告白

图4-11 苏佩珊在和老奶奶聊天

图4-12 村民在"点秧"

等。经历过几次三番的访谈、调研之后,村民没有戒备心了,我们也就逐步融入到阳芳村民的生活了。

通过一段时间的游村,再加上孩子们回去告知大人驻村人员的善良友好态度,寨子里的村民,渐渐接纳了团队成

图4-13 苏佩珊在与村民交流

员。开朗的佩珊,仿佛全村的人都认识她了似的。有的妇女正在门前拉着家常,见到苏佩珊走过来,立即大叫起来,说着让人听不懂的苗话。只有一两句听得清楚:"吃饭了没有?到我们这里来吃饭!"或者说:"到我家来玩啦!"有的妇女正走在前面,猛的一回头,看见了苏佩珊,就说:"好几天没见到你啦,你去哪里啦?"在村里,这种人与人之间的亲和非常让人感动,让人找回了久远的记忆。

印象最深刻的是有一次,我们团队成员游村的时候,看见一户人家很热闹。说话的声音、唱歌的声音,从老远就能听见。我们好奇地去门口探究,原来那家在喝满月酒。那家人看见我们,先是叫我们进

图4-14 村民在给九七华夏成员敬酒

图4-15 村民抓着逃酒的黄桂娥

去吃饭,我们不愿进去。妇女们就立即拿出菜和酒,往我们口里喂肉和灌酒。我们喝完了她们手上的东西,以为就没事了,没想到她们拿出了更多的酒,像拿着一钵水一般的。我们吓得魂飞魄散,立马想方设法,挣脱她们的拉扯,逃走了。

要做村民的亲人,还必须"喜其喜、忧其忧"。什么是"喜其喜"呢?就是村民高兴的时候,你要和他们一起高兴。村民什么时候最高兴?那无疑就是过节的时候了。在台江的阳芳村,这是一个几乎天天过节的村子,我们和村民一起度过了中秋节、大小苗年、元宵节、敬桥节、端午节、姊妹节、吃新节等。每个重要的节日,我们都陪伴着村民一起过,由此和村民建立了很深厚的感情。

2018年的元宵节,我们积极融入了孩子的队伍中。元宵节这天天一黑,孩子们会每人架一条草龙,集结在一起,去每家每户,唱草龙拜年歌,然后讨来新年贺礼。这个草龙是白天编好的。元宵节这天,我们先陪老人和孩子们在田野里编草龙,晚上和孩子们一起去各家各户拜年。我们跟在孩子们的后面,孩子们发现我们后,还向我们要了入伙费呢!团队成员李娜,她看起来是个大孩子,有村民给她递拜年压岁钱,她接了,每户拜年结束后,户主会给每个孩子大约1块钱,

图4-16 大家一起学习编草龙

图4-17 拿着草龙虎头虎脑的孩子

有些不给钱,给零食、糍粑、香火。李娜这天晚上一共赚了12块钱,还在地上捡了5块钱,她开心极了,因为又回到了童年时代。

元宵节不久,就到了农历二月二,阳芳苗寨盛大又热闹、神圣又喜庆的"敬桥节"开始了。这天,我们是和杨英家一起过敬

图4-18 草龙拜年后村民给李娜"压岁钱"

桥节。原来这个"敬桥节",就是喝酒吃肉、游村走寨、杀鸡宰鸭、捕鱼捡螺、族人团聚、满村欢腾、人人欢庆的节日,我们立即爱上了这个节日。去敬桥的路上,杨英让我们坐好,遇到人群,都要开快一点,不然会被逮住灌酒。她说敬"桥"结束的人,遇见的男女老少,不管认不认识,都会停下来给他(她)倒酒,一般一到两小碗。杨英说以前走路去敬桥,还没有走到自家桥的位置,就醉倒了,现在坐车去,就好多了。到了"桥"的位置,我们和杨英家一起敬"桥"。敬桥结束后,我们围在一起,喝酒、吃肉庆祝。杨英在"桥"前面放一盆糯米饭和一碗腊肉,没有筷子。我们问杨英:"是故意不带筷子,还是

乡建恨晚

图4-19 敬桥节，被逮着的黄桂娥"被迫"喝了一碗酒

图4-20 敬桥节，村民给了李娜红鸡蛋

忘了带？"她说是故意的，说是这个时候要体验祖先的生活。

我们从杨英家敬桥回来后，就被村长拉上车子，跟随他们一大家族的人去很远的一个地方敬桥。据村长说，这个桥是当年还没有分田到户的时候，祖宗建立的一个桥。去敬这个桥，开车需要20多分钟，然后再走10多分钟的山路，才能走到。如果是步行，需要走两个多小时。我们对村长说，难怪村长的家族人才济济，原来是"桥"接引得源远流长啊。到了村长家族的古桥处，一群人停下了，只见山脚一棵树下，有几块开口的石头，那里就是他们的"桥"。几个人爬上去，除去"桥"上的杂草，开始了烧香、烧纸，并供奉酒肉饭菜。接着，他们家族将近30口人，开始了在桥下的野炊庆祝活动。一些人上山去挖蕨菜、鸭脚板菜，一些人去杀鸭并整理干净，一些人则在搭建灶台，另一些人则坐着闲聊。我们坐在山坡晒了会儿太阳，很快就昏睡过去了，等我们醒来，鸭肉已经飘香了，田野边的长桌宴已经摆好了，五大盆野菜烧鸭肉，一字排开，男女老少几十人围着宴席坐成两边，开始了快乐的吃肉、喝酒、聊天。

接着是端午节。阳芳苗族过端午节，和敬桥节的过法基本一样，只是没有敬桥节那么隆重。我们印象最深刻的是端午节不久之后的姊妹节。天刚蒙蒙亮的时候我们团队的几位女同志就开始梳妆打扮了，社工黄兴桃的母亲跟我们说，苗家女孩一般重大节日的着装及化妆都特别讲究。穿苗族盛装时，要搭配浓妆才能够展示自己的美丽。发型就是将头发混着黑色的毛线，绑在头顶，然后盘上一个发髻，最后10厘米左右的发尾用彩色的毛线一圈一圈的绕过，既可以装饰又可以固定发型，最后喷上定发水，让头发定住不乱。为了弄个好的发型，笔者在台盘黄兴桃家椅子上坐了将近一个小时。来到阳芳村，杨英又帮着把歪了的发髻扶正，又把深红色的花换成了水粉色，最后勉强能过关才让笔者出门。

一大早，阳芳村姊妹节的第一个节目是大门口举行的拦门酒活动。几个盛装打扮的苗家女儿已早早等候，其中就包括九七华夏的驻村设计师，阳芳村小朋友口中的"娜娜老师"，她也是一大早就起来在村长夫人的帮助下，变成了阳芳村的苗家女孩，她和其他的苗姑娘们一起分成两队站在寨门两边。在给客人敬酒期间，不停的有客人要和娜娜拍照，娜娜都满足他们的要求，因为在她的心里，她就是阳芳村的苗姑娘。黄兴桃的外公家就在阳芳村，因此她也加入了盛装游行的队伍，一路上走走跳跳，特别活泼。她认为和亲人一起庆祝节日是一

图4-21 姊妹节，李娜给小朋友头上戴上"牛角"

图4-22 民宿管家杨英给小桃固定帽子

乡建恨晚

个幸福的体验。

　　接近傍晚的时候，踩鼓的时间到了。身着盛装的苗族女孩们跟着鼓手敲的鼓声和芦笙手的节奏绕着踩鼓场围着圈跳舞。踩鼓跳舞自然也少不了九七华夏队伍了，笔者带领着几个女同事参与踩鼓的队伍，她觉得只有真正的融入到村民的生活，参与村民的活动，做好与村民的关系，了解村民想法，才是社区营造最好的切入点，是陪伴式乡建的最具特色的地方。

图4-23　民宿管家给黄桂娥做发髻

图4-24　村民随着音乐跳起了民族舞步

六月六的吃新节,是李娜在全程参与。她记得那天是清晨的四点,睡意朦胧之中,一阵阵嘶声裂肺的猪叫打破了她清晨的梦,杀猪的声音先由房东杨英家发出,随后转移到隔壁家,相继之下好几家都传出了猪的惨叫声。猪叫声已经让她没有了睡意,她就爬起来看村里怎么过节。这天,村里的老人们都纷纷去自家的田里精心摘取颗粒饱满的稻穗,捆扎成稻束,把它们悬挂在农舍门厅的两旁,供奉在中堂的桌案上,祭拜谷神和祖先。吃新节一为纪念开发雷公山的苗族祖先;二是大忙季节已过,趁农事稍闲时,休息娱乐,调剂生活;三是稻秧已孕穗、抽穗,预兆丰收,祭祀天公赐福。这天村里不仅仅会杀猪,条件好的人家还会杀牛,出门在外的务工人员也会在这一天回家过节。回到家里一起祭祖后,全家人按照长幼辈分,依次入座就餐。餐席丰盛,主要以猪泡汤为主的猪肉全宴席,牛肉为辅。吃完自己家就开始出门去吃别人家,带上自己家的酒每家亲戚朋友都走一下,也是相当于贺喜一样。为了记录收集些节日的资料,她串门走了好几户,由于苗族人的热情好客,走了三户人家后她就回宿舍躲起来了。

忧其忧,就是村民有难了,要和村民一起面对,向村民伸出援手。阳芳村发生了一次火灾,那是2018年苗族姊妹节即将开始的前几天,也就是4月24日那天。晚饭时间过后,阳芳村正处于一片祥和的夜色之中。本来村里廊亭里三三两两聚集着小孩、妇女和老人,时不时传出嬉笑、打闹的声音,让人心中不自觉的生出一片愉悦之情。忽然,一阵急切的声音从广播里传来,打破了欢乐的气氛。"着火了!大家快来救火!"快速急切的声音不难看出说话人的紧张。听到广播的内容,村民们立马起身朝着火灾现场跑去,混乱的脚步声夹杂着嘈杂的叫喊声,微弱的灯光中依稀可以看到人们慌张的表情。

因为着火的房子地势比较高,村长找来了抽水机灭火,但是由于

水压不够大,水一直上不去,在没有办法的情况下,村民们采取了最原始的方法——提水灭火。从火灾现场到水池边上,一列很长的队伍传递着手中的水桶,希望通过这个办法能够阻止火灾的延续。其余的村民试图将火灾附近的木房拆掉,以免更多的房子遭到毁坏,锤子、锄头、木头,各种能够推倒房子的东西下一刻都会成为手上的工具。在火灾持续一小段时间之后,消防队员终于过来了,在大家的共同努力下,火势渐渐控制住,最终熄灭。

灾后统计,有五所房屋受到不同程度的损害,34人面临着无家可归的境况。被大火吞噬过后的房子到处都是残骸,带着火烧痕迹的谷壳让人忍不住想要落泪。我们见此情形,不仅发动了外面的募捐活动,乡建团队的每个人都加入了捐款的行动中,共捐出1500元。我们还亲自为受灾村民买去了油、大米等物。接过钱和物,村民对我们感激不尽。

当然除了悲喜在一起,平常的平淡日子,也需要相守在一起。在农村,最大的事情就是农事,春天播种、秋天收割,这些事情遇到最好能参与进去。这不,阳芳村插秧那天,李娜和洪策都下田了。村里女人说要去摘野菜,我们也跟着上山了。村里女人要上树去摘果,我们也跟着上树了。

在阳芳村,李娜租住在杨英家,她觉得杨英家就是她的家,杨英姐就是她的姐,很多节假日她不方便回家,吃住行都在杨英家里,她和杨英夫妇及杨英的公公婆婆都成了她的亲人。李娜觉得他们都对她很好,待她如自家的人。周末,他们带她去抓虾、撒网、钓鱼、摘杨梅、摘枇杷、摘樱桃。他们一起还做了杨梅汤、杨梅酒、琵琶酒……李娜还和他们去插秧、抓稻香鱼、捡田螺。李娜胃口不好的时候,还去他们家菜园子摘黄瓜吃。李娜说她性子里就带着孩子般的傻气,经

第四章 / 陪伴是最长情的告白

图4-25 九七华夏设计机构给阳芳受灾村民募捐

常自己傻乐，行为的傻气也会莫名的无意间被杨英偷笑，她们两人间形成了一种默契的姐妹关系。因此杨英还希望李娜做她弟媳妇，介绍李娜和她研究生的弟弟认识。

在村里，李娜需要协调各方利益，经常措手不及，应接不暇。工作上遇到难题和打击，心情郁闷，自己难以消解，就去"水迢情深"

民宿和李英她们聊聊天，转移注意力。有时也述说心理压力，通过她们的开导和分析，问题也会得到解决，心情也会放松。在村里，李娜一直觉得两个女管家姐姐是她在阳芳村的依靠，是她的好朋友，她们帮她分析村民的想法，建议她怎么去做村庄工作，

图4-26　李娜帮村民插秧

怎么去解决民事问题。在阳芳村，有了杨英家的那个房间，她找到了归宿感，她不怕没有地方躲风雨、消遣时光。

总之，在村子里做事，一定要和村民成为亲人。和村民关系好了之后，干什么都容易。村民的改变，并不是一夜之间，戏剧化地发生，是在每天的接触中，慢慢改变的。只要村民发现乡建人员确实是认真地在跟他们相处，是真心帮助他们的，没有城里人的那种优越感，他们就会把你当做自家人看待。那么即便有不同的意见，也会愿意去听一听你的理由。在乡村振兴的大潮下，想迅速在乡村单方面赚一笔快钱，或以优越的姿态俯视乡村，都不是乡村振兴的正确方式和态度。

图4-27　九七华夏机构成员下田抓鱼

第四章 / 陪伴是最长情的告白

图4-28　田里捡到的田螺

图4-29　民宿管家杨英在斟茶

## 二、用调研与群众会凝聚共识

在进村不久之后，我们会进行一次初步的调研，了解村民的生产生活情况及他们的建设愿望。了解到了大量信息之后，我们知道了很多的问题所在。为了统一认识，我们会筹划召开群众会。虽然我们已经和多数村民小范围交流过，但更大范围的开放交流会带来不一样的效果，它很像村里的一场节日。我们跟政府和村干部敲定了群众会的内容和形式之后，村干部便分头组织村民去整理会场，而乡镇干部则从镇里带来音响和投影设备。天将要黑下来时，村长用扩音喇叭召集大家到场，不一会儿，村民便会三五成群地聚拢过来。当各家各户带着疑虑和期待围聚过来的时候，我们要做好充分准备。群众会是很重要和有效的场合。乡建理念的种子在群众会上悄然埋下，每次群众会总有村民反响，很热烈激动，不舍得离开。另一方面，群众会也成为我们集中了解群众需求的途径。在此之后，我们每次带着新成果进村的时候，总是要尽量促成一次群众会，这也成为团队进行乡建工作的标准配置之一。

阳芳村群众大会，一共开了两次，一次是在2017年5月2日那天开的，是一个雨夜；第二次是在2018年3月28日晚上召开的。开群众会是为了让村民抓住当前的发展机会，让阳芳村的发展脱颖而出。阳芳村山清水秀，文化积淀浓厚，政府会一如既往支持阳芳村的建设发展，但村民需要完成思想观念的转变，以主人翁的态度参与到村庄建设中。群众会后，村民会对阳芳村的美丽乡村建设充满信心，也会努力把握这次机会，积极建设美好的家园。

调动村民的积极性，激发村民的致富欲望，非常重要。阳芳村作为一座传统苗族村寨，依山傍水而居，在中国社会的快速变迁中充分体现了黔东南少数民族村寨面临的保护与发展的矛盾性问题。与西部大部分农村一样，阳芳村年轻人多数外出打工挣钱，在村里留下老人和小孩。这两年村里新建筑如雨后春笋般建设起来，有些甚至高达

图4-30　群众大会李娜上台发言

第四章 / 陪伴是最长情的告白

图4-31　村民在看视频

五六层，这对传统村落形态是一种破坏，但我们也可以从中看到村民对村庄发展的强烈意愿。我们十分看重村庄内活跃的内生动力，因此，我们要通过群众会来引导村民的致富愿望。群众会之后，村民慢慢知道我们是帮助村庄建设发展的人。但是随着时间的推移，村民的疑惑会加大，他们又会对自己身边的基础设施改造产生不理解。这时，就有必要继续举行群众会。

虽然建筑房屋改造提升的进展艰难，但村子的容貌正在慢慢发生变化。但是，对于村子的变化，村民是如何看待的呢？村民喜欢他们的房子变成这样吗？他们知道接下来阳芳村将要发生什么吗？对于村子的建设，他们有自觉自愿的意识吗？他们愿意共同参与到改造村子

乡建恨晚

的活动中来吗？关于目前的和未来的生活，村民有哪些想法呢？村民有哪些难处？我们是否可以传达一下百姓的心声？这些问题会引导我们进行下一个调研。

有时调研也具有很大的挑战。因为阳芳村是一个全苗的村寨，绝大部分村民都讲着苗语，我们汉族根本无法与其交流。由于严重的语言障碍，本来应该做的入户调研，就这样一拖再拖。2017年年末，大中学校放寒假了，从乡村里走出去读大学的学子们回来了。我们琢磨着，能否找一个本地的大学生，加入我们调研的团队呢？他们又懂苗语，又懂汉语，这样就可以为我们架起一座沟通的桥梁。结果，功夫不负有心人，我们偶然认识了一个在长沙读大学的苗族姑娘黄兴凤，她家就在台盘乡上，她的外婆是阳芳村的，所以对阳芳村比较熟悉，也比较有感情。小凤学的专业是环境设计，正是我们所需要的人才。她将会成为我们在地人才培养项目的重点培养对象。有了小凤的加入，我们的入户调研小分队终于出发了。

通过小规模的入户调研，我们对村民的情况有了很多了解。我们知道了阳芳村民的经济生产生活情况，他们的愿望及困惑。最关键的

图4-32　团队成员在阳芳村调研

图4-33 调研会议

图4-34 观赏村民做的绣花鞋

是我们发现阳芳村蕴藏着丰富的传统文化，村民中有刺绣、芦笙、苗歌能手等，这些是亟待传承的文化，我们谋划着可以在阳芳村新建立的活动中心，开展活动，聘请掌握这些技术的老人，来做老师，让村里的年轻人、孩子们来学习。同时也可以引导他们朝产业化路径发展，比如刺绣、做鞋工艺等。我们做社区营造，除了要把村庄建设成为出入相友、守望相助、疾病相扶、邻里相亲的社会生活共同体，最重要的一点，就是要结合历史文化传统与艺术创意，创造一个热情迎接外人入住的地方，带来地方振兴以及旅游观光事业。可喜的是，通过小凤，我们把她姐姐黄兴桃招进了团队。黄兴桃学的是社会工作专业，可以给我们做驻村社工。

### 三、参与式乡建氛围的营造

建筑设计是一种生活方式的设计，乡村的建筑设计特别要尊重村民的生活习惯和精神需求。所以陪伴式乡建，就为村民等一起参与我们的设计过程创造了条件。2017年5月15日，苏大龙、李志振、陈春平等团队成员来到阳芳村，这里即将发生一件和12户村民相关的"大事"——村中小广场改造。小广场原来是村里的一个旧篮球场，由于

年久失修，功能退化，后来慢慢演变成村里堆放建筑垃圾、石头、木头等废弃材料的聚集地，每逢下雨天地面泥泞不堪，臭气熏天，严重影响了周边村民的居住环境，我们受阳芳村两委委托，对小广场进行一个设计打造和提升。接下来，乡村营造的设计师们根据现场情况，决定采取"村民参与式设计"的设计理念对小广场项目进行设计打造，组织村民、村干部、施工单位与设计师共同讨论小广场未来的样子，解决和满足村民现在面临的问题与实际需求。

**前期准备：**（1）设计师内部先讨论此次开会的主题和流程安排，准备与村民沟通的材料。上午九点见施工单位，围绕此次小广场工作"时间紧、任务重、意义大"的特点与施工方沟通交流，告知可能在没有施工图的情况下根据手绘草图开展施工，提前准备工作（工期控制在10~15天左右）。（2）走访并了解小广场周边村民情况，协调明天具体开会时间、开会地点和参与群众人数；通知和协调包村干部、大学生村官开会时间和开会地点等事宜。（3）下午走访村子，联系村民派发照片（姊妹节活动照片），并进一步沟通了解村民实际想法，反馈记录，为明天开会做好充分准备工作。（4）晚上购买水果和瓜子，并准备明天开会演讲材料，包括屏幕演示的PPT材料、演讲稿、大白纸（A1/A3）、彩绘笔、照相机等电子设备，真正做到心中有数，充分准备。

根据广场周边参与群众的建议以及现场讨论的结果，我们进行了**成果梳理：**（1）石笼墙：利用广场上堆放的建筑垃圾做成石笼挡墙，作为广场边界。（2）防腐圆木地面：利用广场上堆放的老房子的木料切割后铺地。（3）圆木凳：利用老房子木料做成凳子，充分利用废旧材料。（4）风雨廊：村民聊天休息的场所。（5）苗族图案铺装踩鼓场：村民跳舞的场所。（6）文化墙：苗族文化展示。（7）利用苗族废弃的水

第四章 / 陪伴是最长情的告白

图4-35　设计师和村民就村中小广场改造进行商议

磨盘以及老的物件摆放的小景观。(8)结合消火栓做的小景观:利用毛石及老木料堆叠而成。(9)绿化:由于广场缺少绿化而变的很生硬,植物可以使广场更有生气,在广场上种植了一个乔木和两株灌木。(10)儿童玩耍场所:在乔木下放一些儿童玩的小秋千、小木马等,吸引更多的儿童到这里玩耍。

　　此次开会成果以及启动小广场工作意义(采用村民参与式设计方法):(1)旨在以村民为主体,调动村民参与阳芳村建设的积极性,增加与村民的互动性,激发村民发展的内生动力,加强村民共建意识。(2)小广场的建成将形成示范效应,为未来阳芳村的整村打造奠定基调,意义重大。(3)此次是设计方与施工方的第一次磨合,并以此为基础形成阳芳村未来建设的工艺标准。(4)此次我们将村民的意见作为重要的设计依据,重点解决和满足村民现在面临的问题与实际需求,并与村民一起共建,实现他们对家乡的美好愿景和期待。

　　除了参与式设计,我们在乡村环境卫生整治与保持方面也强调这种"参与式"。阳芳村曾经的垃圾没有人清理,大家都在等待着乡村保洁员的诞生。但是,如果转变村民的理念,提倡"村里人人都是保洁员"的概念,村民环保意识提升了,环境整治不再依靠专业的保洁员,而是通过人人参与、人人监督来凝聚更大的合力。这是文明意识的提高,清洁指数自然更高。我们带动村庄妇女、儿童、老人参与美化村庄环境的活动中。美丽乡村建设是一项美丽的事业,需要久久为功。在这过程中,我们将这种"村民主动干"的氛围营造得更加浓厚,村民的主体作用发挥得更加好。"自己的家园自己建、自己的家园自己管"大有可为。充分调动起村民的积极性、创造性,美丽乡村才能更有活力。如何去调动?这需要密切联系群众,做村民的亲人,通过各种带动效应,最终影响村民。于是有了"为了阳芳的美丽,我们在行

图4-36　村民在进行垃圾处理

动"的活动。全村的男女老少被发动起来,将堂前屋后和田间地头的垃圾全部清理干净。付出汗水参与整治了村容村貌的村民,会更加珍惜亲手建设起来的美丽乡村。那些大包大揽穿衣戴帽而建设起来的"美丽乡村",会因为村民事不关己高高挂起而很快被打回原形。

除了营造"参与式"乡建的氛围,我们的重中之重是协调设计落地实践的种种变数。举例来说,村民喜欢现代水泥房,不喜欢传统木头房屋。在发展乡村民宿的憧憬下,他们不仅想盖新房子,而且越高越好。我们在一开始就和政府协调制定相应的建设机制。驻村社工将专注于环境治理和社区营造相关工作,同时推动在地骨干、志愿者、协作者团队的培养,建立固定的乡村营造机构。驻村社工工作对推动阳芳村的发展将有非常大的帮助。驻村陪伴乡建人员像村庄的保姆,

所做的事情，真是五花八门、丰富多彩。

除了指导落地实践这些我们业务范围内的工作外，还做了村、乡、镇及村民交代我们的一切事情。比如村口的那个新修的村民服务中心，县里要我们做室内设计，我们准时完成了任务；村委会要我们为村里的妇女节、姊妹节等活动做宣传员，我们欣然应允。秋天，村里的五彩米丰收了，驻村书记叫我们给五彩米画宣传漫画，我们也绘制完成了。

图4-37　妇女节，李娜和妇女扳手腕

我们既为政府做事，也为村民做事，比如拍照、画像、看望孤寡老人、暂时照看小孩等。我们是政府与村民之间的中介，我们替村民向政府传达意愿，又向村民宣传政府的一些乡村政策。特别是那些在阳芳村挥洒过汗水、后来又离开的扶贫书记们，比如中组部的刘源书记及凯里供电局的杨斯瀚书记等，他们依然对阳芳村深情无限，村民也对他们念念不忘。村民说起书记们的事迹，仿佛发生在昨天。这种感情我们也要注意小心去呵护。

驻村的人总有施展技艺的舞台。我们团队成员个个身怀绝技，陈春平老师是画家，他能够用五分钟就给村民画一幅肖像。他经常给阳芳村作画，将来这些画会成为村民文化中心一道靓丽的风景；洪策是摄影师兼书法家，他给阳芳村留下了不计其数的美好瞬间，他还用他那娟秀俊逸的毛笔字，为村民写过春联。黄兴桃是个可爱温润的小姑娘，她是个小小的"话剧表演家"，在读大学期间她演了很多话剧。笔者常年在高校做研究，又喜爱文学写作，出版过长篇乡土小说作品，算半个作家。笔者文章中的阳芳村,成为了人们心目中无限向往的梦想之地。我们时不时会邀请艺术学者、诗人等来到村庄。学者留下了乡建的奇思妙想,而诗人留下了这个村庄的瑰丽诗篇。

李娜作为驻村设计师,她在阳芳村驻扎的时间最久,做的工作最细致、也最具体。她身兼数职,既是设计师,又是村子助理、小学教师、宣传员、群主、赈灾员。去年丰收的时候,李娜为五彩米绘制的广告,受到了乡里书记的肯定。接下来,她还计划将村庄特色建筑、物件、自然景观、食物等,绘制成漂亮的图案,印制在明信片、儿童图本、立体卡、马克杯、手提袋等上面,让它们成为替阳芳村代言的品牌标识。等村民服务中心建好了,她还计划将更多的社区营造活动植入到服务中心三楼的文化中心去。

李娜经常教村里的孩子们画画,因此她是孩子们心中的"娜娜老师"。有时,她还去阳芳小学,在课堂与孩子们互动,她说"那是进一步巩固娜娜老师的地位"。利用妇女节的契机,李娜建了一个阳芳村民微信群,她行驶着群主的职责,一边鼓励村民要对发展有信心,一边安抚村民的不良情绪,还将远在他乡的村民召唤回来,共谋发展。利用群众会的契机,她又申请做了村长的助理。在村子里推动工作,如

图4-38　李娜教小朋友画画

乡建恨晚

果老是以外人的姿态自居,是不可能把事情做好的。泥土是清香的,也是慈祥的,从泥土里生长出来的万物越来越珍贵。面对真诚的泥土,只有踏踏实实地踩在它的上面,才能匹配它的珍贵。

## 第二节　守住乡村文化的根

乡村振兴是难的。其实它难就难在如何振兴一个村庄的系统性与整体性运转的机制。乡村建设中,某个单一层面的成功,都不能算真正的成功。比如,当政府投入巨资把村庄的建筑风貌及基础设施弄漂亮了,可是村民又没有维护这些设计成果的意识;好不容易投入人力、物力,维护好了村里这些设计改造的成果,可是村民又没有运营、激活这些资产的素质与能力。即使村庄能够培养一批在地的运营者,可是旧貌换新颜的村庄又会面临全国乡村同质化发展的难题,村庄的经济还是无法激活。好不容易村庄的经济有了一点起色,可是却出现了唯利是图等不良风气,村庄变味了,还是失去了吸引力,最后有可能退出旅游经济的圈层。更何况这其中还有种种治理难题。现在一个村投入的驻村干部越来越多,发生的艰难管理事件却直叫各级政府领导头疼。而如何振兴一个村庄的系统性与整体性运转的机制呢?这就是乡村文化研究的范畴了。

目前乡村振兴有一个非常大的误区,就是地方普遍只重视实利的经济,而不重视潜藏于有形与无形之间的文化。现在一些地方领导干部,都在积极寻求乡村振兴的方法,但他们只是把目光盯在了招商引资上,对其地方的文化内生基因的再生则不屑一顾。不信你去乡镇试试:若是听说要来一个投资的商人,他们准会喜笑颜开;若是听说要来一个帮他们复兴文化的社工,他们肯定会不屑一顾。他们普遍认为文化和经济没有关系。

其实,乡村文化在乡村振兴中起到的作用太显著了。中央颁布的乡村振兴二十字方针中,"生态宜居""治理有效""乡风文明",这三条几乎都是乡村文化所覆盖的范围。乡村的生态不宜居了,这是乡民们的精神世界垮塌的外在标志;乡村治理不再有效了,这是乡村内在秩序垮塌的表现;乡风不再文明了,这是乡村价值观念和伦理规范垮塌的体现。这三条往往是互相联系、互相投射的关系。一个乡村,若这三条做好了,就能实现"人和",再加上它的"地利",自然能够"产业兴旺""生活富裕"。

那么,乡村文化的内涵到底是什么呢?学者赵旭东指出:"在乡村社会中,以农民为主体,以乡村社会的知识结构、价值观念、乡风民俗、社会心理、行为方式为主要内容,以农民的群众性文化娱乐活动为主要形式的文化类型。"赵旭东还指出:乡村文化有抽象无形的一面,比如村落社区中的集体诉求、交往原则、处世态度、行为习惯;也有具象有形的一面,如民风民俗、典章制度及特定器物。

中国的很多乡村受现代化的影响,建筑等物质形式变成千篇一律的复制、不顾自身文化历史逻辑的简单抄袭、低廉丑陋又格格不入的装饰材料的混合……如果没有干预,乡村的未来是可以预期的。中国乡建要抢救乡村,中国的民族文化复兴才有期望。虽然情况不容乐观,但是还有抢救的可能性,但是要尽快,因为它天天都在流失,如果不抢救,可能它就全部消失了,特别是少数民族的文化。以乡村为本,以农民为本,是发展建设乡村文化的根本依托。只有依托乡村自身、依靠农民自觉行动,才能挽回乡村的衰败,激发农民的自尊和自信,也才能塑造适应现代社会、具有内在动力的乡村文化。乡村文化

乡建恨晚

的再生，需要我们对其保持谦卑的态度，需要我们运用两种方式来做工作：一种是文化活动营造的方式，一种是艺术唤醒的方式。

一、以低姿态扎进乡村

我们希望阳芳的"美丽乡村"建设不仅是一种旅游开发，也不仅只是面子工程，这其中交织着太多的资本和权力，两者的介入会使治理的目的不再单纯，很容易会把乡村治理当成"政绩"和"生意"。我们不但要解决乡村凋敝，还要解决文明的复兴和信仰的复兴，以及更深层的危机。带着城市化和知识分子的优越感来"改造"乡村，是不对的。首先要承认乡村的价值和重要性，因为中华民族灵魂和信仰的整个体系是从乡村而来。我们不能再用西方的现代化理念来改造中国的乡村。就这样，我们以很低、很低的姿态扎进了阳芳村。

当我们一走进阳芳村的时候，立即就有一个判断，这是一个需要拯救的村庄。阳芳村是一个全苗的村寨，但是村子里的苗族文化在快速的消失。特别是村里的木房在快速流失。没有任何美感的水泥房正在摧毁一切，从外而内，从形式到精神。别看只是建筑改观了，建筑可能正是其一切文化的载体。

看着过去的阳芳村照片，再看看现在的阳芳村照片，我们除了惋惜和焦虑，还是惋惜和焦虑。拿着照片去问村民，他们自己也是怀念过去阳芳村的面貌。民族文化立身和传承之本，是认识自身的价值。少数民族文化必须要对抗强势文化的同化的冲击，要争夺民族自身文化的生存空间、合法性地位。如果弱势的少数民族文化没有自我"身份"失落的恐惧和焦虑，主动地、逐步消解自身的文化传统，并且还不自知，这是很可怕的。村民自己的这种对过去的"怀念"是珍贵的。

团队在实践过程中，以尊重当地人的传统习俗、文化习惯以及诉求为前提，先梳理了乡村的历史、文化、传统，然后才进行一系列的修复行动；艺术家的思维、眼光、理念注入乡建，一定是有百利而无一害的。设计师陈春平用他那多年画画的眼光，总能从细微处发现村庄之美。

比如在路边，一个很旧的木谷仓，它侧卧在路边，晒着太阳。陈春平老师看见了，他说道："旧物中岁月的痕迹是无价之宝！无论你的手段是如何高明，你都做不出岁月的痕迹。你看，那些磨白的、脱落清漆的块面，刻录了劳动的过程。"走着走着，我们又看见一张石桌上放了一根扁担，陈老师说："我很喜欢这根扁担。这代表一个民族的精致生活。从一件劳动工具，可以看出一个民族对生活的热爱，对大自然的理解，对生命的理解。这种精致是这个民族的劳动美学、生活美学、精神美学，这些都体现在这个扁担勾上。"

艺术家大多是理想主义者，他们带着理想去做一件事的时候是有高远格局的，这样的热情最好不要让它灭掉，而是要让它成长。总之，陈老师的态度奠定了我们的整体态度。我们敬畏这个村庄，尊重村庄的文化和历史，认为村里的每个人都是美的缔造者，村里的老物件都是艺术精品。我们非常重视发现阳芳村本身的价值，通过对现代化危机和发展代价的反思为前提，发现乡村价值中的"人神"、"人人"与"人物"的关系。

在中关村，我们感受到的是惜字文化、书法文化。在阳芳村，我们感受最深的就是

图4-39　妇女在做绣品

节日文化。我们依次参与了阳芳村的大小苗年、元宵节、敬桥节、姊妹节、端午节、吃新节。在外人看来，他们简直就是天天过节。除了节日文化，阳芳村还有饮食文化、服饰文化、歌舞文化等。我们觉得无论什么类型的文化，都是美好的，颐养人的，有价值的。

图4-40　阳芳新媳妇

振兴乡村，需要手握乡村文化的利器。对乡村文化的理解，需要时时与城市文化区别开。梁漱溟把"乡村"看做一个价值的共同体或生活世界。相对于城市文化而言，"乡村文化侧重于那些展现乡村意境的因素，如村貌农舍、红白喜事、庙会祭祀、地方戏曲、传统艺术、传说谚语、民间禁忌等，这些往往展示出多种多样的具有农家韵味的乡村意境"。

要做好乡村的生态宜居工作，要重视乡村文化的再生。因为乡村文化中，有很大一部分内容与现代环境美化的观念是相符合的。乡村生活中，人们往往与自然为善、以土地为依托，讲究天人合一、和谐共生。在这种心态的引导下，才逐渐发展出一整套适应农业生产的礼俗制度、价值观念、风俗习惯等内聚为一体的文化集合。人们对自然又依从和顺应，同时也调节与利用，在这个过程中养成了非常丰富的注重环境美观的思想遗产。

比如传统的乡村文化是非常注重诗意境界营造、发现与歌颂的文化。在中国古代，乡村和诗词是有密切关系的，因为读书人很大一部分来自于乡村，他们读书入仕后，虽然会离开乡村，但等到他们告老还乡的那一天，他们又回到乡村，因此乡村始终是不缺"诗"的精

图4-41 李娜帮村民晒稻谷

神。也就是说曾经"诗"和"土地"是紧密结合的,诗透过生命,从地上诞生后,进入书本和流通。书本和流通中的诗,经过传承的精致化、细腻化、体系化、完备化之后,与土地进行碰撞,又产生新的诗。由于诗的浸润,村民会不知不觉把诗意的"美好"营造在自己生活的环境中。

诗人、土地、诗书,这三者本是一个良性循环的关系。后来"诗"被人从"地"上赶走了,去了城市,而现代的城市是西方文明在主宰,那么真正中国诗的精神藏起来了,现在我们需要把"诗"重新请回大地上来。诗是有尊严的,你赶走了它,你就得用心地请回它。

乡建恨晚

图4-42 老人做的绣品

如果乡村能够和诗词相遇，那乡村就找回了自己的魂。在古典诗词中看见的景象，基本上都可以在乡村复现出来。而且有些乡村已经具备了诗意景象。现在，我们只需要让重新回归到那片地上的"诗"为人所知。如果古典诗词和乡村相遇，会怎么样呢？如果用古典诗词的意境来规划、设计、建设村庄，这绝对将是一个高超、精妙、意义深远的方案。

要做好乡村的"治理有效"工作，需要研究乡村文化。因为乡村文化是乡村秩序的潜在基石，它曾经构造出乡村的社会生活秩序与理想世界。传统社会底蕴中的乡村文化，以农耕文明为物质基础，以伦理本位为社会基础，以绅士阶层为乡村文化传递与传播的中坚力量，是中国文化生长的沃土与摇篮。再生之后的乡村文化能够让村庄捡回来曾经有效的自治秩序。

现在的乡村之所以难以治理，原因是陷入行政化的难题中。所有农村都是一种具有统合性质的意识形态管理，原本家庭之中的人解放成原子化的人。这种管理导致了结构单一、运作呆板、文化空洞的村落社会。原本发挥自治功能的系统文化，变成一个支离破碎的躯壳。如果政府的行为不被村民理解，很容易发生对立情绪。

重拾"乡风文明"离不开乡村文化。乡村文明不是现代中国文明中的拖油瓶，它在现代社会仍然能发挥价值观念矫正与道德规范的功效。传统的乡村文化具有社会内聚的功用。血缘的亲情与地缘的乡情，共同编织出一个熟人社会的人际关系网络，处于这个关系网络中的人，形成了共同的价值观念和伦理规范。若有人逾越了自己的社会角色所规定的行为边界，就会承受家庭、家族、地域社会的共同惩罚。

人们世代沿袭的历史文化中，提炼出了一种独特的精神特质，村民普遍认同这种精神气质。村民在共同的生产生活过程中，也形成了共同的思想信念、道德伦理、精神风尚、风俗习惯和行为规范，它们能够满足村民的精神需要。这种需要导致了个人对集体的归属感和依赖感。因此，要建设文明的乡风，乡村文化的再生是很关键的环节。

现在的乡村文化，被国家力量、土地改革、市场经济三股力量所影响，"呈现出复杂的走势：一方面，在它自我生长的过程中，受到某些异质性力量的冲击而支离破碎；另一方面，乡村文化的包容性与多样性使其能够吸取外来文化的因素，通过丰富自身而以另一种风貌呈

图4-43　娜娜山中寻宝

图4-44　设计师与村民聊天

图4-45 阳芳妇女闲暇日常

现"。①但无论如何,乡村曾经是中国文化生长的沃土,也是中国文化诞生的摇篮,以后也会是让中华文化得到持久滋补的沃土。

我们非常尊重乡村地方性知识,做了详细的调查。在这个基础上,我们的建议是进行重建,这些重建包括乡村的历史、经济、信仰、礼俗、教育、环境、农作、民艺、审美等各个方面,重点是修复乡村秩序,恢复人和人相处的行为规范,试图为中国乡村文明的复兴路径提供样本。

乡村文化不能为乡村所独有,但是,乡村文化一定要为生活在乡村的人提供精神滋养,树立为乡村人所认同、所遵从的价值观。进入

---

① 赵旭东,孙笑非. 中国乡村文化的再生产——基于一种文化转型观念的再思考[J]. 南京农业大学学报(社会科学版),2017(1).

乡村的任何人，应该对乡村怀有敬畏和尊重之心，在尊重乡村与农民的前提下，在理解农民的前提下进行建设。对于乡村而言，恰恰还要更加尊重乡村的文化，守住乡村的根基，塑造乡村文化的尊严。运用传统文化元素，创新乡村治理模式。乡村文化是极其脆弱且不可重复的。一座村庄就是一个富有特色的历史博物馆和文化博物馆，为人们展示着独一无二的文化和历史。在悠悠的历史长河之中，优秀的村庄文化为华夏文明贡献了巨大的价值。当我们立足现在，面对未来，进入了一个新的发展时代时，这些文化依然可以为我们的乡村振兴事业添砖加瓦。因此，如果我们想要建设一批成功的美丽乡村，就必须立足于属于乡村自身特色的文化。

每一个村庄都有属于自己的核心文化，在建设美丽乡村的过程中，要善于把这种文化传承和创新发展下去。在经济驱动与权力联结之下，乡村文化会发生变迁，这种变迁有扭曲，也有新生。我们乡建人对一个一个具体的村庄进行建设，对此变迁不能坐视不管，还是应该有所发声、有所干预、有所挽救的。

二、乡村文化的营造

若要乡村文化再生，必须增强乡民的文化自信。乡村文化的传承是基于对民族和乡土文化的自信与认同而实现的，我们要通过民众喜闻乐见的方式传播乡村文化中的精髓，让农民认识到自己所属文化的独特性与重要性，在实践中对物质文化遗产和非物质文化遗产进行继承；对仁爱民本、自然和谐的思想进行继承；以及对民间宗教信仰等进行传承。让更多的认同感产生，发出村民"自己的声音"。这样，就能实现乡村文化的再生产。

实际上乡村文化营造就是踏踏实实在做乡村文化复兴、再生、创

乡建恨晚

图4-46 河边洗澡的孩子

图4-47 对刺绣充满好奇的娜娜

新的工作，就是在做乡村振兴的落地实践工作。什么是"社区营造"呢？"社区营造"起源于20世纪50年代末的日本"造乡运动"，经过20年的发展演进，已成为日本解决社区发展问题的主要方式。我国台湾地区利用"社区营造"，使很多地区的乡村经济和文化及品牌名声实现了腾飞的发展。社区营造是以居住在同一地理范围的居民为主体，以集体行动来处理共同面对的社区生活问题，将传统文化融入到现代生活中，解决问题的同时创造共同的生活福祉，逐渐地，居民彼此之间以及居民和社区环境之间建立起紧密的社会联系，实现传统地域生命共同体的再生。

社区营造通常的切入点，分"人、文、地、景、产"五大面向。"人"就是居住于小区的乡民，以人为本是小区营造的首要考虑；"文"就是文化，须考虑小区的文化特色；"地"就是地理环境，环境整治是社区营造的重要工作内容；"景"就是风景特色，挖掘和创意化装饰当地景观，是社区营造最具魅力之所在；"产"就是产业，社区营造不是一群无事的人在村庄里闹着玩，而是要培育当地产业，使其传统产业向多元化、融合化方向发展。社区营造产生的效益有产业的，有文化的，有生态的，但最有意义的是让乡民产生了"人与土地"的联结关

图4-48　阳芳村抓鱼活动

系。这种联结，除了乡民与土地的联结，还有城市人与土地的联结，这也就是联结城乡。因为社区营造要把城里的资源引导到乡村，然后把乡村的资源销售到城市。

通过社区营造，人们自觉自愿、合作互动、共同参与到乡村文化价值的实践，挖掘文化资源，遵循当地历史文脉与独特个性，注重自然环境、文化传统与社会结构的可持续性。充分发掘本土利用自然、与自然和谐共生的思想与实践，使自然环境、人造景观、社会环境和谐共生，具体措施诸如河川再自然化、绿地化、沼泽再生等；为地方原有的民族工艺等注入新的活力，推动基于地方资源的产业振兴，提升人们的生活品质。目标指导原则：通过以乡民为主体的集体行动，促进公共利益，把村庄建设成为出入相友、守望相助、疾病相扶、邻里相亲的社会生活共同体。将居住于一定地域空间范围内的人群聚合成富有认同感和内聚力的群体。为了田野、为了故乡、为一切因为时代发展而日渐消亡的物种和文化，营造起一个共同的家。

我们的"乡村文化营造"，与"社区营造"的工作内容、含义基本相同，只是更加适应中国乡村的国情。其工作程序是在乡村的某栋空

乡建恨晚

图4-49　阳芳一角

房子里，为乡村建一座集图书馆、画廊、学堂等为一体的小型复合型的文化设施，取名为"乡建恨晚书院·某某村"，里面不光有书，而且还有很多活动，包括故事会以及每周读书会等。我们还发动有识之士，将乡村尚存或值得重现的地方习俗和地方艺术相关信息、资料提供给我们，我们以某种形式保存记录下来，经过整理之后提供给当地乡民，让这些宝贵的地方财富永久地保留和延续下来。里面也有地方性学堂，用现代艺术文学的方式来经营以及创造出终身学习氛围的要求。让儿童成为乡村文化与记忆的继承人。

　　乡建恨晚书院里面的装饰物品也是来自生活回收的旧物，并把它们重新设计成为了里面具有活力的一景。乡建恨晚书院中强调传承历史文化，开展民俗文化活动。也具有民族工艺传习馆功能，展示民族

图4-50 孩子们和娜娜一起看照片

习俗。同时,经过专家学者的培训,村民学习了解了本族文化,激起了自觉保护和传承民族优秀文化的热情,开始主动学习传统艺术。它也有农村美术馆的功能,但它具有强大的辐射力,最终把整个村变成美术馆:农舍是展场、稻田是画布、农夫是艺术家、农产品是艺术品。以"农村美术馆"概念整合艺术介入社区营造各方面的实践,是一个具备资源整合功能的创新理念,同时也是地方经营艺术产业的地域品牌和平台,营造过程得以实现乡村环境的改善、经济的良性开端以及乡村社会的归属感塑造,是艺术与社区合作的一种乡村复兴模式。

里面还有亲子课堂。课程内容可以包括家庭教育、营养搭配等,

乡建恨晚

关注社区妇女的福利。在母亲节时，组织亲子活动，举办母亲卡制作竞赛，让孩子们更加亲近母爱。举行儿童彩绘活动。彩绘让小朋友们成为真正的社区主人翁，也是小朋友们施展才华的好机会。总之，我们的乡建恨晚书院，就是集传统与现代文

图4-51 积极向上的孩子

化、艺术、生活、学习与学术研究的设施与活动于一体的空间，是乡村形象与识别系统的营造中心，是本地文化旅游品质提升地。我们还会发展文创事业，将地域物品结合人文旅游，发展成为有创意、品种多样、易携带的伴手礼产品。选取一样，塑造为"一村一品"的地方特色产业，带动产业提升，并促进当地经济发展。下面就是我们的一个小小的活动案例：

2018年2月，阳芳村依然是天寒地冻。冰凌冻住了万物，却冻不住乡建人组织社区营造活动的热情。参与阳芳村建设的九七华夏乡村营造小团队，他们在阳芳村驻扎大半年了，工作要暂时告一段落了。因为年末了，伙伴们要各自回自己的家乡过年了。在走之前，小团队在村里的踩鼓场安排了一个热闹又喜庆的活动：乡建送春。"乡建送春"活动有五个环节，分别是：（1）团队书法家洪策现场写福字、写春联一副，送给村民。（2）在送春联的同时，搭送印有阳芳村全貌立面设计效果图的新年日历。（3）村民自己挑选大半年来被团队成员偷拍的照片。（4）孩子们现场绘画，送给团队成员。（5）拿到春联和福字的村民，又通过视频录像给全国人民送新年祝福。

图4-52 春节将至

这次在阳芳村开展的社区营造活动非常成功，且意义深远。通过本次活动，我们营造了欢乐喜庆的迎新年氛围；引导和激励村民积极投身自己家乡的建设；增强村民的乡村建设主体的意识；拉近了美丽乡村建设工作组"九七华夏"与村民间的距离；扩大了阳芳村的知名度，为后期的阳芳旅游形象的打造奠定了一个良好的开端；但是，看似无关紧要，其实意义更为重要的是：让阳芳村的孩子们度过了愉快的一天，或许这将是他们童年生活中记忆最深刻的一天，多年之后他们会为这个记忆而自豪，他们会因为这个记忆而永远爱惜他们的村庄。

乡村文化营造是乡村文化复兴的手段，也是集结个体力量投身乡村振兴政策落地实践的最佳手段。因为它涉及的内容太广泛了。最全面的乡村文化营造包括人文教育、产业发展、关怀互助、社区治安、环境景观、环保生态这6个方面。其中，人文教育包括培育社区营造人才、举办社区文艺活动和建立终身学习体系等；产业发展包括推动社区产业转型升级和创造在地就业机会等；关怀互助主要建立社区照顾关怀据点、加强社区儿童照顾；社区治安包括健全社区安全维护体系和防灾系统，建立家暴防范系统；环境景观包括社区设施建设和社区风

图4-53　福娃们带着福字合影

貌营造；环保生态主要是鼓励社区进行环境整理和绿化，推动社区生态教育工作，建设生态社区。

　　乡村文化营造，这里的"文化"二字不可狭义理解，因为经济活动也是一种文化，因此我们的文化营造，同样涉及帮助地区产业发展的内容。我们的目标就是要建立一个"共同体"的意识。乡村文化营造就是共同体营造，就是营造一个生活基础设施齐备、人际关系和社会结构和谐的地域社会；就是营造人与人沟通交流的生活空间，创造在步行范围内的具有魅力的日常生活场域。在这个场域，让景观整备，让历史、文化、艺术在这里创造与再生，让人们的生活更优质。这个场域社会能够满足多样性的生活共存与多元文化共生。这个场域能与

第四章 / 陪伴是最长情的告白

图4-54　陈春平、洪策和村民在亭子聊天　　　图4-55　设计师给老人画肖像

自然生态共存再生。通过"营造"手段，这个场域能够热情欢迎外人入住，接纳外人带来的多样文化，人们愿意互相交流，允许多样价值观共存。

## 三、艺术唤醒乡村文化

乡村文化的再生，并不是指死亡后的重生，而是在新的社会土壤中培育出来的新的观念。振兴乡村，需要乡村文化的再生。乡村振兴，各类学科均可以从不同角度进行探索、促其优化。而基于其内在特质，艺术是激活村落特色的最佳途径。特别是在保留乡村风貌等乡村建设中，艺术的作用不可小觑。因为艺术家可以把看不见的文化变成可视、可听、可感觉得到的氛围及象征性的文化符号，并让其渗透到乡村的生活空间，从而成为一种新的生活式样。

艺术是治疗社会创伤的手段，艺术也一定能发挥拯救乡村的功能。艺术推动村落复兴与艺术修复乡村，是一种既能提高农村生活水平和改善农民居住环境，又能保护传统村落民居及召回久已失去的民族精神的最佳途径。艺术不仅保护了传统，让村子有活力，而且还为村民带来一种全新的生活方式，让村民为自己的传统文化感到自豪。

乡建恨晚

图4-56 改造后的阳芳民房

艺术化了的村庄,能让年轻人回来。而年轻人回来是乡村复苏的根本。

艺术可以为乡村文化找到出路。这个出路就是:在能力范围之内,保持对民族文化、地域文化的尊重,唤醒作为边缘文化的民族原始性、原创性、多样性和丰富的特质,通过提炼一些真正能代表这些边缘民族文化特性的美学思想来,使其能够参与未来世界的建构中。

那么艺术介入到乡村该如何做呢?艺术介入乡村,一定要带动村民,跟村民没有什么关系的艺术介入方式,是没有前景的。对于封闭的农村文化来说,艺术项目如何给当地带来经济的改变,在当地实施的过程中,让村民参与其中,在合作的过程中,慢慢建立起一种现代化的意识,像合作精神、契约精神等,可以直接从中获得利益,这是比较现实的艺术改变乡村。我们常常引导村民,把一件不起眼的原生物件，变成艺术品。我们还在保护原村庄格局、环境、风俗等工作的同时，引进艺术家来采风，驻村创作。比如艺术家们来到了阳芳村，不仅在村里居住、创作，更把他们的艺术作品与乡村环境和乡村生活紧密结合。

清明节，油菜花早谢了，在雨中的田地里，油菜梢上长出了大片的绿色小火箭。不过，乡村的万物不会让人寂寞，地里的萝卜花又接着开了大片的花。我们请来了贵州乡土诗人、贵州大学学报艺术版主编刘剑来阳芳村，他为阳芳村创作了一首诗：

醉在阳芳

北方，悲怆的黄河，
　先祖蚩尤的故乡，
江淮，遥远的东方，
　一望无际的家园。

跨过历史的长河，
南方，汹涌的长江，
一路向西，就到了台江。

南方的苗裔，清明，
　醉在微渺的阳芳，
在酒中，我看见了远古的城墙，
　雄壮的山峦，血红的战场，
家谱中渐行渐远的过往。

乡建恨晚

<blockquote>
二月的雷声已经来临，<br>
三面环水的村庄，<br>
河流，在夜晚静静流淌。
</blockquote>

  这首诗歌其实是在用艺术唤醒乡村历史。历史作为记录人类生存的手段被广泛地重视，乡村历史则显得尤为重要。所谓的乡村历史文脉，也就是一种文化，这种文化主要产生于宗法色彩较为浓厚的自然乡村之中，它反映的主要是这些自然村落中为了延续后代而出现的种种思想观念。乡村历史文脉同其他的文化不一样，它具有自身独特的特性。它并没有遭受太多现代化的冲击，还保留着原始而古朴的物质基础，有着自身的发展逻辑。由于各个自然村庄的分布并不集中，乡村历史文脉也就呈现出了多样化、差异化的特点，显得丰富而生动。

  由于科学技术，尤其是交通和通信技术的进步和现代化浪潮的冲击，原本封闭而原始的村庄开始被卷入其中，其文化也在发生着现代性的转变。但是这种转变不是简单的现代化，而是传统与现代的有机融合。当我们研究这些古老而原始的文化时，如果能够用科学的眼光来看待，坚持取其精华去其糟粕的原则，那么必将守住这些文化的"根"，同时又能促进村庄的现代化转型，提高居民生活质量，建设美丽乡村。

  我们设计村酒吧、民宿，并鼓励一些村民开艺术品商店、乡村集市等。目前还在酝酿油菜花艺术节、五彩米艺术节。同时，还在计划引荐大学艺术院校到村里挂牌，以及引荐大学教师和志愿者给乡村小孩上手工、艺术课及绘画课程。我们希望通过艺术的方式，让乡村苏醒和恢复人的生命感觉。只有让艺术发挥文化启蒙、公民教育乃至社会干预的重要意义，我们才算成功了。

第四章 / 陪伴是最长情的告白

图4-57　苗族阿哥阿妹在丰收的五彩稻谷对苗歌

我们认识到艺术家或说文艺青年的一腔热血和对艺术的执着理念并不能完全适应中国的农村大地，艺术拯救乡村不是为了实现艺术家"乌托邦"式的理想，而是要细腻入微地融入当地农村，这需要艺术家们与乡建主体——农民以及当地政府共同协商，达成一个共同体。如何在多主体的互动中取得平衡，使其能够平等、公正地对话，共同促进乡村发展，实现合作共赢，还需要长时间的探索，不过我们迈出了探索的步伐。

艺术与乡村振兴不只限于乡村风貌，更不只限于设计时尚的民宿和艺术教师的支教，如果我们深入的了解、读懂艺术，就会发现艺术不是一种孤立的割断，而是与经济、社会、大众发生了紧密联系，它能激活很多很多的事物。在美丽乡村的建设过程中，我们是尽可能地发挥艺术自身所具有的强烈的激活性、生态性、在地性和生长性。

乡建恨晚

　　用适当的方式唤醒村民的文化自觉和文明意识，用多元的手段传播乡土文明和乡土生活，用合理的途径承载乡愁，延续记忆，这一直是我们微信平台《乡建恨晚》的一个职责。因为乡村不仅仅只有务农这一种形态，它更是一个复杂多彩的文明体系。活化，就是要让乡村不再只是破落的躯壳，而是充满人情味的家园。

　　巧妙利用当地材料，设计制作产品，根据保留下来的手工技艺进行升级开发，既可以创造新的经济效益，又能够让赋闲在家的村民们重新调动起来带来较好的社会效益。基于本地的资源，结合艺术的视野，我们期望带来更为巧妙的产品语言。

　　但是，我们的理想不是做某一个具体的设计，而是介入乡村的机制、规划产业等，研究在地的产品如何创意化，之后怎么去转化为价值，转化为价值后怎么持续地增加收入。可以在艺术家离开后持续运营，同时，这种创化和工作场景又能够留住客人，让前来休闲的城市人找到一种浓浓的田园风情，让城市人找到新的体验，营造系列体验经济。

　　艺术可以有力地作用于那些在历史行进中被忽略的村落文化基因，重塑村落的文化凝聚力。我们一直在挖掘村落的潜在文化价值，继而转化为新型生产力，并带来直接效益；艺术唤醒了已经被遗忘的事物，并使它们延伸到未来。那些同人们日常生活和生产劳动紧密相关的生活方式、地方文化和其中孕育、传递的文化与情感也再度得到挖掘，重新被阐释。

　　因此，我们的团队对阳芳村的地域文化与历史传承注入非常多的思考，企图用文化与创意更新知识和技术、升级理念和经验、实现乡村的优势化转型。将文创产品转化为后续可持续的商业价值，才是艺术更大的意义。村里的枇杷滞销了，李娜立即投入到了将枇杷制作伴手礼的工作中去了。

　　艺术介入乡村，最直接的方式是视觉的介入，对当地的经济和消费方式也会带来影响。艺术可以直观地带来传统村落的视觉提升。我们不是让乡村仅仅成为艺术家自我表现的战场，成为艺术家个人表达的语境，也不是简单地让建筑师在乡村完成自己个人化的作品。在阳芳村，我们的建筑设计是建立在地方文脉的接续以及为了使村民生活得有幸福感而努力的。乡村是作为乡村主体的村民家园，不是单为满足知识分子的想象和城市消费者的需求。我们也没有仅停留在追求乡村建筑形态的审美要求上。

　　阳芳村的传统建筑有其独特的文化，它是苗族物质文明与精神文明的产物，它本身就代表着一种文化，反映出一个民族的生活模式、生活水平和生活情趣。苗族有着自身历史文化和生活习俗，反映在建筑上也就深藏着伦理、生态、信仰等意义。在现代经济迅猛发展的今天，苗族逐渐抛弃了他们的传统建筑，我们要注意帮助他们继承和发扬民族文化传统。我们在阳芳村建筑创作过程中，时刻注意将苗族的文化特点及历史融入其中，让其在继承中不断求发展。

　　我们在设计阳芳村建筑时，一直思考的问题是将民族文化元素符号化、抽象化，充分提取建筑中某个有意义的元素来进行新的创作，得到一种新的建筑样式，我们认为这种方式是比较有效的。无独有偶，正在冥思苦想的我们，在一个刺绣的苗族妇女那里得到了灵感。我们把目光投注到苗族的服饰图案上，发现它们经过合理运用，可以作为一种现代装饰。这种手法往往追求其内在的神韵，让其建筑既有现代气息又有民族的韵味。

　　随着经济全球一体化，人们生活水平的不断提高，城市化进程的速度不断加快，越来越多的民族性建筑随着生活的改变而改变，变得

乡建恨晚

既不传统也不现代,出现了不伦不类的结果。反思传统苗族建筑,它在现代社会中已经不能全部满足现代人的需求,新事物代替旧事物,这是社会发展的必然结果,而人们又厌倦千篇一律的方盒子建筑的时候,那么人们必然在寻找另一条捷径来满足人们的基本需求。

我们在阳芳村所创造的现代风民族建筑,必然成为当代建筑文化不可能少的组成部分。当人们的基本功能得到满足时,追寻精神上的寄托是现代人们的另一种追求,人们对建筑有了更高的要求,于是强调地域性、文化性、民族性等因素也就成为这个时代的主流,于是形成了多元文化共同发展的趋势。而在这种趋势下,为我们发展阳芳村自己本民族的建筑创造了有利的条件。

在乡村文化再生的实践探索与理论研究中,每个独特乡村的文化基底是什么,如何能够实现时间上的世代传承与空间上的传布,它的内在运作机制是什么,如何使旅游业对村文化的积极影响得到最大,并将其负面影响降低到最小,这是需要我们在社区营造的实践过程中进行长期探索、思考的问题。

## 第三节 离开之后的持续支持

对于曾经洒下青春与汗水的村子,建设者的感情不会随着工程项目的结束而结束,这份感情可能会持续很久,甚至终身。因为那里的人和物,深深地留在了建设者的内心深处。我们离开建设过的村子之后,往往会密切地关注村子的后续发展。李娜回忆她离开后又回去的心情:"离开阳芳村一周,再回阳芳村内心是激动的。那种感觉就像离家的孩子回到了自己的家,找到自己的归宿,不陌生不拘束。我一下车就到处窜。村里孩子们隔着老远就大声喊道：'娜娜老师，娜娜老师……'，我开心的一边跳一边和他们挥手，像是这山与那山的情歌对唱，中间一片峡谷响起了我们的回声，在此时此景的大山就是村里的村民，他们都纷纷朝着小孩的对喊方向看着'娜娜老师'。"像接力赛一样，乡建人员陪伴一个又一个的村子度过了数不清的日日夜夜。多少焦虑的煎熬，才换来点滴美妙的小故事。中国乡村的复兴，就这样在一群人的前仆后继中前行，就好像长征的步道。离开之后，美丽乡建故事，还会继续谱写新篇章。"建设未来村，共创新生活"，建设村庄只是我们的载体，我们真正在意的是村内村外人生活水平的提高，生活方式的转变，这一切需要我们持续走心共创。

一、情感性帮扶

一个村我们建设完成了，我们的人走了，可是情感却留下了。比如中关村，和中关村里的小女孩徐梅，我们对它的情感就没有随工程的完结而消失，而是成为了永远的牵挂。在我们的记忆里，中关村常年被清风与云雾环绕。但那是一个美丽的地方，弥漫着花一样的芬芳，彩虹一样的色彩。2015年的夏天，九七华夏参与了中关村的一个乡建项目，作为九七华夏团队的一员，在那个夏天，苏佩珊来到中关村参与建设。于是，在淳朴与宁静中，她度过了一段火热的干劲与曼妙的遐思并存的青春岁月。之后的日子，中关村的花草、树木、生活、故事，一直在她的生命中鲜活地存在着。特别是那个小女孩——一个懂事得让人心疼的小徐梅，成为了她生命中一个美好的所在。正因为她，苏佩珊心中的中关村多了一抹坚韧的味道。

徐梅是一个美丽又活泼的小女孩。有时苏佩珊在她家对面的马路上走着，中间还隔了一条河，她在院子里看见了佩珊他们，隔着河就

乡建恨晚

图4-58 中关村一伙卖萌的"孙猴子"

大声的喊着:"叔叔!叔叔!孃孃!孃孃!"(阿姨的意思)她用她那双稚嫩的小手热情地招呼着他们。团队成员来到她家,她总会快步跑来迎接。在一群阿姨中,她最喜欢的是佩珊。当佩珊来到她家,她特别喜欢用她那微胖的小身板,冲上来抱住佩珊,开心地喊着"孃孃、孃孃"。徐梅除了美丽、活泼,还特别懂事。当有客人来到她家,她会热情地招呼客人,还会很有礼貌地拿凳子给客人坐。尽管那个时候,她才四五岁。我们怎么也看不出来,她是个没有爸爸、妈妈疼爱的孩子。

徐梅的家,在村口,是一座独栋的房子,门前有非常漂亮的风景。走在中关村口的马路上,一眼就能看见对面有栋只有一层的平层

第四章 / 陪伴是最长情的告白

房屋，背靠山，门前有小院，隔路相望，中间有一条河，这就是徐梅的家。从大湾来到这户人家，就得走到三岔路口，就得从徐梅家绕过。结识徐梅及其家人，偶然中也有必然。那年夏天里的一天，我们团队偶然间路过徐梅家的房子，觉得这家人太过于寂静，佩珊停留下来，想去了解这户人家。那天，天很蓝很蓝，屋外晒着一排排的青菜，两张长凳摆在门口似乎是在欢迎我们的到来，佩珊停下慢悠悠的脚步，向着屋内走去。

佩珊走进了徐梅的家，这一天刚好赶上徐梅爷爷上山采土烟回来了，看见佩珊的到来，徐梅爷爷非常热情友好。团队小伙伴看见了小小的徐梅后，立即被她可爱的面孔吸引住了，纷纷给她拍照。而徐梅一点儿也不胆怯，她很大方地给大家搬凳子坐。徐梅是由爷爷、奶奶带大的。在徐梅1岁的时候，她的妈妈就走了，再也没有回来。后来又

图4-59 天真可爱的徐梅

图4-60 徐梅一家

乡建恨晚

有一个同父异母的妈妈，给她生下一个妹妹。之后，她爸爸去了福建晋江后失踪了，她的后妈一个月后也离家出走，再也没有回来。

初识徐梅及她的爷爷、奶奶后，我们就经常去看望徐梅。我们团队大多是福建人，或许是我们距离徐梅爸爸的失踪地方不远的缘故，徐梅的家人和我们有一种亲切感。有一天，徐梅的爷爷找到我们，他说想请我们给他们照个全家福，他要带着这个全家福，去福建看他的儿子（徐梅爸爸）。徐梅的爷爷说他身体不好了，他要抓紧去完成这件事。在约定的时间里，我们去了徐梅家，只见徐梅一家人穿戴整整齐齐，徐梅的爷爷和奶奶并排坐在椅子上，爷爷抱着四岁多的徐梅在腿上，奶奶则抱着一岁左右的妹妹在腿上。徐梅很开心的样子，她的妹妹更是笑得眼睛、鼻子挤到一起了，十分可爱。可是徐梅爷爷和奶奶的脸上，略微有些愁云。但是，我们开始没有注意到那片愁云意味着什么。我们蹲在他们一家人面前，随着相机"咔嚓"一声，一张和谐的全家福就此诞生了。

在中关村驻守的3个月里，佩珊经常去看望徐梅，她非常喜欢徐梅，喜欢她的美丽的小面孔，她的乐观、她的懂事。慢慢地，我和徐梅之间建立起了深厚的情感；在之后，每次出差贵州的路上，只要有机会回到中关村，佩珊都会抽时间去看徐梅，给她买点她那个年龄喜欢的东西。徐梅渐渐地非常依赖佩珊，如果佩珊长久不去她家，她就会非常想念。

2016年冬天里的一天，佩珊回到中关村，想顺便去看看徐梅。那天，徐梅没有在家，奶奶也没有在家，佩珊问了问邻居，邻居指了指屋后的坡上，她便对着坡上喊了几声"徐梅"，徐梅听到佩珊的声音了，她认出阿姨的声音，回应着，欢快地喊着"嬢嬢，我在这里，我在这里"；佩珊循着声音，沿小道走了过去，看见徐梅和奶奶，还有妹妹,他们在地里劳动。奶奶在挖番薯,徐梅在一旁帮忙捡,妹妹安静地看着姐姐和奶奶。

徐梅的奶奶才60多岁,可是看起来有70多岁了。看见她一个人劳动很艰难,佩珊也加入到了捡番薯的劳动中。一会儿,她们就捡了两大箩筐。奶奶准备背一大箩筐的番薯先回去,然后再回来背另一箩筐。佩珊说:"我可以帮忙背一筐回去"。徐梅奶奶不许,她说:"你背不动的,你会弄脏衣服的。"佩珊坚持要背,奶奶执拗不过,就帮佩珊减少筐里的番薯,放回自己的筐里。佩珊反复强调:"我能背的动,没关系的。"可是,徐梅奶奶还是很不好意思,一直帮她减少箩筐里的番薯。佩珊蹲下来背番薯,有些站不起来的样子。奶奶助力帮她抬了一下,她顺利地站起身来。番薯筐确实有点重,但她总算背回家了;番薯背回家后,奶奶开始把背回来的番薯倒进大桶里,开始放水。徐梅拿来木棍,往木桶里的番薯捅了捅,奶奶也过来帮忙了,奶奶说这个用木棍捅一捅,就能洗干净番薯。番薯洗净了、煮熟了,就可以给猪吃。那时,徐梅的奶奶养有4头大猪。完成了一系列的劳动后,佩珊给徐梅照了相,就回家了,这次佩珊竟然忽略了一个重要的问题:徐梅的爷爷去哪里了?以前重活都有爷爷的身影,爷爷才是这个家庭的顶梁柱啊!

在2015年的夏天即将过去的时候,徐梅的爷爷和村里一个叫董姐的人说起,要给徐梅认个干爹,让董姐问问团队里我们的男生,能否给徐梅当干爹。中关村这里的风俗是习惯给孩子认干爹,认了干爹会便于孩子健康、快乐长大。我们一直没有把这件事真正放在心上,直到2016年年低,徐梅的爷爷再次说起这个事情,眼神里有说不出的无奈和期许,我们这才觉得这件事必须答应下来。后来董姐问了团队的男生,团队的男同事都表示愿意,爷爷让徐梅挑选一个干爹,徐梅就

乡建恨晚

图4-61 王秉峰和徐梅

图4-62 苏佩珊和徐梅姐妹

选择了秉峰,大家开玩笑说因为秉峰又高大又帅气,所以被选中了。

我们的项目结束了,临走的时候,我们来到徐梅家。徐梅喊秉峰为"爹",有时她会靠着佩珊,依偎着佩珊,一会儿她又害羞的跑掉。佩珊想告诉她干爹和阿姨都要走了,可是看着她可爱的模样,佩珊的心柔软得快碎了,竟然有点躲闪她的热情。佩珊只告诉她,我们要坐飞机了,或许她没意识到我们要坐飞机意味着什么。

后来,秉峰因为种种原因,他没有机会来中关村,但他一直牵挂记着徐梅。他经常通过佩珊,与徐梅通过手机视频聊天。记得有一次,秉峰让佩珊带礼物给徐梅,佩珊就在县城买了一套漂亮的裙子,带着期待来到村里,迫不及待来看徐梅,佩珊对徐梅说:"这是你干爹给你买的裙子,你穿看看,让嬢嬢也看看,拍个照片,给你干爹瞧瞧。"徐梅高兴极了,赶紧穿起来,摆好姿势,让她拍照。

2017年10月份的时候,中关村的天气有些秋天的凉寒。佩珊来到中关村,徐梅一见到我,就告诉我:"爷爷去世了。"佩珊心中一惊,回想过去的种种,原来对老人是如此的大意,没有提早猜透他的心

思，尽管他一直给我们提示。我们遗憾的是，老人一直到死，都没能踏上福建的旅途，去见上他儿子最后一面。如果我们能早点猜透一些谜团，说不定我们可以帮老人实现心愿。没有了爷爷，家里就没有了顶梁柱，徐梅的奶奶身体也不好，徐梅今后的生活可怎么办呢？佩珊心中一直放心不下徐梅。

转眼到了2018年的春天，九七华夏的同事丁禹，也是佩珊的同租好友，她说她男朋友丹哥想去资助一个贫困孩子，为这个孩子单独建立资助基金，一直资助到孩子读大学。佩珊立即向丹哥推荐了徐梅。于是佩珊打电话给中关村董姐，让她帮忙询问徐梅奶奶，先和徐梅奶奶说这个事情，征得徐梅奶奶的同意。一开始徐梅奶奶误会了我们的意思，以为我们要领养了徐梅。后来董姐再次联系徐梅的亲戚，让亲戚去给徐梅奶奶说捐助的事，徐梅奶奶这时理解了这件事。董姐很开心，给佩珊打电话说徐梅奶奶同意了，佩珊也很开心，赶紧给丹哥说这个事；丹哥接到消息后，立即决定开启远程式捐助。他办了一张银行卡，给徐梅奶奶邮寄过去，每个月固定往卡里存钱，这些钱用来给徐梅作为读书基金。佩珊觉得丹哥和丁禹应该去看看这个孩子，这样捐赠的过程才更有感情和价值。丹哥非常的忙碌，要他尽早去一趟贵州的大山，他真的很难抽出时间。但在佩珊持续的劝说下，丹哥带着丁禹，于2018年的清明节，去了中关村，看望了徐梅。

2018年4月6号那天，丹哥和小禹坐上了从厦门飞往贵州的航班，转高铁，转小车，山路十八弯终于来到中关村。徐梅看见两位大哥哥、大姐姐，她仿佛有心灵感应似的，她知道他们是她的贵人，她开心的跑去，大声喊："叔叔、阿姨……"徐梅带着丹哥和丁禹来到她平时玩的地方，开心地介绍着，她说："这是我经常会来的小竹林，还有在院子玩滑板车，还和奶奶上坡挖红薯，帮奶奶捡挖出来的番

薯……"徐梅还介绍了奶奶养的几头猪,还和小禹阿姨分享着幼儿园上学的趣事。夜幕降临了;小禹和丹哥回到中关村的住处,他们在中关村多停留了一夜,因为他们想更多了解这个大山里的村庄,是一个什么样的地方,为什么它有如此神奇的力量,为什么它有着这么多淳朴的人们。我看着丹哥他们情侣在青山绿水间、在人间真情大爱间,见证着、滋养着他们的甜蜜爱情,我觉得他们的这种缔结方式非常值得现代青年学习。有了丹哥的资助,佩珊和九七华夏团队,终于可以为徐梅的前途松一口气了。

  为了徐梅的健康成长,最终佩珊只做到了这些,作为徐梅最喜欢的阿姨,或许她做的还远远不够吧!她还没有很称职吧!但佩珊不会甘心于只是如此的。世事难料,隔山阻水,之后佩珊及九七华夏团队依然会跨越时间、空间上的巨大阻碍,来给徐梅更多、更好的帮助与指引。

  秉锋开始很犹豫,到底要不要做徐梅的干爹,最终他答应了。因为他是这样想的:"徐梅,注定会是我们生命中一个美好的所在吧!感觉自己总是不能承受心中期待的东西,害怕自己不够格,做得不好;觉得自己都没有长大,一下子要对徐梅负起爸爸般的责任,心中着实

图4-63 徐梅与苏佩珊

忐忑不安。唯一让我觉得坎坷的就是，想一想我们都快30岁了，提前迈出了这一步，更多的还是喜悦。让徐梅天真烂漫地坐在我的生命里，因为人海中稍一凝眸，报以微笑，便会有好的故事。岁月静好，慢慢讲来。"

　　李娜离开阳芳村后，一直想着阳芳村。在阳芳村，她在杨英家住了一年两个月，和杨英的公公、婆婆都熟悉了。离开阳芳村不到半月，就听闻杨英的公公，也是她心头认定的爷爷过世。听闻消息后，顿时觉得世事难料，一切都是这么不经意间的流失。李娜清楚地记得他那送别时的"深情一笑"。这个笑像是印在她的脑海里了，她还记得离开阳芳村那天，她出门，爷爷见她拿行李箱，就问她去哪。她回道："放假了，我回家几天。"爷爷笑着用蹩脚的普通话掺杂着苗语说："放假了，回家好好休息，休息好了再来。"爷爷跟着她，送她到门口，还向她招手道："再回来哦！"李娜也笑着回应："好。"李娜真想回来参加爷爷的葬礼，但实在回不了，就给杨英说了一些安慰的话，送了一点礼金，虽不多，只是聊表心意。

　　李娜常常回忆爷爷，记忆中总是出现几次她离家前爷爷送别的笑，还有回他家时，总是关心她吃饭了没有，叫她吃饭。周末的时候叫她和他们看电视，拿出水果零食给她吃。爷爷还会些普通话，奶奶则一点都不会，和两位老人的相处模式，就在于

图4-64　笑脸如花的娜娜

乡建恨晚

他们之间的眼神和少之又少的口语交流。李娜会问："爷爷奶奶，你们看电视呀！""爷爷奶奶，我去上班了"。"爷爷奶奶，吃饭了吗？""爷爷，大哥大姐呢？……"语言的不通，给他们的交流带来了很多的不便。但两位老人的眼神就能显现出来，他们待她像自己孙女一样。爷爷在的时候，经常会在外人面前夸她，说她在村里很能干，人又聪明，长得又漂亮……李娜想着爷爷过世了，总觉得奶奶会很难过，她预想下次回阳芳村杨英家的时候，肯定也会不习惯，一定会想他。李娜说："陪伴式的乡建工作，村民依赖我的存在，同时我也依赖了他们，相处中大家都有了很深的感情。"

## 二、技术性支持

在遵义桐梓茅石镇中关村，有一个普通的农家妇女，大家都叫她董姐。董姐是一个特别开明利索的人，在村里的妇女中，她特别能够接受外面的新事物，特别愿意学习新知识、新思想。她常常说自己没有读多少书，没有文化，但是她却不像村里通常的妇女那样，对于不懂的东西，拒绝去学习和接受，甚至是抵触。董姐特别愿意和我们这些做乡建的人员打交道，她把新生活的希望寄托在我们身上，她知道我们能够给她有价值的指导，她真的是我们在村庄农妇中遇见的一个"惊喜性"的存在。

回忆往事，苏佩珊非常感谢这位"贵州嫂子"。她说嫂子是一个和她妈妈差不多年纪的能干女人，很会做饭，普通话说得特别好，在村庄很少有女性普通话说得这么好。她是一个让人很暖的人，那是一种久远的烟火气息的暖。想起她认识嫂子，那是2015年7月3日，洪金聪第一次带她下乡。

她说："飞机降落龙洞堡机场，那一刻，我便与贵州土地结缘。天

第四章 / 陪伴是最长情的告白

图4-65 董姐和她的民宿

空下着小雨,和洪哥还有美院小伙伴一路囧途的来到中关村,我们的车子慢慢驶入中关村,来到一户有3层楼房的民居,洪哥说这是村里最好的房子了。女主人(嫂子)接待着我们,问候着我们吃饭了吗,这一路很累吧……赶忙说帮我们下个面条吃,记得当时有个伙伴生日,还给下了鸡蛋,就是这样结识嫂子,那一刻印象很暖。之后的日子,我便在中关村与小伙伴们待了2个月。回忆很多,记忆很深,记得当时的中关村还是一个落后的村庄,嫂子每天帮我们做饭吃,有时候也问问我们喜欢吃什么,帮我们换着口味,那时,中关村貌似有吃不完的土豆,也吃不腻,反正我是胖了,有时候还能遇上杀猪的日子,可以吃上肉,就会很开心,就这样下乡工作两个月,便与嫂子有深厚的感情。后来,我离开了这个村庄,舍不得嫂子,舍不得村庄,回到了福

建。再后来……我没有想到过,就在2016年年初,我再次回贵州开始另一个工作。嫂子听说我再次因为工作来到贵州,把嫂子乐坏了。她赶了60多公里的路,倒3次车,绕着山路来到新村子看我,到路口去接嫂子,隔着很远,大喊着"嫂子",嫂子一见到我,就会嘘寒问暖问着我,担心着我,心很暖。后来,工作结束,每一次见面,都是很难又很远的见面,我们格外的珍惜。再后来,就是2017年年底,我和洪哥再次回到桐梓,嫂子听说我和洪哥回来了,再次百忙中来桐梓高铁站,两个胳膊拎着沉重的特产,来接我们……真是珍贵的见面。"

董姐不仅会做饭,给人妈妈一般的温暖,她还很有经营的头脑。董姐看到中关村的发展势头很好,她贷款了50万建造了两栋木房子,一栋是住宿的,一栋是用来就餐的。当初她要建这个木房子,遭遇了很多困难,都是我们团队的成员去向各级政府帮她说明建造的理由。最后她的木房终于建起来了。用来住宿的大木房,洪金聪给取名为"银杏山庄"。在银杏山庄里,她留了一个最好的房间,她说那个房间是她弟弟洪金聪的。她说她永远为他留着,不管他什么时候来,房间都在那儿等着。

因为董姐一直与我们保持联系。所以我们一直在对她的经营活动

图4-66 洪金聪在中关村

图4-67 黄桂娥、苏佩珊、黄兴桃在中关村

提供技术性的支持。银杏山庄有很多的房子，我们建议她把每个房间都取上诗意的名称，然后根据名称来做相应的装修。董姐请求我们为这些房间取名，笔者翻阅古典诗词，最后给她用来吃饭的饭厅，取名"碧汉云间"。银杏山庄二楼有三间风景最好的房间，取名分别是："月笼沙""桃隐滨""乐水陶"。三楼有一个房间是她女儿的，笔者取名为"锦屏芳"。其余的房间取名为"竹里鸣泉""花柳芳妍""满庭芳""曲水云天"等。对这些餐厅、住宿空间如何装修的问题，我们也给了她很多方案。关于如何运营一些项目吸引客人、如何打出品牌，我们也一直在给她建议。

# 第五章 走在披荆斩棘的路上

乡建恨晚

　　无论是"乡村振兴"大旗的树立,还是当代社会精英"乡愁"的觉醒,还是三年脱贫攻坚战的吹响,不可否认的是"乡建"热潮已经到来。社会各行各业越来越多的人开始为乡村建设项目工作。乡建人来到乡村,遇到的情况各不相同,有些乡村偏重于美丽,有些乡村偏重于激活,有些乡村偏重于脱贫,有些乡村偏重于稳定,有些乡村偏重于保护。综合起来,现代中国乡村的发展,不只是简单的、单方面的需求,而是一个整体性的、以经济活动为基础的,同时根据适合战略所设定的目标,通过改善居住关系、加强地方空间形象的吸引力、提供现代化的基础设施,来改善全体居民的收入和生活条件,并加强各个地区内部的经济活力的系统需求。乡村的盘子是非常大的,关键是如何整合起来。

　　乡建在目前来说,是开创性的事业,因为"无论是乡村建设理论体现与实践验证、政策执行与效果评估、学科融合与复合型人才的培养、乡建模式的可复制性与可持续性等许多方面都没有做好准备。而这种缺乏完备的系统理论指导的建设行为,即使具有充足的外援要素投入,也将不可避免地产生外部要素使进入村庄的路径不畅,内部与外部要素不能合力形成内生发展动力的系统缺陷问题;即使具有多元化的行为主体进入农村搭建治理结构,也面临着结构短期化与功利化问题;即使经过短期建设与干预达成了一些功能实现,也面临实现功能的浅层主观性问题。"[①]

---

① 叶强,钟炽兴. 乡建,我们准备好了吗——乡村建设系统理论框架研究[J]. 地理研究,2017(10).

## 第一节 乡建之难

不管情况如何多样，被席卷进入乡建这个大潮中的人员角色，还是比较固定的，主要是乡村规划设计与落地实践团队、施工方、乡村社区营造工作人员、部分政府人员，其他还有零散的艺术家、学者、企业家等，暂时不论。这些人都是乡建最直接的亲历者。这些人若是谈起乡建的困难，简直是各有自己的那一把辛酸泪。古希腊神话中有一个故事，西西弗斯推一块巨石上山，天神给他的惩罚是每次他把巨石推上山顶的时候，石头又会掉下来，然后他就重新开始。就这样永无止境。乡建院的学者陈金陵老师有天说，乡建人就有点像这个西西弗斯，他们在一个村庄花费了巨大的心血，好像快要成功了，结果又出现了很多的问题。以下就以阳芳村的建设遇到的各方困难，来折射整个中国乡建的难题。

一、乡建团队面临的问题

乡建公司是一个什么公司？这主要是由建筑规划专业技术为主体建立起来的以公司化运作方式为生存方式的团队。因为除了乡建院这一所专业化、具备权威性的乡建公司外，其他国内零零星星的乡建公司只是小团队。李昌平老师曾说过一句话：中国再建100个乡建院都不多。可是目前的乡建公司的生存是极其困难的。对于此，洪金聪有很大的体会。

首先，先进的理念很难被接受。比如有一个很贫穷落后的村，它之所以迎来了发展，是因为中央有个扶贫的干部过去了，他给那里带来了新的发展理念，正因为有这个干部支持，我们这些乡建团队才得以进驻工作。可是随着这些有新思想的干部返回北京，我们的乡建事

乡建恨晚

业很快就进行不下去了。因为新观念无法被当地的官员接受。

其次，给整个村子进行设计的总设计师也会遇到非常多的困难。而且这个困难是极其多元的、复杂的。在阳芳村，总设计师工作可能刚刚开始，困难就来了。乡村设计师做设计的时候，根本不知道跟你合作的施工方是谁，这就存在磨合的问题。乡建设计界的思想，已经根据乡村社会发展的规律，进行了若干次的优化和调整，可是施工方却不一定能跟上，他们的观念和手法可能压根什么也没有变。施工方最喜欢的是模式化，一个地方是那样做的，另一个地方也那样做，然后就把所有的乡村做得一模一样了。

记得在阳芳村改造建设项目上，陈春平老师作为设计师，与施工方第一次碰面，就遭遇了观念磨合的问题。在一个木廊凉亭里，陈春平老师首先阐述了阳芳村的"笑脸"设计理念，他要求施工方要按照设计要求，把改造做到老百姓的心里去，让老百姓能散发出笑容。面对大量水泥房与苗族传统建筑交错杂存的局面，目前普遍的做法是给水泥房外立面加防腐木包装，使它复古。陈春平老师始终认为，一些房子已经汉化、欧化了，不能强迫他们回到原始的苗家老式建筑里，也不是花大价钱进行做假式的复古。他注意到民国时期，中国的一批富有成就的留学生，他们设计了中西结合的建筑，也非常漂亮。所以西化的水泥房只要简单刷白，然后通过苗族图案等元素切入进去，让西方元素同时保留一点，形成中西结合的建筑，也是可以的。让这种建筑成为这个历史时期特有的交点、结点。它呈现的就是一种建筑特有的历史，我们不可能把历史抹掉。他对施工方说："我们这次的改造服务，是要做到贴近老百姓的心理。"施工方不是很理解陈老师的要求，他只是拿出一些以前做过的案例，这些案例可能代表某些领导的意见，说按照他们的手法来做，他们非常熟练，能很快把阳芳村打造

第五章 / 走在披荆斩棘的路上

完成。我们看了那些案例，都是仿照一些传统建筑的形式，把水泥房全部包木头。

陈老师明确表示，这样是不可行的，他说："我们是本着提升阳芳村的生活品质与生活环境，并且是从保护生态这个出发点来设计的。现代建筑与苗族传统建筑的矛盾已经存在，我们要正确对待它，要思考如何最便利地解决它。我们的解决方案已经明确写在设计方案里。我们要打造这个阳芳村，必须是全新的，带有思想性的，是提倡复活民族精神的。在一些现代建筑和老建筑的衔接上，不是靠模式化的大规模改造，而是用一些民族文化艺术的符号来进行统一，实现它的文化精神呈现。阳芳村的建设，肯定与其他地方的改造方案不同，它有全新的方式，我们要让它形成独特而又传统的新阳芳。"

施工方带着巨大的疑惑离开了，说要回去琢磨琢磨。会面结束后，陈老师有些许的忧虑，但更多的是自信。他说："乡建行业里，要作出独特的个性，是需要一些坚定的力量。我们一定要坚守自己的理念。如果把阳芳村打造成和其他地方一模一样的苗寨，游客来了就没有意思。"陈老师还说到，农民只知道事物的用途，不懂得规划运用土地及万物，也不懂得规划生活。他们把土地用尽，只是在简单地满足需求。所以我们来做乡建，是想带来人类的一种智慧——统筹。我

图5-1　陈春平在画图纸

 乡建恨晚

们给他们做生活环境的规划和统筹,是想给他们一种智慧。他认为周边环境和生活方式比建筑更重要。陈春平老师说:"我们要做的是导入提升,使他们感到幸福和美好。通过我们的整理,他们美好的生活就来了,同时会带来产业回报和精神层面的回报。"

最后,在返回住地的时候,陈老师向我们说了他做乡建的一个重要理想,那是在能力范围之类,保持对民族文化、地域文化的尊重,尽可能小地去伤害自然生态和人文生态。其实,陈老师的这个理想,往深刻里说,

图5-2　陈春平介绍设计的思想和理念

就是他很注重保持一个民族的本质属性和幸福感,他认为民族文化立身和传承之本,是认识自身的价值。少数民族文化必须要对抗强势文化的同化的冲击,要争夺民族自身文化的生存空间、合法性地位。如果弱势的少数民族文化没有自我"身份"失落的恐惧和焦虑,主动地、逐步消解自身的文化传统,并且还不自知,这是很可怕的。陈春平老师说他之所以来做乡建,是带着理想而来的,就是要唤醒边缘民族文化的原始性、原创性、多样性和丰富的特质,通过提炼一些真正能代表这些边缘民族文化特性的美学思想来,使其能够参与未来世界的建构中。他说,要不是有这一理想,他也就不会来做乡建了。

然而,要坚持设计理念并不容易。在接下来的建设中,设计师的思想会被施工方修改,他们会根据施工的营利性、简易性和习惯性进行修改。设计方往往是小公司,财力也小,施工单位往往是大公司。大公司完全有底气不听小公司的指挥。农村有句俗语是:"财大气粗。"

施工方往往是本地域的，它们和地方各级政府都产生了某种情感的联系，那么施工方得到支持和重视的力度会多一些。他们比设计方更有话语权了。比如设计方强调农村的花圃要用不花钱的野草来做，但是施工方往往有固定的利益伙伴，他们会照顾伙伴的生意，这样一些城市花坛中才使用的植物，就种到乡村来了，这样乡村的自然美就破坏了。同时，当村民知道总设计师有权决定哪家的房子怎么改造之后，就会不断地来找他，他们提出的要求根本上是与总体设计理念不符的，在合理的情况下，总设计师会答应村民的要求，但是遇到无理和贪心的村民，只能躲起来。

驻村设计师兼社工李娜最能够体会乡建的困难。李娜常说，由于她发朋友圈，总是发村里的事，讲自己在村里如何如何工作的。时间长了很多朋友不理解她，觉得她怎么去村里工作了，觉得那很土。开始她理直气壮，后来只好和那些朋友断交了。她也有心情低落的时候。在阳芳村，她度过了很多寂寞的日子。有时，其他的小伙伴都回家了，因为家离得近，可以经常回家。可是她呢，阳芳村就是她的家。幸好她是苗族的姑娘，虽然是湘西苗族的，和阳芳村苗族也没有簇群关系。但她常常对阳芳的村民说："我也是苗族的。"这样总算也能与村民拉近不少距离。但是，她老家那里的苗族习俗、服饰都和阳芳村不太一样，也听不懂阳芳村民的苗话，不感到孤独是不可能的。特别是小伙伴们都不在的冬天的晚上，她一个人从村办公室回从村民那里租来的"家"，北风呼啸，冷风刺骨，她被村里一个哑巴，从身后面拍了一下肩膀，吓得她几天惊魂不定。乡村的生活寂静得漫无边际，没有酒吧，没有咖啡店，没有书店，城市的文明乡村完全没有。作为90后女孩，又担心个人的恋爱与婚姻就这样一直没有着落，她常常感觉到好像整个世界都要把她抛弃了。

乡建恨晚

李娜总是盼望着,村里的硬件建设能够早点做好,然后她开始做村子的软件工作,如社区营造等。但无奈却天不遂人愿。村子的建设异常缓慢,马上快一年了,李娜和洪策常常在台盘街上鸟瞰阳芳村的现场,陷入沉思。他们总觉得整个的立面及瓦顶还是很乱,还是没有达到预期的效果。驻扎在村里没有用,离开了又更焦虑。李娜只要离开阳芳村超过一周,心就是悬着的。2018年的端午节过后,她刚好离开阳芳村一周了。也是机缘巧合,她离开之后,阳芳村都一直在下雨。她说:"计划赶上了变化。"还好,那时工地并不多的施工,没有给他们驻村的设计师积攒过多工作。持续的几天大雨,导致巴拉河的水大涨。李娜在远程看着朋友圈里阳芳村民们的动态,心急如焚,立即给好几个村干部和要好的村民打电话。她除了担心村里被淹,河边的农家乐被雨水冲走,也担心河边不远处办公室的那几台电脑。她不停打电话问情况,提醒村里人断地插的电,把电脑办公用的电器都放高点。

图5-3　在下河游泳的水牛

第五章 / 走在披荆斩棘的路上

在家里，她是不得宁静。原本想着出游了一周，身心得到舒放，要来村里大干了，可是现实总是骨感的，打破她的计划和联想。比如村办要搬新办公楼了，老木楼就可以腾出来给大家做社区营造空间，可是村里说要算一个吉利的日子，这样一拖，就一直没有搬。她只能自我安慰道："村里的执行力大概是最近的日子都不好吧！"但是无论怎么安慰自己，现实的问题总是让她的心乱糟糟的："九月的施工结束前要完成的节点，无法推动；立面改造新加的两处，还没有动工；绿化征地难落实；村里三改项目定不下来；剩下不多的工程资金，无法进行大的建设；社区营造空间难以落实……"终于回到村里，她一下车，小朋友们隔的很远就大声的喊道"娜娜老师，你回来啦！"李娜和他们招了招手。回道"是呀！我回来了，周末要记得过来上手工课了哦！"孩子们是天真的可爱的，村里小朋友们给予她的成就感，比阳芳村设计改造的工作还要高。

李娜说，做乡建工作也很怕换届，每个官员乡建主打的思想都不一样。阳芳村是一个依山傍水、物华天宝、绿荫成林的地方，百分百的苗族村，原始部落居民就有266户，按照每户分支两户人家的方式算的话，村里就有500~600多户人家。当地村民及在任的村干部都和我说，当年西江千户苗寨的居住户其实还没有阳芳村多，房子也没有阳芳村多。但是为什么就没有发展起来呢！传闻说十年前阳芳村和西

图5-4　在帮娜娜推箱子的孩子

 乡建恨晚

图5-5 设计、施工方给范县长介绍阳芳村的情况

江千户苗寨有同等的发展机会,同时期的民族旅游村,一场变故阻碍了阳芳村的发展。负责阳芳村旅游发展的重要官员因病逝去,政府的换任,也换掉了阳芳村发展旅游的机会。

  四年的乡建工作经验,让她深深的体会"换任"会给发展建设中的村庄带来多大的创伤,例如曾经的山堡村,两年内就换了四个镇委书记,虽然说项目落地是县里的事,但对于乡建工作来说基础干部的配合度和认知度,工作的支持度直接导致乡建工作的质量。当然也有乡建项目上领导越换越好的。例如福建省福州市永泰县嵩口古镇的激活,项目立项、项目申遗和项目资金申请工作都是前任书记,后任提拔上去的书记不计较政绩是谁的,为造福本地延续了后面古镇激活和保护修缮的落地及运营工作。

  对于李娜来说,阳芳村乡建遇到的难题太多了。黔东南土地贫

瘠，寸土寸金，阳芳村也不例外，要发展就要用土地，村民在意眼前利益，视土地如命，在阳芳村发展的道路上，起了很多阻碍作用。政府工作人员在阳芳村乡建过程中可爱又可恨。项目前期，大家都很积极配合村里的发展，乡里县里甚至中央组织部门的各级驻村干部都很积极地投入工作中，阳芳村建档立卡扶贫项目开头工作是有不如意，但在中组部领导驻村期间，也艰难地进行了下来。产业扶贫得到了很大的成果，阳芳巴拉方华项目、阳芳五彩米基地、阳芳养蜂基地、阳芳农家乐、阳芳水迢情深民宿等。前期的产业扶贫给后期的乡村振兴、乡村乡建工作奠基了很好的基础。

但是对于乡建人员来说，村里的条件还是不好。初到村里驻村时，李娜他们没有宿舍，没有地方吃饭，没有地方上厕所。更不要说工作了，记得入村前期调研需要打印表格时去乡里找不到打印店。最后在一个药店打印了材料，黑白的2元一张，彩色的5元一张，这个价格都让他们不知道怎么和公司报账。黑白表格在厦门高校打印一角钱一张，在厦门市区打印三角钱一张，彩色学校1.5元，市区也才2元，到了村里直接翻了好几倍。所有的乡建工作开始都是那么的不尽人意。后来在组织部驻村书记和几个乡里干部的打理下，他们才慢慢开始有了乡建驻村员工的基础生活保证。上厕所去民宿借用，吃饭在民宿搭伙吃员工餐，和村里电商工作人员一起挤在不到30平方米的空间里一起办公，办公室没有墙面画效果图，民宿就借用我们墙面。没有地方做社区营造工作，就在外面做。在各方的支持下，乡建工作持续进行了下来。

乡建工作陪伴式乡建，常年驻扎在村里。根据现场做设计，指导现场施工、协助政府干部做工作。重要的是听取村民意见，鼓励大家积极配合，争取让村民参与乡建及改造过程中。我们在思维上引导开

乡建恨晚

图5-6　娜娜老师在评价小孩子的作品

放，引导小产业，鼓励创业，做到人的乡建。乡建协作者是独立于政府和村里的角色，充当着两者间的润滑剂，很多时候村民有想法不愿意找政府述说和协调，会找到李娜，政府在乡建工作中难以做的民事工作也会找到李娜。黔东南雷山县特大火灾阳芳村捐款时，在外务工的村民的善款不知道找谁收，在乡建群里要我收，不懂微信的村民在村部打电话叫我过去收钱，我当初很诧异，这本来是村里村干部做的事，是村里德高望重的村寨老们做的事，为何大家都这么信任我，非得把钱给我一个外来人。也许是出于信任吧！村里很多的小团体都喜欢叫我参与。在阳芳村我有很多个微信群，代表村里参加各种跳舞比赛的"篮球宝贝群"、村里自治组织"阳芳青协群"、村里的大学高校在读生"阳芳大学生群"、阳芳姊妹节工作群、阳芳姊妹节摊位群等。

## 第五章 / 走在披荆斩棘的路上

和村民融入一起，乡建工作多从村民的角度出发，久而久之就会取得他们的信任。当你的信誉度得到提高后，村民自然而然也会支持配合你的工作。

李娜好不容易获得了政府和村民的双重信任，那么困难又来了，当村民与政府发生矛盾的时候，作为第三方乡建协助者角色的李娜，面临着坚守独立性的压力。李娜讲了一个亲身的经历，因一些年长村民因为在巴拉芳华现代农业园做工受了委屈，年轻人就纠集到一起，准备去闹事，与这个村子相关的几乎所有领导都期望李娜帮着一起调解矛盾，但李娜知道，在阳芳村有仇官仇富的特性，只要是政府部门及当地机关部门引进的项目，大多数事情都难实施及落地，这在阳芳村是一种习性，也是多年来政府部门及村委班子给村民不好印象导致的。她不想介入这样的事情，她不知道这会给她带来什么。于是局势让她左右为难，使她困扰了很长时间，当时她压抑得想哭，只想赶快离开村子。

图5-7 变身木工的娜娜

图5-8 静等美丽发髻生成的那一刻

 乡建恨晚

陪伴式乡建，需要长期驻扎在村里的。村里没有酒吧、咖啡店、书店、电影院、商场，村里什么都没有，生活对于我们过惯了城市生活的人来说，真是一潭死水般的宁静，有时感觉整个世界都把我们抛弃了。而且我们还要时时刻刻担心，我们的设计又被改了怎么办？村子的建设进展很慢怎么办？政府是不是对我们的工作不满意？我们有没有能力做好这个村？我们会不会狼狈离开？我们怎么去影响村民，让村民接受新观念？村子的产业到底该怎么办？我们常常有一种浑身是劲却无处施展或不知道怎么施展的无力感。离开繁华的都市，来到宁静的乡村驻守，要克服一种逆流而动的生活理念所带来的不适。但李娜也总能在村里找到快乐。阳芳村民宿管家杨英和杨昌美，经常请她去家里过节、过喜事，带着她一起去挖野菜或摸鱼，还带她去其他村寨参加民族活动。

为啥要用笑脸坚持呢？因为乡建遇到的难题太多了。

清闲的时候，我们会由黔东南的阳芳村去黔北的中关村看望乡建院的伙伴们。我们觉得艾玛作为乡建院的成员，在中关村做社区营

图5-9　正在画图的娜娜

图5-10　拉着娜娜的奶奶

造，还做得挺顺利的，所以也想去学习学习，顺便汲取一点力量。在中关村的墨仓空间见到艾玛，没想到艾玛说得最多的，还是乡村工作的困难。她告诉我们：在乡村工作还是需要大智慧，在公司工作会有一个固定的流程、时间、地点，大家去餐馆吃个饭，下午开个会这样。但是村庄的工作会有很多的紧急突发事件，不管村里，还是甲方，还是各级领导。一会儿就会接到这样的电话，一会儿又接到那样的电话。事情很多，这个、那个都找你，所以想写点东西老是被打断。艾玛说她每天早上会对事情做四层次划分：紧急重要、不紧急不重要、紧急但不重要、不紧急重要。村里工作一般都是紧急不重要，紧急重要可能是公司、县领导，你同时在处理一些琐事，还要处理一些紧急重要的事情，不重要不紧急的事情可能是自己连续两、三个星期都在做事，想要放松一下，充电一下，好好看一下书，像我睡觉的地方还有一叠的书，电子书，没时间看。重要不紧急的，就如需要定期做一些工作计划，每天都会有新变化。

艾玛说乡建院希望驻村社工成为全能，实际上是有点困难的，他们也希望每件事都做到，但是每一件事要做好还是需要沉下来的，比如合作社、驻村社工、环境治理、空间营造，这四个版块都很庞大，很难做。

艾玛接着谈到了他们来村里，配套的吃、住没人解决，导致了很多问题。驻村人员的生活保障没有现成的文件和先例，因此当地政府会把驻村人员的吃、住当成是负担。但来之前，和上级政府谈好了，是可以解决的。来村子之后才知道是到村里的每一家去吃、住，每家轮流吃几天、住几天。但政府会欠账。影响了他们在村里开展工作。最后他们争取到了在社造中心吃饭、住宿，他们的基本生活问题总算解决了。这样还方便村民有问题来找他们。

乡建恨晚

图5-11 艾玛与团队成员分享心得

图5-12 采访当地志愿者

艾玛还说到他们驻村后，会做一些额外的工作，比如为旅投公司做事。旅投公司作为投资方，不擅于与人打交道，如果哪里有问题，他没有真的能落实。艾玛觉得他们作为协作者跟政府付钱的外来者，就帮了他们一把，框架、流程、职责、划分都做了，但是即使是免费帮助做事，去找旅投公司，他们会说自己没有空或者怎么样。向上面反映问题，旅投公司会觉得是在打小报告。其实他们都想要把事情做好，民宿接待好，旅游发展好，合作社可以运转起来，其实都是这个态度。

艾玛还说到，在乡村工作要学会和各种人打交道。不管跟合作社，还是跟旅投公司，还是跟村子的干部，还有县委书记这边，跟不同的位置做着不同工作的这些人，除了闲聊，还要想着怎么才能达到想要的效果。比如做夏令营，开始大家都不相信你，但你把事情做好了，以后他们就可以放心把事情交给你。

艾玛说到自己的社造工作重心在打造一个文化空间。培育本地社工的问题就是公益性岗位和相关的工作岗位没有开发出来。这些收入不能支撑养家的开销，人才不会留下来。他们的工作目标不是造人，而是把每一个服务作为一个产品，如果要购买这个产品，那可以满足这个产品的需求，这个产品的需求可能要有一些指标。艾玛说他们要打造一个乡村文化空间，在这个空间可以让村民和外来游客感觉到温度。设造空间能变成乡村的一个闪光点。

图5-13　黄桂娀在观赏墨仓空间

艾玛说在村庄工作最大的麻烦就是需要配合政府，政府有时候会这一刻说好，下一刻就说不好，这一刻说钱来了，下一刻说钱没来，这一刻是这个领导，下一刻就又换了一个领导。她说中关村现在的领导是第五个领导。如果是顺着这些政府官员的思路走，那他们的事情就很难完成。就是说怎么让他们上级领导压下面的，怎么对接影响工作的领导，但同时工作进度跟实际呈现这些，都要好好做，因为大家都是希望促成更多的乡村美好发展。

艾玛最后总结道：村庄里总会出现这样那样的问题。当你对接问题的时候，注意不要让基层政府觉得你在打小报告，政府是要政绩跟业绩一起上去的。在乡村，尽力做好事，但是怎么把这个事情做好，还是要经受到各方面一些可能的问题。要参与式的陪伴，了解村民的需求，考虑清楚关于问题要怎么解决，这样才能办好事情。

二、施工方遇到的难题

在乡建过程中，有一批人遇到的困难是最直接和具体的，因为他们比规划设计方更直接地与村民交往。这批人就是建设施工方。阳芳村的施工方是贵州开源建设工程有限责任公司台江分公司。在驻村期

乡建恨晚

间,我们常常能够遇到一个又高又壮的人,大家都叫他"夏总"。他就是开源公司台江分公司的负责人夏高明,常常听他说:"别看我长得又高又壮,有村民说要把我扔到河里去,我很怕的呢!"间或,我们也听到了一些施工方和村民发生矛盾的小故事。通过采访,从他那里得知了他们工作的很多困难。他们遇到的困难也折射出极其复杂的问题。

夏总告诉我们,国家扶贫阳芳村,要将阳芳村打造为精品村,当时的投资是3000多万,他们是作为建设者进来的。他们是去年10月份来到村里。来了之后,得到台盘乡政府、阳芳三大头村里面的书记、村长、副村长的支持。在台江,他们公司投标,一共中了三个标,一个是阳芳村、排阳村、老屯村,其中排阳村、老屯村建设比较容易一些,就是阳芳村最困难,所以他一直待在阳芳村,其他村很少去。

他们来这里后,建设活动很快就开展起来了,但是阳芳村的天然地理位置是非常复杂的,施工难度很大。第一,寨内隔寨外的公路有点远,涉及材料倒运的问题。村里住房拥挤,道路的窄小,车进不来,造成材料运输困难。这里扛根竹竿都难扛进来,所以施工进度慢。这个倒运的经费还不知怎么算;第二,房子与房子的间隔很近,工人工作空间局促,加大了施工难度;第三,政府的工程款始终得不到,我们一直在垫,包括设计施工图的钱。图纸我们需要付钱,不给钱,他们就不给设计图;第四,老百姓的房子逐渐做到路边,或者把建筑材料随意堆放,让我们的施工受阻。

阳芳村还有个难以协调的工作,就是厕所、猪圈、牛圈等拆迁协调的工作。想让阳芳村达到美化、干净、整洁很难,因为村里烂厕所、猪圈、牛圈太多,而且这些拆不掉,这里涉及很多困难。本来政府已经协调到一个地方,集中建猪圈、牛圈,他们准备做了,但老百姓拆了之后,要更多的数量。本来只需要15个厕所、猪圈,结果开始砌的时候,村民说要17个,他们分不下去了。原来有些人家讲:"我家的原来猪圈、牛圈很宽,我要两个。"如果答应他,那其他人家都要就没办法了,所以工作难做。夏总还说,村民之间会比较,比如跟这

图5-14 正在盖瓦的工人

家做了,没跟那家做,他要找乡里面。他会说:"为什么你跟他家做,没跟我家在做?这钱是拿给阳芳村的。"

夏总还说到了一个有趣的事情,就是施工碰上了老百姓的奇特风俗禁忌。在村里旅游道路施工过程中,施工工人屡屡遭遇停工,原因是村民说修路碰着他们的"桥"了。但是工头过去一看,结果除了在路面看见四个细小的孔眼以外,什么也没有看到。原来,村民口中所谓的"桥",只是意识中的东西。现实连接意识中的"桥"的通道,就是这四个细小的孔眼。这些细小的孔眼,是用来插香的。插上四柱香,它们就是"桥"了。这里的村民有敬桥的习俗,一个地方一旦定为是他家的桥了,就是神圣不可侵犯的地方,是保佑他们全家健康吉祥的神之所在。为这个"桥",施工人员和村民展开了拉锯战,工期一再延误。最后,施工人员帮助村民杀鸡祭奠、拆除老"桥",并重新帮他们安置新"桥"的方式,才宣告结束。

夏总说目前的施工效果,根据陈春平老师的规划设计,还没有达到50%的效果,差的很远。其中有个设计理念,就是家家户户都要自愿种花、草、菜,因为墙是白的,种上花果,喜气洋洋的,气氛就出来

乡建恨晚

了。只有将猪圈、牛圈、烂厕所拆了，才能种这些。如果没有拆，只是修一下，始终改变不了那个味道。有些老百姓的棚屋，一家是一家的。不敢去拆，因为都是外地人，敢拆哪家的？村长家门口的房子，准备拆了帮他做点绿化花园，他都不愿意，担心做好之后，就不是自家的地了。我们也不敢硬来。

夏总还说到目前的效果不明显，是因为景观绿化没有做，土地协调不下来。他说阳芳村土地协调相当难。因为阳芳村每家每户的土地差不多都流转了，种五彩米流转80亩、巴拉芳华那里流转了上百亩，所以老百姓的地已经很少了。现在房前屋后，有空闲的地，可以去种菜。每一家的每一个角落，只要有土地，人们都不会放过，因为要种菜吃。关于绿化要征地的事情，可能几十万元征不下来，需要至少100万元。但是这个项目没有征地款，要从建筑项目里面去拨钱。这100万元没有地方报销，项目上没有这笔费用，县里面要自己解决。巴拉芳华是租地，村子建设是征地，巴拉芳华租地是有收益的，这个征地没有收益，所以很难征下来。

夏总说他们遇到的有些困难往往始料未及。他们刚开始来的时

图5-15　敬桥的村民

图5-16　设计师兼摄影师洪策

图5-17 挖田机器

候，阳芳村只有一小半砖房，现在就冒出来很多的砖房，还有正在建的砖房。有几个原因：第一个，旧房拆除，政府会补助村民一些钱去修新房，这是危房改造补贴；第二个，他们逐渐给一些裸露的水泥房做好了外围，这里的老百姓尝到点甜头了，就把老房子拆掉，建新的，让他们再去帮着装饰。有些人家，本来他家是木房，给他家洗好了外墙，重新整理了瓦顶，花费了将近两三万元。他一句招呼不打，一下子都拆掉了，重新做新房，他是觉得施工队会给他装饰外墙，可以节约几万块钱。好多老百姓就是借这个风，把自己的房子建起来。今天有人拆房，明天有人拆房，这样工作始终做不完。县里面给的时间是在9月份，施工的工作要结束。他们就定好约束：7月份之前建好的房子，会进行装饰。这之后建好的，就不能管了。他建议村干部贴个公告出去，房子必须哪个时候完成，如果不完成，就要以施工方的标准，自己建设成。

乡建恨晚

图5-18 工人在施工

夏总还反映，村里年轻人大多外出，留下的全是老人家，得不到很多年轻人的支持。但这些老人家施工方有时不得不"照顾"。阳芳村的老百姓大多数都是很热情、很好客的，但是他们内部有矛盾，互相不服。把外地人招来施工，本地人会有意见。有些工艺当地人确实不会做，比如粉墙这一块，不一定每个人都会做。如果请村里人来干活，也会引起不满。没有被请的人会说："为什么叫他做，不叫我做？"其实是因为他不会做，所以没有请他做。请本地人还有个问题，就是他会怠工，然后施工方就拿他没办法了。

夏总还谈到他们丢了很多施工材料的事情。他说有人开玩笑："你们公司的实力雄厚，如果是别的公司早就跑了，做不下去了。"夏总说他们的水泥最少丢了一车以上，一车最少400包。水泥、钢筋、青石板、木柴都丢过。有时刚把木柴拉过来，准备第二天施工，第二天就被偷了。将钢筋搬到高位水

图5-19 木工活

池里，结果都不见了。他们在群里面反映，但是大家都维护自己村里面的声誉，还怪他们没有管理好。确实不好管理，如果今天搞一栋房子，东西不可能全搬过去，因为路窄不好搬。

最后，夏总说这里的工作难做，一个是语言不通，第二个是外来人讲的话他们不信，年轻人又不在家。人不是因为贫困才贫困，主要原因是思想观念导致贫困，这地方本来就是落后的，思想落后点，再懒惰点，就像是扶不起的泥巴墙。现在的扶贫是天天拉水，并没有打一口井。怎么样把寨子建设成一个有道德、有组织的寨子，还需要努力。

## 第二节　乡建恨晚

宜居、宜业、宜游，在城市以外的那些神奇的土地上，一个个别样的美丽乡村花开朵朵，诉说着变迁，描绘着希望。但当前美丽中国和美丽乡村发展正处于机遇与挑战并存的战略转折期，乡建是困难的，我们只能是探索性地做事情。

农村的嬗变，其根本的原因有两个：一是资本市场的侵蚀蛊惑；二是城镇化对农村的影响。30多年的城市集中建设，虽然农村被边缘化、搁置甚或抛弃，但是农村也在有意无意地跟着城市走，直至最终被城镇化大浪潮裹挟进来。我们甚至可以说，今天的农村，其实是一个被城镇化了的农村。而中国农民的命运，其实正是历史潮流里的边缘弱势群体的悲剧命运的缩影：他们被潮流所裹挟前行，但是却没有能力应付潮流的暴烈所带来的蛊惑和冲击，最终只能沦为牺牲品。而这对今天的乡建参与者也提出了更多的挑战，我们认为，乡建不是进

乡建恨晚

图5-20 炊烟环绕的民房

行得早了,而是晚了,留下了很多遗憾。目前的城市化发展遇到了瓶颈,也因为现代化中出现了越来越多难解的问题,逆城市化过早在中国出现。这时,人们才回过神来关注乡村,以期在乡村寻找答案。可是乡村的温暖也正在消失。经过近30年经济利益唯上文化熏陶的中国农民,更关心的是能否带来实际收益。这些疑虑来自于那些乡建所在村落的村民,甚至是地方政府。

一、地方文脉接续亟待建立

乡建不是在农村盖房子、修民宿。我们如何破解乡建难题呢?首先,我们的策略是要先温暖乡村。我们要重新建立起长期被社会改造冷落和紧张的关系,重新建立人与人、人与文化、人与自然的关系,这是乡建当中最重要的。如果我们的许多观念非常超前，当地的干部和村民不能完全理解和接受，很多方案提出来即遭到否决，我们也理解。同时恢复文化也不容易，这个时代遭受了近百年的社会改造和反传统思潮，想一下子恢复传统实乃不易。今天的乡村就是以经济和物质受益决定成败。许多村民会以对当地经济收入的增长来判断你对乡村的价值。

许多乡镇干部，这些做过乡村工作的基层干部，他们或多或少地都遇到了乡村治理的困境，一边是基于社会和资本的经济发展逻辑的趋势，一边是村民在本能地守护家园中对自身利益的最大化要求，形成了越来越尖锐的矛盾，在社会转型和乡村价值崩塌后，遇到了前所未有的挑战，这才是乡村的核心问题。我们将通过长期的深耕和实践，以期恢复和接续"地方文脉"，实现对乡村文明的全面复归，解决今日乡村的社会危机与现实困境。乡建不是为满足知识分子的想象和

图5-21 思考捕鱼的孩子们

城市消费者的需求，不能仅停留在追求乡村建筑形态的审美要求上，要建立地方文脉的接续以及使村民的生活有幸福感。

新世纪以来，我国的农村进入了现代化、城市化的快车道。传统意义的村庄正在以前所未有的速度萧条、"空心"和消失。当然，我国幅员辽阔，各地社会发展状况差异很大，有的地方的农村现代化程度高一些，有的低一些，这种差异是明显的、不可否认的。但是，目前的情况是，就随处可见的一般村落而言，其现代化演进的程度都已很显著了，也随之出现了一些令人忧虑的问题，比如耕地大面积流失、村落"空巢化"、村落传统面临瓦解等。

但毕竟农村的现代化是个硬道理。如果不需要付出什么代价，笼统地回答是否要现代化生活的问题，那么，没有村民会拒绝现代化，没有村民会不愿意享受现代化生活。在一般人看来，现代化首先代表着生活条件的先进、便利、舒适、体面等。但是，追求现代化往往需要放弃过去生活中的一些东西或者付出某种代价，就此让农民自己作出决定，也会出现不同的选择，比如在有经济实力的前提下，越来越多的中青年农民坚决地选择了到城镇购房定居，离开祖祖辈辈生活的村庄，而一般老年村民和部分中青年村民则坚定地选择固守自己习惯

图5-22 打扮十分漂亮的妇女

图5-23 敬桥需要的东西

了的村落生活；在面对是保留传统民居还是建造具有现代设施的新房时，一般村民都会选择住进新房。在这种情况下，既不能简单地采取激进措施，比如集体迁居并村以急速彻底消灭村落，也不宜为保持传统文化遗产而阻止村民追求现代化生活。不管怎样，传统村落的迅速瓦解和走向现代化是不可阻挡、不可逆转的大趋势。在农村人口占据很大比例、传统文化已遭到过重毁坏的我国，农村如何走现代化的道路目前还没有比较完善的为各方信服的方案，还是一个需要研究的重大问题。

民间活态的传统文化，其主要部分不在书本上，不在文物古迹上，而在人的记忆中、在人的观念意识里；村落外形和设施可以急剧变迁，但是乡村情感、村落历史、个人生活史、长久以来习惯了的村落生活方式等在村民心中不愿舍弃、难以忘怀，而且从文化遗产角度看是应该予以珍藏、保护和传承的。而传统的农具、民居、礼俗、仪式等是传统村落文化的可见载体，被村民当做有助于留住村庄记忆的文化遗产予以保护。村庄记忆的中断将是村落文化传统断裂的一种体现和标志。

乡建的过程，是一个乡村地文解码转译的过程，是一个行动者网络的构建过程，在此过程中，我们应该不断地反问：乡村地文中隐藏的密码我们该如何去破译，如何在无序中寻找秩序，从而发现乡村地文的遗传基因、生成逻辑和智慧体系，可以建立一系列"抽象的"乡建普适原则吗，如何提供乡村地文建构知识系统的便捷途径，并使之成为未来乡村持续发展的基础和工具，"解码"和"转译"的实施主体分别是谁？乡建行动者网络的构建难点和重点在哪里？乡村地文的解码转译是一项知易行难的工作，需要学者深入的调查和研究，需要返乡精英的带头和示范，需要村民扎根的自信和自力，更需要乡村"转译者"

们的共识和协同。①

每一个乡村，都有属于它的"地文"。乡村地文，如同我们的指纹和掌纹，是乡村基因和往昔记忆在土地上留下的印迹，它是独一无二的，每一片土地亦复如此。有时它的纹路借由自然历史而生，有时则是人类生命延续的雕琢。乡村的生命和故事书写在

图5-24 村民给新娘娘家人敬酒

一片片土地上，因此成为一本壮丽而神圣的历史书，弥足珍贵。乡村地文中存在着一系列隐形的秩序规则和生成逻辑，正是这些逻辑、规则和模式，其一代代的村民才可以不需要太多的额外思索，就能生成我们今天看到的自然和谐、美丽适用的乡村聚落，因为所有的创造力都已经储存于一种无形的却可被执行的语言生成结构之中了。

挖掘乡村地文形式背后的"文化特质""秩序规则"和"生成语言"，发现那些可遗传的乡村优良基因，并使之成为未来乡村持续发展的基础和工具，而非简单地让它们在不同时代中形式化、固化乃至僵化。不顾乡村地文，让城里人对乡村进行"他者"的"异邦的想象"和"自说自话"，是非常具有破坏力的。建构一个符合乡村地义的空间集聚模式，应该可以处理村里多样化和复杂化的需求。但是到底如何建立这样一个具有普适性原则的空间聚集模式？如何以它为基础建构系统的便捷途径，并使之成为未来乡村持续发展的基础和工具？这留待未来去进一步思考。

---

① 瞿辉. 乡村地文解码转译[J]. 新建筑，2016（4）.

第五章 / 走在披荆斩棘的路上

每一个乡建的参与者都感觉到，乡建宛如愚公移山。在有些地方政府看来，短期之内，一些乡建的行动并不能给他们带来巨大的经济效益，反而引起了村民的躁动，增加了他们维稳的压力。一位乡村建设点的村支书在接受记者采访时说，他也认同一些外面乡建人员提升农民联合意识的工作，也知道这是一个漫长的过程，但是"一下子不能见经济效益"。

当代乡村聚落还面临着社会结构上的衰败，青壮年劳动力外出打工，造成乡村中严重的空心化与留守儿童缺乏教育的难题。乡村无法提供聚集的居民应有的公共服务，外部空间营造质量低下，乡村公共活动日益减少，乡村公共领域受到严重挤压，人与人之间的联

图5-25　结婚酒席

乡建恨晚

系减少，对村落的认同感不断降低。随着现代化的发展，乡村社会生活还表现出日益严重的城市化现象，聚落的固有习俗、生活习惯和文化特色被湮灭，再没有了往昔充实富足的乡土生活体验，取而代之的是村民生活隔离化、竖立化、空洞化。在乡建项目中运用部分城市急功近利、千篇一律的建设模式非但无法改善村民物质精神生活，反而会破坏原有乡土聚落的社会与生态环境，加大现代城市与传统乡村间的差距。

这就需要高瞻远瞩的乡建策略。乡村有它自己的规划原则，说乡村无规划，是对乡村文化的无知。正因为这种无知，才使近十年的新农村建设遭遇了很严重的破坏。目前的乡村规划设计绝大多数是城市小区设计模式在乡村的盲目推广，没有考虑聚落的地域环境特征与当地传统建造技术的传承保护，忽视了居住主体在物质与精神上的需求。急功近利的商业型设计模式与部分地方政府宏大叙事的规划思路结合，村民在建设过程中的话语权丧失，最终落成的新农村也便成为了村民主体难以接受的美好家园。

地方文脉，说白了就是乡村文化。面对乡村文化大量流失的局面，我们要有所作为，不然，我们会遗憾、会痛心疾首地惋惜。正如李昌平所说："中国由高度重视物质文明的时代进入到了高度重视精神文明的时代；过去，中国人重视物质追求，忽视精神和文化追求。随着物质极大丰富，中国人对物质生活的追求会逐步让位对精神和文化的追求。中华文明的根在农村，国人的精神家园在农村。这个转变，对新乡村建设提出了新要求，如何在继承中创新精神文化是新乡村建设的重大使命。"①

---

① 李昌平. 回首乡建一百年，有待我辈新建设[J]. 建筑师，2016（5）：24-29.

## 二、城乡资源体系对接亟待建立

"由于乡村在管理水平、制度建设、基础设施、人口受教育程度等方面与城市存在的差距,乡建如果不能很好地解决城乡资源体系对接的问题,乡村遭到破坏进度要快很多。这样的乡建不但不能寄托乡愁,反而会造成愁上加愁的后果,想必无论是中央政府、地方政府、专家还是民众,都不能接受和承受这样的后果"。[1]沈凯说:"在乡建过程中有几个层次的利益是我们必须要兼顾考虑的:第一是政府绩效和民生改善;第二是农村发展和农户利益;第三是商业模式与企业利

图5-26 乡建团队在中关村

[1] 叶强,谭怡恬,张森. 寄托乡愁的中国乡建模式解析与路径探索[J]. 地理研究,2015(7).

乡建恨晚

益；第四是智库服务与增量分享。这四个关系是我们未来必须重视的问题。由此可以总结出这样一个公式：利益共同体=改革共同体+创新共同体+经营共同体。"这对我们的启发是很大的。我们如何通过智库、资信策划，找到乡村的资源体系和需求对接，把城乡、市场内外、上下游的关系打通；把投资者利益稳固，反哺好乡村事业，形成一种可运营性和利益共享的条件，这是破解乡建难题的关键。我们不能以单一的方式看问题，而是需要模式策划、规划管理运营和平台搭建的方式去思考问题。

乡建本来就不是几个设计师、投资家、艺术家和有情怀的政治家的试验品，是一个真正的社会治理改革。城镇化和乡建的目标不是建设几个近郊的特色小镇（况且国内外好的特色小镇大多是长时间自然生长的），也不是依托商业开发手段捏造一些子虚乌有的假文化概念。乡建不能仅仅定位为以吸引城市及外来者旅游和观光为主的开发建设项目，应该通过产业政策、农村治理、人口政策、金融支持等多方面的协调，以村规民约、村民意愿为依托，形成一个完整的农村建设和产业发展的思路。建设美丽乡村才是乡建的真正目的。对于目前已经完成的乡建项目，旅游和观光的容量应该有所限制，同时加强管理和维护，否则美丽的乡村将难以真正寄托乡愁。[①]

关于城乡资源体系对接，乡建团队今后应该有更大的作为。

## 三、急需技术与资本双重力量下乡

时光的轮盘已转到了2018年。九七华夏继续着原先的"上山下乡"生活，但增加了一群人员"驻扎"在城市里，因为他们要尝试一个新的

---

① 叶强，谭怡恬，张森. 寄托乡愁的中国乡建模式解析与路径探索[J]. 地理研究，2015（7）.

乡建策略，那就是"在城市里做乡村"。什么意思呢？简单来说就是链接城乡，要城市的资源与乡村的资源进行有效链接。洪金聪认为："如果你只是站在乡村的角度来考虑产业，肯定都做不出来。"要解决"钱从哪里来"的问题。这是一道有难度的题，这一最现实的问题解决不了或解决不好，乡村振兴这一最美好的蓝图就无法绘就或大打折扣。如此高标准地建设如此广袤的乡村，我们有足够的财力支撑吗？又该如何引导像水流一样趋向投资洼地的资本流向农业农村？

洪金聪说："很多时候，我们在走村，我是在思考如何把城市的资源与乡村的资源进行链接。"根据洪金聪的总体规划，接下来，我们要开始拓展的，就是城市里的运营管理业务，我们会去做比如共享农庄、民宿的管理与运营工作。我们会去开自己民宿的品牌，其实是

图5-27  乡建团队在厦门

乡建恨晚

期望以后我们自己的商业机构进入乡村，当然肯定要算收益、投资回报，还要考虑是不是值得去做，不是公益的那种事情。

我们建设村庄，不是追求外在的硬件好看，而是在意村内村外人生活水平的提高，生活方式的转变。我们是想把村庄建设得足够有底气面向未来，这样城乡才能共创美好生活。我们不能老是靠情怀去建设村庄，然后又抒发怨妇的哀叹。我们不能老是只做乡村规划与建筑设计、社区营造等的智慧输出者，单一的力量解救不了乡村；我们不能老是做被动的、委屈的、弱小的协助方，完全受制于政府。一件本来是很好的事情，政府支持我们，我们就可以做；政府不支持我们，我们就只能望洋兴叹。

我们要带着技术和资本双重力量下乡，我们要在城市里获得强大的造血功能，然后利用我们的乡村建设经验，去把这些我们赚来的城市资本，精准输入乡村里面去，这样我们才能撬动整个乡村的发展。城里有些机构，或许他们有资本，但他们不了解乡村，也没有做乡村的经验；我们有经验，我们知道乡村建设受建设资金获取的局限性及乡村社会关系复杂性等多方面因素影响，我们知道了一切，只是力量很薄弱。

美丽乡村的硬件建设总会接近尾声的，接下来的关键就要积极将文化、手工、餐饮、农业种植、养殖、固定房产、土地等全要素发展起来，形成综合产业链，切实将村里的经济发展带动起来。如果我们解决了资金的问题，在产业发展、生态环境、文化文明、村庄治理等方面从某些优势点着力，以点带面，撬动乡村整体发展，这才是乡建的正确打开方式。

很多人是不理解洪金聪的，我慢慢地好像有点理解他了。这两天，我正在沉思洪金聪到底是一个什么样的乡建人的时候，团队里的设计师陈春平突然说了这样一句话:"其实洪金聪是个很聪明的人,他只是长得很憨厚罢了。"不知陈春平老师突然是因为什么事情刺激他得出了这一结论。但洪金聪带领我们走的乡建之路还在继续,这会儿正乘风破浪、蓄势待发。

最后,乡建需要有个好的大环境,乡建项目,相关部门应该在建立法治框架、治理体系、监督和评估机制方面制定出刚性和柔性的内容,以适应中国各种地域、文化和经济发展层面的情况。不然,没有大量复制效应的探索将难以避免落于"孤芳自赏"的境地。"郝堂村建立的是一套较为适应郝堂村的系统和机制,并没有形成可以广泛复制的制度框架和体系。即使在资金保障有力的情况下,仅凭项目执行者的思想、道德、知识、时间和身体根本无法支撑中国数以万计的乡村的改革和建

图5-28 走在希望的田野上

乡建恨晚

设;即使当前一帆风顺,却很难保证未来不出现问题"。我们期望在乡建的整个过程中,政府要与乡建团队、专家和村民一起,首先从建立乡村社会的制度框架、治理体系、监督和评估机制入手,在实践中不断总结和完善,形成可以在广大乡建中可以复制实施的制度和治理体系。尽管这个步骤的建立和实施非常艰难,但却依然无法和不能回避。

王永健在中国文化报2018年6月8日第003版发表的《乡村建设需多方发力》是非常中肯的:"对政府层面而言,应委托学者或科研机构对乡建项目进行深入的调查与研究,在深入调查和广泛征求民意的基础上决策,在政策上应制定整体规划,依据各个地方历史文化资源的特点来设计,不可千篇一律。对于乡建项目给予特殊的政策鼓励和关怀,激发企业的参与热情。同时,落实政府的监督主体职责,对乡建项目的建设进行全程监督。乡建不仅是建有特色的房子,也是延续中华文明,对于学者而言,要进行深入的实地调查和文献研究,建立乡村历史文化遗产的基因数据库,获取多年积累下来的生态智慧,为政府决策和乡建项目实施提供依据。对于企业而言,要积极响应乡村振兴战略的号召,参与乡建的投资与开发,不仅是参与主体,也是责任主体,对传统乡村文化的保护和利用要有所担当。对村民而言,要以主人翁姿态投入到乡建中去,为传统乡村文化的传承与保护贡献力量,积极与政府、学者和企业展开合作,重建美好家园。政府、学者、企业和村民应该形成协商与对话

图5-29 张为老师在中关村讲学

机制，落实参与主体和监督主体职责，群策群力将乡建做好，让乡建真正能够显得出特色，讲得出故事，留得住人气。"

未来，乡建会走向何方？仍然是任重而道远、挑战与机遇并存的，我们也一直在探索。我们希望通过实践，形成真正可以解决问题的新模式。

# 后记

从2014年初与乡建院的第一次见面开始，九七华夏已经在乡建路上奔走了五个年头。这五年中国大地经历了"新农村建设"向"美丽乡村建设"的转变，经历了特色小镇、田园综合体等乡村主题的新名词登场，经历了"乡村振兴战略"的大放光彩。中国乡村在这五年间得到了久违的关注，迎来了说不出滋味的变化。乃至于在对乡村振兴战略越来越深入的学习过程中，大家猛然发现，乡村振兴不仅仅是乡村的事情。它正在整合各行各业，服务国家地缘博弈，甚至中国经济几十年快速发展所积淀的城市的痼疾和乡村的沉疴，它都可以找到良方。这个时代背景，我们称之为"乡村振兴+"时代。

这五个年头非常丰富而且充实。诗意一点地说，我们上山下乡，寻找诗和远方；而真切一点地表达，我们其实正在通过乡村的实践，参与着中国当前的各种变革和机遇，挑战和风险。这些实践，关乎生态、产业、文化和生活，关乎城市和乡村，关乎你和我。我们在这条路上走得并不容易。我们很不情愿地意识到，即便有各种美好，乡建过程却还在失败中前行。这些失败经常让人很沮丧，就好比西西弗很

# 后记

努力地推巨石上山顶,石头还要滚落山脚。站在这个时间点放眼望去,我们看到通往乡村振兴的路上还有曲曲折折的漫漫长路。但这个团队,以前义无反顾,现在也是义无反顾地,决然地要这样走下来了。有的时候想,乡建之所以总伴随着失败,正因为这是开创性的事业。我们很感激这个时代给予的机遇。

这本书得以面世,得益于一场美丽的邂逅。贵州大学艺术学院副教授黄桂娥于2017年9月到日照山海天参加中国乡村复兴论坛峰会,见到了九七华夏团队的洪金聪。他们在日照的海滩边聊起了乡建,聊到了这个时代下乡村实践的价值,黄博士当即决定陪伴这个"理想浪漫中有责任担当,勤奋踏实中有情怀梦想"的团队往后的实践。于是,有时候在天寒地冻的北京郊区,有时候在鸟语花香的闽南田野,九七华夏到达的乡村,开始出现了黄博士的身影。尤其是在贵州黔东南的阳芳村,黄桂娥博士与九七华夏的李娜、陈春平、洪策、黄兴桃等人长期驻场,见证了这个团队对乡村事业的坚守。用她的话来说:"陪伴是最长情的告白"。

黄桂娥说,我们为什么做乡村工作?因为乡村让我们感觉很踏实,很宁静,找到了自己的信仰和根。自然作为人的生命之源,它是人的依赖和归宿,时时散发着温馨动人的魅力。而城市作为用钢筋、玻璃、混凝土铸成的壮丽景观,虽然给人前所未有的舒适,却难以引起感性生命的诗意联想。虽然当前很多乡村失去了"安居乐业与荣归故里"的温馨,但乡村依然不可替代。因为,中国人的文明源于乡村,信仰生长在乡村,文化滋生于乡村,中国的强盛从来离不开乡村。我们钟情中国的乡村,迷恋曾经的古老、烟火、温度与神秘。农耕文明是文明之根脉,它包含着很多自然和谐的理念。中国的传统文化在古城消失、在古镇衰微,现在就剩乡村,还留存有很多纯正的传统文

乡建恨晚

化,所以我们要为乡村全面振兴做点力所能及的事情。

而对于国家一级注册建筑师、清华大学97级建筑系的洪金聪来说,其从业经历在"美丽乡村建设"时期才开始坦然起来。新农村建设时期的"农民上楼",其实是房地产开发在乡村的延伸。农民"上楼"之后,获得了看像城里人的居住条件,却常常伴随土地被征收,老屋被拆除,乡愁被抹去等让人扼腕叹息的代价,更不用说因各种公平不公平而导致的社会纷争。而投身于美丽乡村建设看起来则要美好得多。借用孙君老师说的,"把农村建设得更像农村",这其实是在建立村里人面对城里人时候的文化自信。而不再一味追求增量,而是以存量改造为主的建设方式,让所有的参与者都在憧憬一种"望得见山,看得见水,记得住乡愁"的美好愿景。

感谢乡建院以及在这些项目中做出贡献的伙伴们,限于篇幅,我们在这里没法一一致谢。这些年的风雨与共是我们共同的美好回忆。黄桂娥与洪金聪的邂逅,让九七华夏的乡村建设实现了理论与实践的完美结合,并因而得以不断进步。这个小小团队,开始敢于直面乡村建设的各种难题,并尝试提供综合性的解决方案。他们在顶层设计和落地实践的两端加强力量,不断丰富乡建的内涵,开始尝试联结城乡,进行乡村运营,盘活乡村资源。他们尝试带着技术和资本的双重力量下乡,以便把乡村建设得足够有底气面向未来。

九七华夏的年轻人,从五湖四海走到一起,在这些实践中汲取营养,并通过乡建实践,在当代中国释放"正能量"。这个团队的乡建实践,持续性地探索,将是中国乡村振兴的缩影。乡建恨晚,这只是我们的开始。

黄桂娥　洪金聪
2019年4月